"形势与政策"教学系列丛书
陶倩 主编

"形势与政策"教学问答集

杨秀君 等 著

上海大学出版社
·上海·

图书在版编目(CIP)数据

"形势与政策"教学问答集/杨秀君等著. —上海：
上海大学出版社,2019.9
("形势与政策"教学系列丛书/陶倩主编)
ISBN 978-7-5671-3700-4

Ⅰ.①形… Ⅱ.①杨… Ⅲ.①时事政策教育—教学研究—高等学校 Ⅳ.①G641.4

中国版本图书馆 CIP 数据核字(2019)第 198591 号

责任编辑　王　聪
封面设计　柯国富
技术编辑　金　鑫　钱宇坤

"形势与政策"教学系列丛书
陶　倩　主编
"形势与政策"教学问答集
杨秀君　等　著
上海大学出版社出版发行
(上海市上大路 99 号　邮政编码 200444)
(http://www.shupress.cn　发行热线 021-66135112)
出版人　戴骏豪
*
南京展望文化发展有限公司排版
江苏凤凰数码印务有限公司印刷　各地新华书店经销
开本 710mm×1000mm　1/16　印张 18.5　字数 283 千
2019 年 9 月第 1 版　2019 年 9 月第 1 次印刷
ISBN 978-7-5671-3700-4/G·3052　定价 68.00 元

本书获全国高校思想政治理论课教学科研团队择优支持计划——《高校"形势与政策"课创新建设研究》项目经费、上海高校高峰高原学科建设经费支持。

目 录

经 济 建 设 篇

1. 中国经济增长速度放缓是否意味着中国经济开始走下坡路？/ 3
2. 如何解决中国经济总量上升的同时贫富差距拉大的分配问题？/ 6
3. 如何缩小东中西部以及城乡之间经济发展的不平衡？资源环境压力与经济发展如何协调？/ 9
4. 中国第二大经济体的地位是否会对其他国家构成威胁并引起他国的担忧？/ 12
5. 如何规避互联网金融风险，促进互联网金融健康发展？/ 15
6. 电子商务的发展对社会经济有何影响？在此背景下政府宏观调控如何应对新的挑战？/ 18
7. 社会主要矛盾转化意味着什么？/ 22
8. 线上支付方式在国内外发展有很大差异的原因有哪些？/ 25
9. "中国制造"迈向"中国智造"还有哪些差距？/ 30
10. 如何评价2016年之后房地产调控的影响及效果？/ 33
11. 如何分析"特朗普现象"及"英国脱欧"对全球经济体系造成的影响？/ 36
12. 印度超过中国成为第一大FDI投资国家对我国经济产生的影响及应对措施有哪些？/ 40

13. "一带一路"倡议对中国经济发展的重要意义及其挑战有哪些？/ 46

政 治 建 设 篇

1. 发展社会主义民主政治,必须以保证人民当家作主为根本。如何才能使保证人民当家作主不流于形式？/ 51
2. 为什么说中国特色社会主义政治制度的最大优势在于坚持党的领导？/ 54
3. 投票是民主的最重要表现形式,民主必须表现为直接投票吗？/ 57
4. 在中国到底是党大还是法大？/ 61
5. 中国特色社会主义民主是否有改善空间？/ 64
6. 改革开放 40 年来,中国经济的改革和发展取得了巨大成就,而政治的改革和发展是否相对滞后？/ 67
7. 如何保证公正司法,提高司法公信力？/ 70
8. 成立中央全面依法治国委员会有何重要意义？/ 73
9. 中国如何真正做到"全面依法治国"？/ 76
10. 如何使法治政府与服务型政府深度融合？/ 79

文 化 建 设 篇

1. 请问增强我国的文化软实力？/ 85
2. 在 21 世纪,中国应该怎样以文化大国的身份参与到世界文明建设中？/ 88
3. 如何实现中国传统文化在当代的创新发展？/ 91
4. 为什么有些年轻人对日韩、欧美文化趋之若鹜,对中国文化却兴趣不大？/ 94
5. 在市场经济高度发达的今天,主流价值观与多元化的社会思潮如何并行不悖？/ 97
6. 为什么现在很多的文化事业单位都变成了演艺公司？/ 100

7. 什么是公益性文化事业,在文化体制改革中,它与经营性文化产业有什么异同? / 103
8. 西部农村地区和东部发达城市相比,教育资源有失公平,这种情况应该如何有效改善? / 106
9. 如何加强我们的校园文化建设,以提高学生们对校园的归属感和自豪感? / 109
10. 西方自由主义所谓的正义理论是什么? / 112

社会建设篇

1. 电瓶车限行背后反映了什么问题? / 119
2. 高考英语为什么要进行改革? / 122
3. 如何理解"房子是用来住的,不是用来炒的"这一房地产发展定位? / 125
4. 如何在收入分配上使中低收入家庭的"钱袋子"进一步鼓起来? / 127
5. "女生酒店遇袭事件"加重人们对社会治安问题的恐慌,如何解决? / 130
6. 如何看待"非法疫苗"这样的事件? / 133
7. 中国主导的亚洲基础设施投资银行真的能让老百姓受益吗? / 136
8. 在互联网时代如何保护公民的信息隐私安全? / 139
9. 如何解决共享单车由"共享"到"共烦"的管理难题? / 142
10. 如何解决老百姓"看病贵、看病难"的问题? / 144

生态文明建设篇

1. 什么样的社会才是生态社会? / 151
2. 中国古代的生态观念对现代社会生态文明建设有什么启示? / 153
3. 除了中国以外,东方诸国中对生态文明有独特认识的国家还有哪些? / 157
4. 东西方对人与自然关系的认识有什么异同? / 160

5. 社会主义运动存在哪些生态认识上的不足？／163
6. 我国社会主义生态文明产生的历史背景如何？／166
7. 生态观念的确立对人们日常生活方式产生哪些影响？／170
8. 我国高校生态文明教育发展情况如何？面对哪些困境？出路何在？／172
9. 如何从制度上保障生态文明建设的展开？／176
10. 生态文明建设与"一带一路"倡议的关系？／180

党的建设篇

1. 中国共产党为什么能带领全国各族人民从站起来、富起来到强起来？／185
2. 为什么中国共产党90多年来始终保持生机与活力？／189
3. 为什么说党的基本路线是党和国家的生命线、人民的幸福线？／192
4. 如何理解"全面从严治党永远在路上"？／195
5. 党的十八大以来，全面从严治党有哪些新举措？／197
6. 如何理解中国共产党人的初心和使命？／201
7. 为什么作风建设关系到党的生死存亡？／204
8. 腐败的产生究竟是制度不完善，还是官员自身素质不高？／206
9. 如何通过学生组织提高大学生党员在学生中的影响力？／209
10. 如何有效提升大学生党员质量？／212

国际关系与外交篇

1. 中国国产航母对中国国际地位的影响及对国际形势的影响如何？／219
2. 关于气候变化的《巴黎协定》的签署有何意义及中国的贡献？／221
3. 为什么美欧对待"一带一路"的态度明显不同？／225
4. 为什么会产生"中国威胁论"？有什么影响？中国如何应对？／228
5. 怎样评估中国和日本现今的国际地位？／231

6. 中日关系中的钓鱼岛问题是怎么形成的？中国如何应对？/ 234
7. 如何理解美国在钓鱼岛问题上的立场和行为？/ 237
8. 中美之间是否要发生战争才会改变当今国际格局？/ 240
9. 南海问题对中越关系有什么影响？/ 243
10. 蔡英文上台后，两岸关系将来会如何？/ 247
11. 中国以后会不会有战争，能不能打赢？/ 250
12. 欧洲债务危机的导火索是如何被点燃的？/ 253

成长成才篇

1. 大学生创业特别需要具备哪些心理素质？/ 261
2. 如何解决大学生就业难的问题？/ 265
3. 大学生应如何积极争取加入中国共产党？/ 268
4. 怎样提升人们对党和政府的信任和信心？/ 272
5. 随着大量图片信息的增加，我们似乎进入了一个读图时代，在这种情况下，我们应该如何回归到传统的经典文本阅读？/ 275
6. "形势与政策"课对大学生今后的发展有什么重要意义？/ 278

后记 / 282

经济建设篇

1. 中国经济增长速度放缓是否意味着中国经济开始走下坡路？

薛军民： 改革开放前30年，中国GDP年均增长9.9%，堪称人类经济发展史上的奇迹。然而自2008年经济危机以来，中国经济增长速度持续放缓，2015年的GDP增长为6.9%，由此引发对中国社会经济未来发展的各种担忧。对此，我们需要辩证地看待中国经济增速放缓这一问题。

首先，经济发展有其自身的发展规律，任何一个经济体不可能持续高速地增长下去，犹如人不可能一直保持百米冲刺的速度进行一万米长跑一样。对于合理的经济增长速度，中国政府一直以来认为理想的增长目标是7%至8%，这一点不仅可以从近几个五年计划的制定中体现出来[①]，还可以通过几届政府对经济过热始终保持着高度的警惕中反映出来。所以，中国经济增长由两位数高速增长变为个位数的中速增长，是理性回归、健康调整的过程，也是今后经济增长的常态化。从结构方面看，我国处于经济结构的转型期，工业化已经达到顶峰。按照经济发展的一般规律，当工业化达到顶峰之后，生产率进步比较慢的行业价格涨得更快，资源向低生产率部门转移，从而使整体经济的增长速度下降。对此，我们要有足够的思想准备。其次，经济增速的趋缓也与整个世界经济周期的大环境有关。目前世界各国经济一直没有走出2008年经济危机以来的困境。我国作为世界第二大经济体，在经济全球化的时代，与

[①] "十二五"期间我国GDP年均复合增长7%，"十三五"规划中GDP年均增长率不低于6.5%。习近平：《"十三五"GDP底线6.5%》，2015年11月4日，http://news.xinhuanet.com/fortune/2015-11/04/c_128391226.htm。

整个世界经济的联系日益紧密,在全球经济萧条、复苏乏力的情况下,我们很难独善其身。

问题的另一面是,经济增长速度趋缓并不意味着中国经济开始走下坡路,增长速度的趋缓与社会经济的发展水平停滞与下降是不同的概念,所蕴含的意义也是不同的。从社会经济发展水平看,经过几十年的经济高速增长,我国的经济基数已经很大,2015年GDP总量为10.3万亿美元,2016年更是超过11万亿美元。在这种情况下,即使GDP增速为6.5%至7%左右,总量的增长也是非常可观的,也远高于世界平均的增长速度和世界主要经济体的增长速度。比较大的总量所带来的好处是,我们可以有一个相对比较宽松的社会环境处理之前经济高速增长所形成和积累的许多社会经济问题,如城市化相对滞后于工业化问题、收入差距问题、环境污染问题等。这些问题的解决,实质上是我国社会长期发展目标转变的过程,即从追求经济增长为主要目标的发展时期转变为社会全面发展的阶段,是经济发展速度的量的积累到社会整体发展质的提升的转变过程。二是经济增速趋缓既有经济发展内在的必然性,也包含了我国对经济调节的主动性。传统的依赖于高投入拉动的高增长不具有持续性,经济增长方式必须转变为依赖提高劳动生产率和创新为主的增长方式上来。经济增长的换挡时期是为了以后更持久的高质量增长奠定基础。

所以,我国的经济增长趋缓是经济社会发展从量到质提升的必由之路,是我国从发展中国家、从中等收入国家走向高收入国家和实现工业化的一个发展阶段,这一点与日本的长期经济停滞有本质的区别。日本经济的长期停滞是在其已经完成工业化,进入发达经济体之后出现的问题。复旦大学张军教授认为,日本,包括相似的韩国在经历经济高速增长之后增长陷入长期的缓慢增长,主要的一个原因是日韩的经济发展一直在试图维持一种结构的不平衡,出现了结构黏性。① 经济增长过分依赖制造业,这种部门间的结构扭曲是实现之前高速增长的原因,但如果结构的扭曲不随着经济发展而逐步调整或再平衡,那么在遇到外部冲击的时候,反而成为经济增长停滞的原因。

而我国还处于工业化的中后期,拥有更大的国内潜在的需求规模,生产性

---

① 张军:《减速与中国经济的增长趋势》,http://www.fdfrc.fudan.edu.cn/? p=3991。

服务业和消费性服务业的发展潜力巨大,保持长期的中高速增长是完全有可能的。而要实现较长期的中高速增长,面临的困难可能主要是如何避免像许多发展中国家那样,在经历了经济高速增长之后陷入中等收入陷阱之中而使社会发展长期停滞。所谓"中等收入陷阱",是世界银行在2006年《东亚经济发展报告》中最早提出的概念,是指当一个国家或地区经济发展到一定程度时,它所依赖的从人均低收入经济体转变为中等收入经济体的战略,在相当长时间内无法成功跻身高收入国家行列,由此导致经济增长回落或长期停滞,社会矛盾集中爆发。按照世界银行的标准,我国目前进入上中等收入区间,正处于迈入高收入社会的关键时期。从历史经验看,许多国家能够快速达到中等收入水平,但很少有国家能够有效规避"中等收入陷阱"[①]。我国目前也呈现出很多长期处于中等收入陷阱中的国家所出现的共同问题,如经济增长回落、严重的贫富分化、增长转型困局、腐败问题突出、社会冲突加剧等。所以,如何避免掉入中等收入陷阱,也是如何保持较长时期中高速增长和全面建成小康社会的关键所在。

在吸取和借鉴其他国家发展的经验和教训,不断深化改革,在经济增速放缓、经济总量的"蛋糕"做大的条件下,习近平总书记在2015年11月的中央财经领导小组会议上提出了供给侧结构改革。十八届五中全会提出共享发展理念,就是针对这一形势提出的发展战略。进行供给侧结构改革,使供给与不断增长的巨大的市场需求相匹配;通过技术创新,实现产业结构的优化,在新的技术条件下提升产业结构,提高劳动生产率,实现经济发展动力由传统的资本等要素投入转向效率提高的新动能上来。同时,坚持以人为本、以民为本,突出人民至上,致力于解决我国发展中共享性不够、受益不平衡问题的共享发展

[①] 据亚洲开发银行的研究,如果一个国家进入中低收入国家行列超过28年未达到中高收入标准,即可认为其落入"中低收入陷阱";进入中高收入国家行列但未能在14年内进入高收入行列,则可看作落入"中高收入陷阱"。以此衡量,1950年以来新出现的52个中等收入国家中,35个已落入"中等收入陷阱",其中30个落入"中低收入陷阱",5个落入"中高收入陷阱"。在这35个国家中,13个为拉美国家,11个为中东北非国家,6个为撒哈拉以南非洲国家,3个为亚洲国家(马来西亚、菲律宾和斯里兰卡),2个为欧洲国家(阿尔巴尼亚和罗马尼亚)。其中,一些国家在"中等收入陷阱"中已经陷入了相当长时间,如秘鲁、哥伦比亚和南非等已在"中低收入陷阱"中受困长达60余年,委内瑞拉在"中高收入陷阱"中也已超过60年。与这些国家形成鲜明对比的是,另外一些经济体特别是东亚新兴经济体只用了不到10年时间就完成了由中等收入向高收入的跨越。载《人民日报》,2016年1月14日,第7版。

理念为战略指导,以推进社会公平正义为前提,以推进扶贫脱贫、缩小收入差距为抓手,以推进区域、城乡基本公共服务均等化为保障,以推进共同富裕为目标,以实现供求两端平衡的根本途径,使经济社会在更高质量的基础上实现新的平衡。

2. 如何解决中国经济总量上升的同时贫富差距拉大的分配问题?

丁晓峰:关于经济总量问题。我们看一个问题既要横向比较,也要纵向比较;既要整体把握,又要具体分析。横向看,我国经济规模和发展速度远高于世界绝大多数国家;我国的科技、文化和社会发展速度都居于世界前列,涉及民生的一些领域已经达到发达国家的水平,比如智能家具、智能电器、智能型住宅和智能交通工具已经出现在城市中的不少家庭。但我国的总体福利水平,与发达国家相比还有很大差距,人民生活的富裕程度和享受社会福利的广泛性还远不及发达国家,还比较落后。纵向看,我们现在的生活水平与20年前、30年前甚至更远的我们的父辈祖辈时代相比较,已经有了天壤之别。现在一般老百姓的生活水平都是二三十年前无法比及的。国家贫困人口极大地减少,社会保障体系已经几乎做到了全覆盖。现在的贫困生上大学,基本生活费几乎都能由国家帮困资金解决,这在20年前是不可想象的。从整体看,无论我国的城市建设、基础设施建设,还是新农村建设,都得到了长足发展。举一个简单例子,10年前的学生们到了寒暑假,都坐那种红皮或绿皮的火车,远一点的要几十个小时才能到家;而现在,高铁普及,几个小时就能到家,这也是我们生活水平走向富裕的一个表现。随着国力的不断增强,基础设施的不断完善,市场机制的不断健全,我们拥有富裕的幸福感会越来越明显,越来越普遍。具体分析,虽然大多数人感受到了富裕,但我国还有不少贫困人口,生活水平处于勉强温饱状态。根据国家扶贫办数据,2016 年我国农村贫困人口 4 335 万人,这也是一个不小的数字,这些人目前谈不上过上富裕的生活。但是国家实行精准扶贫战略后,扶贫成效明显加快,仅 2016 年一年,农村贫困人口就减少 1 240 万人。① 通过举国努力,不久的将来这些贫困数字将成为历史。

关于分配问题。根据国家统计局公布数据,2012—2016 年我国基尼系数分别为 0.474、0.473、0.469、0.462 和 0.465,其中 2016 年较上一年增加了 0.003 个百分点。基尼系数反映了一个国家或地区的收入分配差异程度,也即贫富分化程度,0.5 是警戒线,如果超过这一数字,说明出现了严重的贫富分化,会引致社会不稳定现象发生。根据上述数据,我国基尼系数接近临界线,说明已经存在较严重的贫富分化现象,特别是一部分收入较高的群体与收入较低群体之间的贫富差异现象客观存在着。这一现象已经引起高层重视,政府正通过制定各种政策来调节收入分配。对于这一问题产生的原因,我们要客观分析,不能因此而一概盲目地否定我国的改革成果。在改革开放初始阶段,我国国力有限,首先要集中精力发展经济,即让一部分人先富起来,然后是先富带动后富,实现共同富裕。但由于发展过程中,过于注重经济增长,加之又没有前人经验,从而造成了两极分化的局面:一部分人进入顶级富裕阶层,一部分人依然处于贫困线以下,这是历史条件引致的结果。对于前一类人的财富积累路径,很受争议。不可否认,从披露的腐败案件看,富豪阶层中有一部分人通过官商勾结,通过官员寻租与商人倒卖相互渗透来积累财富,造成了极负面的社会影响。如在一些房地产领域,存在明显的暴富现象,鉴于信息不透明,加上房价居高不下,与一般老百姓收入承担能力相差悬殊,从而使得民众对这一领域企业家的财富积累存在质疑,从而演化为公众普遍对中国财富分配极不平均的模糊认知。其实只要深入分

---

① 《2016 年全国农村贫困人口减少 1 240 万人》,2017 年 2 月 28 日,http://news.xinhuanet. com/politics/2017 - 02/28/c_1120543533.htm。

析,我们会发现,财富集聚过程中,并不是所有行业的财富积累路径都像房地产领域这样不可捉摸。企业家通过前瞻性的视野,通过占得互联网营销市场和科技发展的先机,在普惠百姓的商业发展进程中迅速积累了财富,建立起商业帝国。这些财富积累现象诞生的过程是透明的,也容易被理解和接受。但年轻的学生往往被浮云遮住了眼睛,看不到这些正能量,加之自媒体时代知识的碎片化传播,盲目跟从网络话语随波逐流,有意无意地将矛盾集聚在房地产商领域,忽视全面而只顾及一点。总之,绝大部分富裕阶层的财富积累路径可作为万众创业创新的榜样。由于地域差异以及历史环境的原因,如上所述,中国还有一部分人生活在贫困线以下,还有不少农村等落后地区的农民生活条件很差,一些城市贫民窟还存在。目前,国家在不断完善收入分配机制,在不断加强惩治腐败的力度,在不断健全社会保障体系,我们应相信,两极分化问题在社会主义条件下会得到圆满解决。

  关于是否被平均这个问题。从整体看,中国的老百姓生活水平已经得到了大幅提升,只要我们细心观察,看看每年节假日人口流动程度和消费现象,以及日常的生活水平,都能切实感受到中国人民正在走向富裕。当我们看到"人均收入"或"人均财富"时,往往感觉自己被平均了。这其实是一种经济学和统计学解释问题的范式,是一种挖掘问题的方法。可能由于实际调研中样本抽取的难度,很难做到细致入微的划分,往往选择一定量的样本进行平均。从统计学上来理解,只要样本量达到一定程度,经过反复的数值模拟,结果差别不大,就能反映一定的本质问题。当然,做全样本统计是最好的,但是成本太高,也没有必要。另外,关于"二八现象",也就是你们有时看到的,20%的人占据了全社会80%的财富,所以简单"人均"时,感觉自己被平均了。首先,这种"二八现象"缺乏权威印证,是否科学还有待讨论。其次,从财富本身功能来说,当其作为资本投到市场中去,就会形成资本增值,就会带来就业,带来资本附加值。再者,政府正在通过各种政策措施引导金融服务实体经济,让资本在服务实体经济过程中实现其价值增值。这样,我们每个人都会享受到实体经济发展带来的成果。那么,这时候就不能简单理解为"被平均"了,因为我们从资本扩张和财富积累过程中得到了就业,得到了因就业而带来的财富。

3. 如何缩小东中西部以及城乡之间经济发展的不平衡？资源环境压力与经济发展如何协调？

艾慧：（1）如何缩小中西部和东部沿海的差距？中西部落后于东部，原因是多方面的：第一，政策倾斜。东部沿海城市是改革开放的前沿，由于区域和历史的优越性加上政策的鼓励与扶持，这些地区已经实现了工业化和城市化，生产力有显著提高，人民的生活水平得到明显改善。中西部地区由于基础设施建设以及发展思路的滞后，严重制约了区域经济的发展和生产力的提高。第二，产业制约。中西部有特殊的自然环境和自然资源，一般是农牧业和矿产开掘，生产的是初级产品，其商品附加值低，经济效益不高，很难使资源优势转化成经济优势。第三，技术差异。在机械化、自动化程度上东部地区和中西部地区有明显差异。

根据中西部落后的原因分析，可进行如下调整：第一，将自然资源转化成经济优势，提高当地人民的收入水平。除了农业、旅游、矿产这三大行业之外，更应该依托当地资源优势，发展研发、制造、仓储、运输等产业链，推动产业结构升级。第二，财政转移支付重心调整。政府在配置公共资源时，应注意两个方面：加快完善铁路、公路骨架网络，推动重大水利工程建设，着力解决西部地区交通和水利两块"短板"问题；解决医院不足、学校不足等公共服务和基础设施问题，还要将其延伸到外来农民工集聚区，以缩小东中西部公共服务差异。第三，做好承接东部沿海产业转移的准备，增强企业竞争力。企业在内迁过程中，面临一系列障碍：员工效率和技能匹配问题、地方政府行政效率问题、原材料采购问题、骨干员工辞职问题等。因此,在完善公共服务的基础上,需要加强人力资源培养、提高政府行政效率、完善产业配套升级,以提升产业承接的软环境。第四,优化提升东部城市群,并在中西部地区培育发展一批城市群、区域性中心城市,促进边疆中心城市、口岸城市联动发展,让中西部地区广大群众在家门口也能分享城镇化成果。提升规划水平,增强城市规划的科学性和权威性,促进"多规合一",全面开展城市设计,完善新时期建筑方针,科学谋划城市"成长坐标"[①]。

(2) 如何应对农村人口流失?随着城乡发展不平衡及城乡收入差距的拉大,农村人口转移,既是城市发展的需要又成为农民追求富裕生活的选择。然而农村人口转移也带来很多负面影响。在农村,随着农村劳动力流失,出现大量的空心村,严重威胁农业发展的同时产生诸多民生问题。在城市,"大城市病"日益严重,如人口膨胀、交通拥挤、住房困难、环境恶化、资源紧张等等。

解决农村人口外流造成的负面影响,需要从多方面着手:第一,促进东中西部协调发展。许多外来人口背井离乡到沿海大城市打工,不能照料孩子和老人,产生了留守儿童和老人的问题,亲情缺失造成一系列社会问题。如果东中西部能够均衡发展,发挥都市圈的辐射能力,农村人口就近就业,可以缓和上述问题,有利于家庭和谐及社会稳定,而缩小东中西部差距亦为题中之义。第二,完善农村制度建设。农村土地荒芜、资源配置失效的根本原因是土地制度的僵化。十八大以来的改革赋予农民更多的财产权利:建立和完善农村土地市场,借助市场价格机制实现土地承包经营权的流转或入股,以实现农民土地的财产性收益。赋予农地承包经营权抵押、担保权能,实现农地承包经营权的保值增值。在此基础上,十八大以来的政策在加快构建新型农业经营体系上迈开步伐。目前农民家庭仍是我国农业中最主要的生产经营主体,但随着农业劳动力的转移和农户承包耕地经营权的流转,其他各类新的农业经营组织形式,如农民专业合作社、各类农业产业化经营组织、租赁经营也在发展[②]。

---

① 《在中西部发展一批区域中心城市》,2015 年 12 月 23 日,http://news.163.com/15/1223/03/BBG7VMVQ00014Q4P.html.
② 陈锡文:《构建新型农业经营体系刻不容缓》,2013 年 11 月 18 日,http://www.qstheory.cn/zxdk/2013/201322/201311/t20131118_292434.htm.

(3)资源环境压力与经济发展如何协调？自然资源与经济增长关系密切,丰富的自然资源可为经济提供增长的动力。然而,时至今日,两者并非绝对相关,世界上存在自然资源贫乏但经济增长势头强劲的情况,相反也有自然资源丰富却经济增长乏力的情况,后者被称为"资源诅咒",也有国家和地区面临从资源丰富走向匮乏的转轨阶段。因此,单纯依靠资源来提振经济的方式是不可持续的。

传统的以经济增长为核心的模式,带来的是环境的恶化,因此刺激经济增长被贴上环境恶化的标签。尽管库兹涅茨曲线(EKC)的比较分析得出,人均收入与环境质量演进之间存在倒 U 型曲线的关系,但是人均收入的提升与经济增长的质量和效率相关,而后者才是环境质量改善的根本。从工业内部结构看,高能耗行业比重大,特别是高能耗的一般加工工业生产能力过剩,高技术含量、高附加值、低能耗的行业比重低。如果我国第三产业增加值的比重提高 1 个百分点,第二产业中工业增加值比重相应地降低 1 个百分点,万元 GDP 能耗可相应降低约 1 个百分点。按照目前的工业结构,如果高技术产业增加值比重提高 1 个百分点,而冶金、建材、化工等高能耗行业比重相应地下降 1 个百分点,万元 GDP 能耗可相应降低 1.3 个百分点[1]。因此,在维持原有经济发展速度基础上,解决节能问题,首先要大力调整和优化经济结构。

目前,中国经济所呈现的新常态,实质上是在实现经济转型。按照习近平总书记对中国经济新常态特点的界定:一是从高速增长转为中高速增长。二是经济结构不断优化升级,第三产业消费需求逐步成为主体,城乡区域差距逐步缩小,居民收入占比上升,发展成果惠及更广大民众。三是从要素驱动、投资驱动转向创新驱动。新常态下,中国经济结构优化升级,发展前景更加稳定。就产业结构来看,根据国家统计局提供的数据,2017 年我国第一产业增加值占国内生产总值的比重为 7.9%,第二产业增加值比重为 40.5%,第三产业增加值比重为 51.6%。[2] 2017 年上半年我国高能耗行业的产量增速有不同程

---

[1] 马凯:《确保实现"十一五节能目标"》,2006 年 8 月 8 日,http://www.gov.cn/gzdt/2006 - 08/08/content_357263.htm。

[2] 《统计局:2017 年国内生产总值 827122 亿元　同比增长 6.9%》,2018 年 2 月 28 日,http://finance.china.com.cn/news/20180228/4554010.shtml。

度的回落，①高技术制造业和装备制造业增速分别为 13.4% 和 11.3%，明显高于工业平均增速。② 就拉动经济的引擎来看，2017 年，我国最终消费支出对经济增长的贡献率为 58.8%。2018 年 4 月 19 日，商务部公布数据，2018 年一季度我国消费支出对经济增长贡献率达 77.8%，远超投资。③ 这些数据显示，中国经济结构正在发生深刻变化，质量更好、结构更优。经济转型的实际结果表明，我们以牺牲一点增长速度换取增长质量是值得的，当经济转型顺利完成，我国经济将以可持续的方式高质量地增长。

4. 中国第二大经济体的地位是否会对其他国家构成威胁并引起他国的担忧？

丁晓峰：根据国际货币基金组织"2015 年 IMF④ 成员 GDP 排行榜"，2015 年中国大陆的经济规模即 GDP 已经达到 109 828.29 亿美元，美国则是 179 470.00 亿美元，日本是 41 232.58 亿美元，中国排名世界第二，远超第三名的日本。⑤ 从绝对数字看，虽然排名第二，但中美之间的总量差额有 6 万多亿

---

① 《2017 年上半年高耗能行业运行情况》，2017 年 7 月 31 日，http://www.chinadevelopment.com.cn/fgw/2017/07/1164079.shtml.
② 《中华人民共和国 2017 年国民经济和社会发展统计公报》，2018 年 2 月 28 日，http://www.stats.gov.cn/tjsj/zxfb/201802/t20180228_1585631.html.
③ 《商务部：一季度我国消费支出对经济增长贡献率达 77.8%》，2018 年 4 月 19 日，http://news.china.com.cn/txt/2018-04/19/content_50912200.htm.
④ 国际货币基金组织(International Monetary Fund，简称：IMF)。
⑤ 《美国五大科技公司市值 3 万亿超英国 GDP　中国前五大科技公司市值尚不及其 1/3》，2017 年 7 月 20 日，http://www.sohu.com/a/158682802_130887.

美元。如果按照人均GDP核算,中国经济总量除以13亿人口,将远远落后于世界其他国家,这种核算还没有考虑到购买力因素。另外,衡量一个发达国家的指标,除了人均GDP外,还要考虑到人均寿命水平、人均受教育程度等指标,考虑到产业结构、环境污染和国民素质等指标。根据这些指标判断,中国还远不能算作发达国家,同样道理,中国除了经济总量之外,其他指标的总量一旦被13亿人口相除,也要远远落后于世界现有的发达国家,因此说中国目前依然处于发展中国家行列。由于中国在整体发展进程中,一些科技领域和创新潜力表现出骄人的成绩;一些沿海大城市的硬件设施发展速度很快,呈现的城市面貌与发达国家相仿。因此,很多人有一种错觉,认为中国是发达国家了,加之境外一些媒体和别有用心的人,想通过关于中国是发达国家的渲染,来促使中国在相关国际组织中承担与本国国力不相称的国际义务,更有一些国家想通过"中国是发达国家"的宣传来制造中国威胁论,从而为本国某些利益集团服务。可见,大家偶尔从一些媒介中看到的关于"中国是发达国家"的论调缺乏依据。综上,中国不是一个发达国家,是一个正在快速发展的发展中大国。

中国发展起来了不会对世界及周边国家构成威胁。基于以下几点依据:第一,从短期看,中国还没有完全地发展起来,中国国内的发展存在着极不平衡的现状,东西部差距很大,即使在同一区域内,也有极大的差距。中国经济发展进入新常态,需要从各个领域进行改革,国内要解决的问题很多。所以,从短期看中国目前还是要集中精力发展本国经济,发展本国文化等指标。第二,从长期看,中国的发展是一个长期的过程,需要安定的国内外环境,否则中国的发展进程就会被打断。因此,为了使得国家发展有一个相对和平稳定的内外部环境,国家必须要加强军队等国家机器的建设。强化这些国家机器是为了保家卫国,是为了经济发展顺利进行。因此,针对一些国家关于中国发展军事就是威胁的论调,中国政府和民间在各个场合都反复强调,中国发展不会危及他国,中国发展军事是为了和平发展经济。世界的历史表明,一国没有足够的军事力量存在,就无法保持可持续的发展。中国的历史更表明,弱国没有外交,也没有发展,会不断遭受侵略。因此,中国必须要重视军事发展,重视武装警察和公安部队的建设,这些都是从中国经济发展的需要出发的。第三,从中国的文化看,中国儒家传统的文化源远流长,仁忍孝道、助人为乐是中国文化几千年的传统。中国发展起来只会恩惠他国,中国是一个注重礼仪之邦的国家,乐于与他国分享胜利果实。因此说,中国发展起来了,不会危及他国的发展,相反,会对他国发展有利。第四,从中国发展的现状看,当前中国主动调整产业发展战略,提出新常态,抓紧时间进行结构调整,特别加大环境保护力度,发展集约型创新型经济,发展服务经济,这些举措都是经济结构调整的重要体现。因此,从中国可持续发展战略和措施看,中国的发展也不会危及他国,不会与他国争夺资源。综上,中国的发展不会威胁世界及周边国家,只会使得他国从中受益,但是由于少数国家担心中国的发展,以及一些所在国利益集团的驱使,他们总想方设法来阻碍中国的发展,培植反华势力,这需要引起我们高度警惕。既要加强与外部世界的交流,特别是民间交流,也要加紧军队建设以震慑外部的反华势力,用事实证明,中国发展不是威胁他国,中国的军事发展只是为了保家卫国。

对于如何消除其他国家对中国崛起的担忧,我们已经提出了和谐发展、包容性增长等命题,关键问题在于加强与世界各国的对话与交流,让各国人民对中国有一个全面了解。同时通过一系列的具体措施的实践,打消一些国家对中国发展的顾虑。可以从如下几方面着手:一是加强官方和民间交流和对话。目前看,官方交流正有序推进,特别是最高层领导的互访频率在加大。但是民间交流还不够充分,仅限于一些国际会议的召开,基层交流渠道还不是很畅通,需要政府开拓更多的互访渠道,拓宽民间互访和交流。二是加大宣传力度,通过国外媒介全面而系统地宣传我国的经济发展对世界人民的贡献,宣传我们的文化理念是和而不同,让世界人民了解我国是一个历史上曾屡遭侵略的国家,很珍惜来之不易的和平;要宣传我们的发展是和平的发展,宣传过程中力求全面、力求客观、力求史例。特别是当前我国军力发展步伐加快,要通过各种形式讲清楚历史,讲清楚军事与和平之间的关系。三是加强本国国民的国际视野教育,比如在各层次教育中普及大国发展理念的教育。这就要求我们作为一国国民首先自己要有大国思维、和平思维和包容思维。同时,要有道路自信、制度自信和发展自信。这样在参与国际交往和交流中才能有效地传达正能量。四是通过一些具体实践,彰显大国风范。比如我们对非洲的各项无偿援助;倡导"一带一路"倡议,牵头成立亚投行;在国际舞台上始终坚持正义,根据事情的是非曲直发出我们的声音等等,这些都是走和平发展道路的具体实践。五是要发展好本国经济、文化和军事。只有经济上去了,才有能力更好地帮助他国人民;只有文化发展了,国民素质提高了,才能被世界所接纳;只有军事发展了,才能遏制住军国主义和恐怖主义的气焰,才能为世界和平保驾护航。当前,我国还存在极少数民粹主义思想,这些思潮往往披着爱国主义的外衣,搞对抗、搞大国沙文,这都不利于我国崛起进程中大国形象的树立,需要把这些苗头扼杀在萌芽中。六是在国际交往中淡化意识形态,有意识有重点地强调经济发展,这样更容易参与国际对话,便于进行深入交流。在国际交往中淡化意识形态与在国内治理中坚持马克思主义指导思想并不矛盾。相反,会更增加国际社会的信任感和好奇心,从而主动来探求我国迅速崛起的原因,进而了解中国国家治理的指导思想。

5. 如何规避互联网金融风险,促进互联网金融健康发展?

焦成焕:互联网金融是传统金融业务与互联网技术相结合的新领域,是运用互联网技术、移动通信技术提供金融服务的一种新型金融形式。它既包括电商等互联网企业利用电子商务、社交网络、移动支付、大数据、云计算、搜索引擎等为代表的互联网技术、移动通信技术开展金融业务,也包括传统金融机构利用互联网技术、移动通信技术开展金融业务[1]。从我们的日常生活来

---

[1] 龚明华:《互联网金融:特点、影响与风险防范》,载《新金融》,2014年第2期。

说，人们津津乐道的 BAT，应该从百度、阿里巴巴和腾讯等互联网企业利用互联网技术从事部分金融业务的角度去理解。同时我们还应该认识到，互联网企业从事金融业务还不能完全脱离商业银行，需要商业银行的基础性服务为其提供支持。

互联网金融作为一种新型金融形式，具有以下特点：一是普惠性。部分传统金融机构由于营业网点和人员的不足，往往将业务重点用于发展高价值客户，互联网金融则更加注重发展草根客户。例如，微借贷、微理财、微保险、微投资等等，客户门槛较传统金融产品要低很多。二是数字化。互联网金融企业往往具有强大的数据挖掘能力，它们通过电子商务、社交网络、第三方支付、搜索引擎等形成庞大的数据仓库，运用云计算和行为分析理论等进行数据分析和挖掘，从而大幅度提高信息使用效率。三是便利化。互联网时代不仅带来了全新的商业渠道革命，也带来了全新的服务理念，"不是客户来找你，而是你去找客户"。人们所熟悉的产品，如"余额宝"和"京东白条"，把便利服务送到客户手边，客户只要轻点鼠标，后续服务都由互联网企业来完成。

自 2013 年中国政府对互联网金融采取积极的态度以来，互联网金融行业便在我国如火如荼地发展起来了。总体来说，互联网金融主要分为 6 种类型：金融互联网化、移动支付和第三方支付、互联网货币、基于大数据的征信和网络贷款、P2P 网络贷款和众筹融资。它们在互联网金融系统中各自扮演着不同的角色，但是它们一同为人们的资金融通带来了很大的便利。首先，互联网金融提供了新的支付方式，降低了交易成本。其次，大数据运用到互联网金融中，提高了信息处理的效率，从而降低了部分风险。最后，互联网金融为资金的融通提供了一个更加便捷的平台，投资者和融资者可以根据需要自行交易，合理利用市场上的闲散资金进行资源配置。

不可否认，互联网金融为我国的金融市场注入了活力。但是由于这是一个新领域、新行业，因此，互联网金融还存在着一系列的风险。本文将这些风险归为四类，分别是流动性风险、信用风险、技术风险以及法律风险。

(1) 流动性风险。流动性风险是传统金融最典型、最具有杀伤力的风险，互联网金融流动性风险则是传统流动性风险在互联网环境下的延伸和变种。具体来说，互联网金融流动性风险是指互联网金融企业无法及时获得充足资金或无法以合理成本及时获得充足资金以应对资产增值或支付到期债务的风险，以及投资群体无法预期期限和收益标准实现资金与资产转换的风险。互联网金融流动性风险往往出现在第三方支付和网络贷款上。

（2）信用风险。互联网金融信用风险是指网络金融交易者在合约到期日不完全履行其义务的风险。这里的信用主要是指借贷行为。这种经济行为的形式特征是借贷中以收回借款为条件的资金付出，或以归还借款为义务的获得资金。作为借出人来说，他之所以借出资金是因为其有权取得利息；而对于借款人来说，他之所以可以借入资金，是因为他承担了支付利息的义务。借贷这个交易过程在空间、时间上的分离，加之信息不对称的存在，必然导致信用风险产生。在我国，互联网金融信用风险主要来自征信体系不全。互联网作为资金融通的交易平台是一个虚拟的平台，对于交易双方来说，由于信息不对称，不能很好地了解对方的信用情况，从而造成信用风险发生。

（3）技术风险。互联网金融是以计算机技术、网络技术、信息技术等为依托，在开展和执行各项金融业务的过程中各种技术的应用是非常关键的，保证各项技术的有效应用意味着互联网金融业务可以有序、合理、快速地实施。然而，在应用各种科学技术的过程中，也会出现一些技术问题，致使互联网金融在交易过程中出现错误造成损失。此外，技术漏洞和网络黑客袭击也会给资金安全和客户信息造成威胁。根据我国互联网金融的实际情况，互联网金融存在的技术风险有系统性的安全风险、技术选择风险和技术支持风险。

（4）法律风险。法律风险是指由于互联网金融相关法律不健全，集资活动一直游走在非法边缘。虽然我国已经出台了《电子银行业务管理办法》《非金融机构支付服务管理办法》《电子签名法》《网上证券委托管理暂行办法》等多个相关法规，但是我国互联网金融还处于起步阶段，互联网金融相关法律法规还不完善，互联网金融立法还比较落后和模糊，相关监管还处于滞后状态，致使互联网金融业务在实施过程中，一些不法人员钻法律空子，开展不正规的金融业务活动，给互联网金融带来一定的风险。例如，一些互联网金融机构通过名人广告营造良好的形象，非法筹集资金。还有一些机构自保自融拆标，这些方式都有非法集资的风险。

　　对于以上风险可以采取下列措施：第一，限制互联网金融产品的最高收益率。流动性风险的部分原因在于，互联网金融机构通过设定高收益率吸引投资者的资金，但是收益率是与企业的盈利相关的，一旦机构不能按期获得收益，就会出现流动性不足。第二，完善我国征信体系，提高信息透明度。建立统一的数据库，使个人信用信息一致，同时对互联网金融机构进行信用评级，披露相关信息。第三，加强对互联网金融平台的技术测试。要根据技术发展情况规定测试频率，同时保持平台系统的实时监控。第四，完善相关法律法规。明确非法集资红线，为大型集资活动设置监管人员跟进。此外，针对具体问题设置规定。第五，加强对消费者权益的保护。对于个人投资者来说，要根据投资者的资金状况和专业知识设定最高风险的投资产品。对于个人融资者来说，要在融资者与互联网金融机构间树立一道防火墙，防止个人融资者遭遇互联网高利贷。

6. 电子商务的发展对社会经济有何影响？在此背景下政府宏观调控如何应对新的挑战？

　　林敏华：电子商务是指买卖双方利用互联网进行的商品或服务交易，其经营模式主要有 B2B、B2C、C2C、C2B 等。我国自 20 世纪 90 年代以来，随着以互联网为代表的现代信息技术的迅速发展,出现了电子商务这一新型商务模式。电子商务将传统商务与互联网结合从最初的网上交易演变成多种商务模式的经济平台,既出现了阿里巴巴、京东、当当等从事电子商务的平台,也出现了以现代物流为依托的完整电子商务产业链。现今,电子商务正以蓬勃发展的趋势,渗透到各行各业,实现多元化发展,并逐步进入成熟平稳增长时期。根据中国电子商务研究中心监测数据显示,2012—2016年,中国电子商务及各细分领域交易规模不断攀升。其中,2012年中国电子商务市场交易规模为7.85万亿元人民币,2016年为22.97万亿元人民币,五年增加了15.12万亿元人民币,增长了近3倍。① 更值得一提的是,2017年"双十一"购物狂欢节天猫当天交易额突破了1 682亿元的网上销售纪录。

电子商务是信息时代发展起来的一种新的商务模式,是互联网技术与传统商务模式融合发展的新型经济活动,它将生产企业、流通企业以及消费者和政府引入一个数字化的虚拟空间,让人们不受时间和地域的限制,以一种简单、快速的方式来完成业务活动,优化了资源的配置,提高业务系统运行的严密性和效率。因此,电子商务带来的不仅仅是商务模式的改变,而且还引起了社会、思想、文化的变革,推动了社会经济的发展。电子商务的发展对社会经济的影响主要表现在:

(1) 电子商务改变了经济运行方式。电子商务在互联网上开拓了现代经济运转的新模式,把实体市场部分迁移到互联网上,将信息流通过网络快速、准确、完全地展现。电子商务通过人与电子通信方式的结合,极大地提高商务活动的效率,减少不必要的中间环节。消费者通过网上购物,改变了消费方式。电子商务的运行,还拉动了制造业后端供应链和生产流程的变革,使物流运转更加安全有效率。

(2) 电子商务优化了经济结构。现今,信息产业在整体经济中所占的比重不断扩大,使得互联网产品和服务进入各个行业,形成了实体经济、虚拟经济新的增长。数字化技术造就了电子商务,而电子商务又促进数字化产品、技术的创新和发展,技术和经济形态的相互推动形成了良性发展格局,推动了产

---

① 《中国电子商务市场扩容迅猛　五年来交易额增长近3倍》,2017年10月18日,http://news.163.com/17/1018/23/D12MC2ME00018AOQ.html。

业结构性优化。

（3）电子商务加速了经济增长。电子商务为代表的信息技术发展已成为经济增长的加速剂和重要内容。信息一旦成为现实生产力，就能以无成本的方式迅速扩散和传播，产生连锁反应，带动劳动生产率的迅速提高，从而推动整个国民经济的飞速发展。

（4）电子商务推动了金融业创新。在线电子支付既是电子商务的关键环节，也是电子商务得以顺利发展的基础条件，随着电子商务在电子交易环节上的突破，网上银行、银行卡支付网络、银行电子支付系统以及电子支票、电子现金等服务，将传统的金融业带入一个全新的领域，从而推动金融创新。

当前，我国电子商务发展迅速，且呈现出平台主流化、专业化、融合化、个性化以及生态化的发展趋势，由此对政府宏观调控也提出了新的挑战。

党的十九大报告在高度肯定了我国互联网经济发展成就的同时，指出要贯彻新发展理念，把发展经济的着力点放在实体经济上，"加快建设制造强国，加快发展先进制造业，推动互联网、大数据、人工智能和实体经济深度融合"[①]。这就意味着，在未来，互联网等相关技术将通过向各个产业的渗透，推进实体经济的转型升级，为经济的持续增长打下良好的基础。因此，电子商务的发展需要政府的正确认识、宏观指导和政策扶持，为了正确发挥政府的职能，促进电子商务可持续发展，政府应采取积极的应对策略。

（1）政府应积极支持电子商务的发展。政府要加大对电子商务发展的投入和引导，研究制定鼓励电子商务发展的优惠措施。重视信息技术人才的培养和引进，为电子商务企业提供人才和技术保障。同时，各地方信息化建设专项资金也要加大对电子商务发展的支持，鼓励技术创新和流程改造，推进企业信息化建设，促进电子商务的发展。

（2）政府应重视电子商务主体建设。电子商务是基于信息网络的商务活动，一旦网络出现安全问题将给交易双方带来不利的影响，因此，政府必须重视电子商务的主体建设，要构建一个值得信赖并能够保证信息完整、安全的多层次、开放的网络体系。网络体系要能有效地防范病毒感染、避免异常袭击、

---

① 习近平：《决胜全面建成小康社会　夺取新时代中国特色社会主义伟大胜利——在中国共产党第十九次全国代表大会上的报告》，载《人民日报》，2017年10月28日，第1版。

抵制虚假信息、禁止网络犯罪等。各级地方政府,可针对各地的特点、特色打造自己的电子商务平台,聚合产业链上众多的企业资源优势,实现资源共享和优势互补的有效合作,提升效应。

(3) 政府应创新电子商务的税收管理手段。电子商务的发展税收管理手段必须适应其变化。首先,在构建电子商务税收法律体系中应当坚持三项原则,税收中性和税负公平原则、普遍适用原则、整体原则和系统原则。其次,应当从完善税务登记制度、准确实现税款征收、规范电子发票使用、加强税收风险防控、建立电子化税务稽查制度等方面来完善电子商务税收征管。[①] 最后,税务人员应当提高纳税服务意识、运用信息化手段、落实税收优惠政策、推进纳税信用评定结果运用,为纳税人提供优质便捷的纳税服务。

(4) 政府应重视诚信体系建设。政府应当在电子商务立法、平台建设、监管和教育引导等电子商务诚信体系建设中发挥作用。建立以政府为背景协同银行、工商管理、公安、税务等部门参与的企业和个人的信用评价与监管体系,为每个参与电子商务的企业和个人进行信用评价,颁发信用证书,实现跨部门、跨行业、跨地区的信用信息互联互通,营造公平交易和相互信任的市场环境,提高电子商务线上活动的安全性。

(5) 政府应健全电子商务法律法规体系。电子商务的发展需要一个良好的法制氛围,因此政府必须健全电子商务法律法规体系。政府有关部门应根据电子商务的特点,制定有针对性的法律法规和政策,规范电子商务各项活动。不仅要对原有的法律法规体系进行修改完善,还要根据电子商务发展的需要制定新的法律法规,以健全电子商务法律法规体系。

总之,政府应当从战略高度重视电子商务对经济发展的推动作用,根据环境的变化进行宏观管理与调控。

---

① 舒安仁、王秀明:《论电子商务税收政策选择》,载《税收经济研究》,2015 年第 4 期。

7. 社会主要矛盾转化意味着什么？

刘铮：党的十九大报告中明确提出：中国特色社会主义进入新时代，我国社会主要矛盾已经转化为人民日益增长的美好生活需要和不平衡不充分的发展之间的矛盾。

关于社会主要矛盾，在中华人民共和国诞生后的党代会报告中，有三次区别较大的不同的提法：

1956年中共八大：当前主要矛盾不再是阶级斗争，而是人民对于经济文化迅速发展的需要同当前经济文化不能满足人民需要的状况之间的矛盾。

1981年中共十一届六中全会：在现阶段，我国社会的主要矛盾是人民日益增长的物质文化需要同落后的社会生产之间的矛盾。

2017年中共十九大：我国社会主要矛盾已经转化为人民日益增长的美好生活需要和不平衡不充分的发展之间的矛盾。

党的十九大报告做出社会主要矛盾转化的基本判断，反映了中国共产党在对中国国情和世界发展趋势进行客观、科学分析基础上的准确判断，体现了马克思主义"社会存在决定社会意识"的基本原理。

（1）社会主要矛盾依据的国情发生变化。第一次、第二次提出的社会主要矛盾，基本上都反映了人们的物质文化需求与供给不足之间的矛盾。1981年的社会主要矛盾转变，建立在刚刚结束十年动乱，社会生产力水平处于工业化初期阶段，社会生产力水平远远不能满足人们日益增长的物质文化需求的基础上。1981年中国人均GDP世界排序第124位，合计287美元，约为1 793.75元人民币。与此同时，改革开放打开国门，人们看到了世界上发达国家的富裕生活,更进一步刺激起人们对物质文化的强烈需求。而客观现实是,在计划经济导致的短缺经济的基础上,人民的文化、医疗等方面的一些需求都不能得到基本的满足,因此,人民日益增长的物质文化需求与落后的社会生产之间的矛盾就成为20世纪80年代的主要矛盾。在主要矛盾规定下,以经济建设为中心,大力发展社会生产力就成为20世纪80年代的主要战略任务。

经过几十年的改革开放,中国的经济社会发生了天翻地覆的变化,短缺经济已经不复存在,经济飞速增长,带来文化、教育、医疗等方面的快速发展,中国的整体水平和在人均水平上都已基本上实现了小康社会目标。2016年,中国GDP总量达到76亿元,人均8 113美元,合55 442元人民币。在总体上已经接近全面小康水平。正因为中国的生产力水平已经跃居世界前列,人们对物质文化的基本需求已经得到满足,在这个基础上,人们心中对较高生活质量的美好生活的需求则显得更加迫切。那么"落后的社会生产"显然不客观、不科学。由于中国资源禀赋的差异存在,决定了幅员辽阔的中国国土上东、中、西不同地区之间经济社会发展水平存在着较大的差异。地区生产总值第一的广东省2016年达7.95万亿元,而排在第31位的西藏,仅为1 150亿元人民币。① 从人均GDP来看,国家统计局的数据显示,2016年我国国内生产总值(GDP)744 127亿元,年末中国总人口138 271万人,按此计算,2016年我国人均GDP达到了53 817元。统计显示,有12个省份的人均GDP超过了这一平均水平。2016年我国人均GDP超过1万美元的省份和直辖市达到了9个,分别是天津、北京、上海、江苏、浙江、福建、内蒙古、广东、山东。全国居民人均收入排名中,位居第一位和第二位的上海、北京均超过5万元;而位居15位的山西,仅为2万多元;排位第31位的西藏,则只有1.3万元。② 显然,在我国不同地区之间,发展不平衡问题十分突出,经济发展水平直接制约着人们对美好生活的追求与向往,因此,用"不平衡不充分发展"代替"落后的社会生产",是更加客观和更加确切的精准概括。

---

① 《2016年各省区市GDP排行:广东经济总量蝉联第一 重庆增速傲视群雄》,2017年2月7日,http://finance.sina.com.cn/roll/2017-02-07/doc-ifyafenm2932780.shtml。
② 《2016年各省人均GDP排名 中国人均GDP在世界排名》,2017年1月17日,http://www.mnw.cn/news/china/1552000.html。

(2) 决胜全面小康建设目标的客观要求。2020 年我国将全面建成小康社会,从现在算起,所剩时间已然不多。由于中国不同地区之间在资源禀赋、社会生产力水平等方面存在较大的差异,加上人的基本能力方面存在的差距,中国目前仍存在着一批贫困人口。这批贫困人口的存在,将直接影响到 2020 年决胜全面建设小康社会的目标实现。为了实现共同富裕目标,从 20 世纪 80 年代起,中国政府不间断地开展扶贫工作,从一般扶贫,到扶贫攻坚,再到精准扶贫;而且随着社会经济的发展,中国不断调高贫困线标准。经过 30 多年的艰苦努力,中国的贫困人口净减少了近 3 亿人,为世界反贫困事业作出了巨大的贡献。2016 年国民经济和社会发展统计公报称:"按照每人每年 2 300 元(2010 年不变价)的农村贫困标准计算,2016 年农村贫困人口 4 335 万人,比上年减少 1 240 万人。"①这 4 000 多万贫困人口,将成为决胜全面建设小康任务的关键。全面小康,不是东部地区的小康,也不是城市居民的小康,而是包括贫困人口在内的全体中国人民的小康。正因为决胜全面建设小康社会任务目标的客观性,决定了中国现阶段社会主要矛盾的转变。贫困问题,既反映了中国经济社会发展的不平衡性,也在一定程度上体现了经济社会发展的不充分性,更是中国特色社会主义本质要求所不相容的。因此,在中国特色社会主义新时代,必须解决不平衡不充分发展问题这一社会主要矛盾。

(3) 社会主要矛盾决定主要发展战略。按照经济社会发展路线图,中国将在 2020 年决胜全面小康。客观现实是,不平衡不充分的发展,一定程度上拖了全面小康的后腿。为了解决这一问题,未来一段时间的经济社会发展战略,应当建立在解决问题的基础之上。这就是解决地区之间、城乡之间以及富裕阶层与贫困阶层之间收入分配差距过大的问题。与此相对应,为了解决发展不平衡问题,我国将实行乡村振兴战略、区域协调发展战略,以及精准扶贫战略;为解决发展不充分问题,我国将实施供给侧改革以及创新战略。有针对性地解决阻碍中国经济社会发展的结构性矛盾和现实问题。并将进一步增强公共物品的有效供给,使城乡居民的生活水平在经济发展的基础上,不断有所提高,并不断提升生活质量,最终实现对美好生活的迫切愿望。

---

① 《2016 年全国农村贫困人口减少 1 240 万人》,2017 年 2 月 28 日,http://news.xinhuanet.com/politics/2017-02/28/c_1120543533.htm。

8. 线上支付方式在国内外发展有很大差异的原因有哪些？

郭得恩：（1）国外第三方支付情况。

在美国移动支付市场，姗姗来迟的"苹果支付"和"安卓支付"（谷歌钱包的替代品），以及三星对 LoopPay 的收购，屡屡成为新闻话题，但是在美国移动支付市场，PayPal 才是毋庸置疑的老大，在美国的支付份额也是苹果和谷歌的几十倍[①]。

1996 年，全球第一家第三方支付公司在美国诞生。现今 PayPal 已经成为第三方移动支付的巨头，其发展历程基本代表了北美第三方支付市场的发展缩影。1998 年，PayPal 公司成立的初衷是应对全球逐渐兴起的电子商务发展热潮，弥补商业银行不能覆盖个人收单业务领域的不足。2002 年，PayPal 被全球最大的 C2C 网上交易平台 eBay 全资收购。仅 2003 年 1 年时间，PayPal 就依托 eBay 庞大的市场份额，实现了 4.4 亿美元的交易金额，较 2002 年暴增 359%。目前，PayPal 在全球范围内拥有 1.53 亿个账户，是全球最著名的第三方支付机构之一。在北美市场，PayPal 已经和 535 家独立的 B2C 电子商务在线商城签订了合作协议，大到零售巨头沃尔玛在线，小到普通的比萨饼屋等都支持使用 PayPal 支付。

总体而言，国外第三方支付市场的发展历程可归纳为两个阶段：一是依托个人电子商务市场（C2C 市场）起源、壮大、成熟；二是向外部专业化、垂直化

---

① 《中美移动支付发展差距拉大　第三方支付发展看政策》，2015 年 11 月 16 日，http://www.techweb.com.cn/internet/2015-11-16/2226291.shtml。

电子商务网站(B2C 市场)深入拓展。

(2) 国内第三方支付情况。

第一阶段是早期或自由发展期(1999—2004 年)。早在 1999 年,北京首信和上海环迅是中国最早的第三方支付企业,由于电子商务在中国的缓慢发展,其影响力一直不大。直到 2004 年 12 月阿里巴巴公司支付宝的推出,在淘宝购物平台的强大影响下,其业务取得了突飞猛进的发展,第三方支付的交易规模也呈飞速增长趋势。

第二阶段是强力发展期(2005—2013 年)。继阿里巴巴公司的支付宝推出后,国内相继出现了一系列类似的支付平台,如微信支付、买卖通、网银在线等产品均以较高的收益回报率和服务便捷性被亿万用户使用;此外,以拉卡拉为代表的线下便民金融服务提供商的出现,以及银联电子支付推出的银联商务等多项金融服务的衍生,使得最近 10 余年中国的第三方支付平台呈现迅猛的发展态势,第三方支付企业进入了持续稳定的"黄金"增长期①。

由于这一时期第三方支付企业集中发展且影响力逐渐增大,甚至对银行等实体金融造成了较大冲击,导致它们之间竞争相当激烈。因此,从 2005 年开始,国务院及相关部门陆续发布了一系列相关政策措施用于规范电子商务市场的发展和网上支付环境建设。

(3) 国内外第三方移动支付的对比。

现今对比国内外第三方移动支付的发展状况,单单就 Paypal 与支付宝二者之间的差距已十分明显。早在 2013 年底,支付宝移动支付总金额就已超 9 000 亿元,远远超过硅谷两大移动支付巨头 PayPal 和 Square 移动支付 3 000 亿元的总和。

第一,经济平稳促消费,网购引发大狂潮。2017 年上半年我国 GDP 总量为 38.15 万亿元,同比增长 6.9%。从中国社会消费品零售总额来看,2012—2016 年,中国社会消费品零售总额连年保持高速增长,年增长率达到 10% 以上,在宏观经济总体运行平稳基础上,消费规模持续增长,为第三方支付行业的高速发展奠定了基础。

---

① 《我国第三方支付的发展历程和发展现状》,2017 年 8 月 30 日,http://www.wyzhifu.com/yjwendang/1359.html。

国家统计局数据显示，2015 年全国网络零售交易额达到 3.88 万亿元，同比增长 33.3％，相当于社会消费品零售总额的比重继续增长至 12.9％。根据商务部数据，B2C 交易额 2.02 万亿元，同比增长 53.7％。2015 年，中国网络购物市场的交易活跃度进一步提升，全年交易总次数 256 亿次，年度人均交易次数 62 次。①

同时，随着消费向移动端倾斜，互联网移动支付技术水平不断提升，远程支付和近场支付都已经得到广泛应用。扫码支付、指纹支付以及传统银行推出的可穿戴支付设备等多种支付方式不断涌现，移动支付技术水平的不断提升为网络零售支付提供了极大的便利。与此同时，移动支付市场线下布局竞争带动了支付服务场景的不断完善，商超、连锁店、品牌店、酒店、餐饮、停车场等线下零售及服务业商户网点均逐步接入支付宝、微信支付等，为百姓生活带来便利。如同外国友人流传的中国"新四大发明"，支付宝便位列其中②。

第二，信用卡阻碍美移动支付发展。有最新研究报告显示，使用这些新支付技术的用户并不多：在美国，大约有 20.7％的 iPhone 6/6 Plus 以及 iPhone 6S/6S Plus 用户曾使用过 Apple Pay。在这些使用过 Apple Pay 的用户当中，有 57％的用户表示，他们在一周时间里仅仅使用一次，而 15.3％的用户则表示，在一周时间里他们从未使用过。对于三星 Pay 和 Android Pay 来说，这一数字就更低。③

在美国，移动支付之所以还未被广泛采用，最大的原因在于其信用卡体系已十分完善，刷卡支付并不复杂。无论是搭乘地铁，还是去百老汇看演出，人们普遍选择刷卡消费。而这已经成了美国消费者一种根深蒂固的习惯，很难被移动支付这样的新支付方式所改变。比如苹果 Apple Pay 正尝试取代银行卡，但是对很多人来说，觉得完全没有必要，因此并没有对此表现

---

① 易观：《中国第三方支付行业专题分析 2017》，2017 年 7 月 20 日，http://www.100ec.cn/detail-6419405.html。
② 易观：《中国第三方支付行业专题分析 2017》，2017 年 7 月 20 日，http://www.100ec.cn/detail-6419405.html。
③ 《移动支付很火？真相是苹果三星谷歌硬撑》，2015 年 11 月 2 日，https://m.zol.com.cn/article/5491458.html。

出多大兴趣。

美国移动支付企业要面临的,是引导消费者摈弃旧式的支付习惯。该领域比较大的"玩家"正在尝试通过提供节日激励或折扣来刺激消费者使用其产品,但这一做法无异于隔靴搔痒,短期内无法真正改变用户的支付习惯。

尽管苹果、谷歌在用户体验方便考虑周到,苦心打造"完美"的支付方式,但各地不断出现的支付操作延迟、系统无法识别等技术问题,依然使得 Apple Pay 和 Android Pay 的推广受阻,在遇到问题后,用户和商家随时会切换为传统的刷信用卡或付现金的支付方式。

另一个阻碍美国移动支付获得广泛推广的障碍是安全性问题,尽管苹果、谷歌等在移动支付功能推广过程中都一再强调其安全性,但普通消费者并不理解其所宣传的多重加密、随机生成数字等复杂技术概念,对于安全性要求极高的保守的用户来说,他们还需要较长的时间去习惯和适应将信用卡信息保存在手机中,再直接通过手机来支付这样的新鲜手段[1]。

(4)线上支付对我国经济发展的挑战。

第一,对监管机构的挑战。首先,信息安全风险。在互联网信息传播如此发达的时代,风险总是伴随在信息的传送中,例如用户在与第三方支付平台以及银行在进行支付结算的过程中可能会有风险。所以对于信息维护的模式来说,第三方支付机构及体系亟待健全。微观上来看,第三方支付平台上包含用户的许多信息,其个人隐私和银行账户资料等如若出现泄露,将会使用户受到损失;宏观上来看,第三方支付机构也是我国金融体系的重要组成部分,信息安全保障机制的不稳固将直接导致我国的经济金融发展受阻。其次,金融犯罪风险。金融犯罪风险近年来围绕着第三方支付的钓鱼网站、诈骗、洗钱等金融犯罪行为层出不穷。或是第三方支付机构利用自身条件犯罪,或是被当作犯罪工具涉案。[2] 第三方支付机构被定义为非银行金融机构,其受到的监管相对于银行较少,非法分子利用第三方支付平台这个快速转移非法资金的通道

---

[1] 《中美移动支付发展差距拉大 第三方支付发展看政策》,2015 年 11 月 16 日,http://www.techweb.com.cn/internet/2015-11-16/2226291.shtml。

[2] 郑建友:《第三方网上支付市场的现状、问题及监管建议》,载《金融会计》,2006 年第 7 期。

进行诈骗、洗钱等行为,金融犯罪率提高。①

第二,对银行传统业务的挑战。商业银行传统业务领域逐步被渗透,客户资源被分流。首先,随着第三方支付平台的发展,其涉及的领域对银行的传统业务进行蚕食。在不断发展线上支付的同时,第三方支付企业已经将触角深入到银行传统业务领域,包括转账汇款、信用卡还款、基金代销、保险代理、水电气费、网上客票、供应链融资等。支付宝等都开始进入供应链融资领域,其具体的服务内容有订单融资、应收账款融资、信托计划、委托等。第三方支付企业允许客户通过网银转账汇款、预付卡等方式为第三方账户充值,分流了银行的存款,沉淀了相应的资金,一定程度上减少了银行的存款来源。第三方支付企业在掌握了客户的信用情况的基础上,发展起来的融资平台,给中小企业提供了发展所必须的资金支持,抢占了银行中小型企业信贷的市场份额。其次,第三方支付通过其业务的不断扩展,以其特有的担保功能和低廉的手续费用赢得了大多数消费者的青睐,另一方面,银行在发展业务的时候忽视了用户体验环节,而第三方支付企业却注重这一方面的投资,导致银行很大一部分商户资源流失。②

第三,对商业银行的风险管理及银行系统提出新要求。首先,第三方支付企业在同银行进行快捷支付、信用卡还款、信用卡支付等方面不断创新,虽然这些金融创新方便了客户,但同时也使犯罪分子有机可乘,给银行带来风险。例如,客户利用第三方进行虚假交易,达到洗钱套现的目的,使得银行资金的合法性和安全性受到了严重的威胁,银行必须对此采取相应的措施,防范风险,这就加大了银行对风险管理的投入。其次,在各大电商退出促销活动,特别是"双十一"等购物节的出现,给银行系统带来巨大的考验。个别银行甚至出现系统瘫痪的现象。由于交易的高度集中,使得其处理量超过平时的数倍,面对这种情况,银行需要升级硬件以及改进网络结构。而难题在于,若银行增加网络支付带宽,则增加其运营成本,但在平时业务交易量远远达不到带宽的处理量,这样就导致资源的浪费,给银行造成损失。

---

① 李节:《浅谈我国第三方支付发展及其监管》,载《时代金融》,2017年第20期。
② 董磊:《第三方支付迅速发展对商业银行的机遇与挑战》,硕士学位论文,对外经济贸易大学,2013年。

9. "中国制造"迈向"中国智造"还有哪些差距？

薛军民：两者虽然只有一字之差，但却具有不同的含义，这种不同包含了两者形成背景的差异性，也隐含着中国产业及社会经济发展的路径和战略方向的不同，这是其区别之处。同时，两者又是相辅相成、互相紧密联系的有机统一体，"中国制造"是"中国智造"的基础和根基，"中国智造"是"中国制造"的发展方向。因此，我们思考的问题不一定是从"中国制造"到"中国智造"的差距，因为一旦涉及差距，不仅指同类事物之间，而且存在着一个标准，落后的一方如何弥补与先进一方的距离而需要采取的手段和措施。而"中国制造"与"中国智造"之间并不是这种简单的差距，"中国智造"代表着中国制造未来的发展方向，是中国由制造大国向制造强国转变的目标和必由之路。因此，我们思考的应该是如何从"中国制造"向"中国智造"转变的问题。

"中国制造"主要是指我国在人类第二次科学技术革命和二战后第三次科技革命的基础上形成的工业化道路上，如何从一个落后的农业国转变为先进的工业化国家的现代化之路，是一个追赶已经完成工业化的发达国家的发展路径。毫无疑问，经过新中国成立后近70年，特别是改革开放40年的经济快速发展，我国经济取得了举世瞩目的成就。根据世界银行的统计数据，1978年中国制造业的增加值仅为600亿美元（当年价），2011年增加到23 307亿美元。按照2005年不变价美元计算，1978—2010年间，中国制造业增加值年均增长率达到10.9%。2011年中国制造业增加值占世界的比重超过20%，2009年超过美国，成为世界第一制造大国。按照国家标准工业分类，在22个大类中，中国产品产量有12个大类名列第一，在500多种主要工业产品中，有200多种产品产量居全球第一位。2012年，在世界同类产品总量中，中国粗钢产量已占46.3%，煤炭产量占到一半，水泥产量占60%以上，化纤产量占70%，汽车产量占25%，造船完工量占41%。经过几十年的快速发展，中国已成为名副其实的制造大国，中国制造已经像一种标签式的符号而闻名全球。

"中国智造"则是以新一轮科技革命为基础所引发的产业变革，表现为互联网、物联网、云计算、大数据等新一代信息通信技术不断涌现为特征，特别是信息通信技术与各产业领域的技术融合创新，正在以前所未有的广度和深度推动生产方式和发展模式的变化。这一变革是全世界所有国家共同面对的机遇和挑战，是各个国家争夺新的制造业制高点和建立产业竞争力的新的竞争。基于此，世界主要工业化国家积极推进智能制造。如美国推出《工业互联网计划》，德国推进《工业4.0》，日本发表《制造业白皮书》提出重振制造业战略，法国、韩国等也都相继提出相应的智能制造计划。2015年5月，我国政府也发布了《中国制造2025》行动纲领。该纲领将制造业定位成"立国之本、兴国之器、强国之基"，提出了建设制造业强国的三步走战略：第一步，2015—2025年，迈入制造强国行列；第二步，2025—2035年，达到制造强国阵营的中等水平；第三步，2035—2049年，进入世界制造强国前列，建成全球领先的技术体系和产业体系。

因此可以看出，"中国制造"是中国作为一个追随者、模仿者，追赶发达国家的过程，是在现代化进程中走发达国家曾经走过的路的工业化过程。而"中国智造"则是中国要在新的科学技术变革条件下与西方发达国家并驾齐驱的过程，是中国成为世界制造业发展的引领者的过程。这一进程意味着，前面没有标杆，没有一个模仿追赶的标准和对象。就如中国设计制造歼20时，前面有美国的F22隐身机作为参照，而当歼20与F22并驾齐驱时，在下一代战机设计时，需要对未来战争形态的判断而独自摸索、设计一样，是一个更为艰难、但必须面对的过程，只有经历了这样的过程和阶段，才能傲立于世界工业的前端，我国才能从制造大国完成向制造强国的转变。

在从"中国制造"迈向"中国智造"的进程中，我国制造业面临着诸多的困难。我国的制造业大而不强，在许多领域与发达国家还有很大的差距。我国目前整体处于工业化进程的后期阶段,还没有完成工业化。我们不仅要补上工业 2.0、3.0 的发展阶段和存在的短板,为中国智造奠定坚实的基础,还需要跑步迈向工业 4.0,这个过程注定不是一帆风顺的。因为工业 2.0、3.0 有越南、印度等许多的新兴国家在追赶,而发达国家基本完成了工业 3.0 阶段,掌握着制造业的制高点,中国制造业处于中间困难的阶段,要成为制造强国,只有努力实现产业升级,向中国智造转型。2015 年工信部部长苗圩在介绍我国制造业发展情况时认为,全球制造业已基本形成四级梯队发展格局:第一梯队是以美国为主导的全球科技创新中心;第二梯队是高端制造领域,包括欧盟、日本;第三梯队是中低端制造领域,主要是一些新兴国家;第四梯队主要是资源输出国,包括 OPEC(石油输出国组织)、非洲、拉美等国。苗圩表示,中国现在处于第三梯队,目前这种格局在短时间内难有根本性改变[①]。据《世界经理人》"2015 中国制造业信息化现状调研"结果显示:中国近九成制造企业信息化处于初、中级水平,信息化覆盖业务较窄,而且各系统信息处于割裂状态,集成度低。2015 年,中国制造业关键工序的数控化率仅 1/3,大中型制造企业也刚超过 50%,而美国、德国、日本等国家制造业数控化率已达 80%—90%。虽然在许多领域,我国已经直接与发达国家展开直接的竞争,但在高端制造业的大多领域,我国制造业距离发达国家还有相当大的差距。这是中国制造必须面对的困难,也意味着中国制造业传统的追赶之路并不平坦。

新的科学技术的发展,体现在制造业方面就是"智造",就是在不同的行业、不同的环节做到工业大数据的资源整合和聚合,同时把大数据、物联网、云计算、个性化定制这些技术在工业制造行业当中应用起来。这一发展为我国从"中国制造"向"中国智造"的转变也提供了前所未有的机遇。2000 年之后,我国就一直坚持信息化与工业化融合发展的"两化融合"战略,在制造业数字化方面积累了一定技术基础。但要实现制造业的产业模式的根本性的变化,我们还需要加强顶层设计,加快建立以创新中心为核心载体、以公共服务平台和工程数据中心为重要支撑的制造业创新网络,建立市场化的创新方向选择

---

① 《唯有制造强国才能变身世界强国》,载《人民政协报》,2015 年 11 月 17 日,第 5 版,http://epaper.rmzxb.com.cn/index.aspx?date=2015-11-17&verOrder=05&banzi=4&paperType=rmzxb。

机制和鼓励创新的风险分担、利益共享机制。强化企业技术创新主体地位,支持企业提升创新能力,推进国家技术创新示范企业和企业技术中心建设,充分吸纳企业参与国家科技计划的决策和实施。发挥行业骨干企业的主导作用和高等院校、科研院所的基础作用,攻克一批对产业竞争力整体提升具有全局性影响、带动性强的关键共性技术,加快成果转化。

10. 如何评价2016年之后房地产调控的影响及效果？

艾慧：十九大报告指出：房子是用来住的,不是用来炒的,表达了党中央治理房地产市场的决心和信心。回顾2015年以来房地产市场的走势,房地产炒作的特征明显,房价的增速之快与我国"脱虚向实"的政策背道而驰。实际上对于房地产市场的调控起于2016年,截至目前组合拳频出,效果也是显而易见的。

2015年中国房地产市场在宽松的政策刺激下,总体上步入了复苏通道。而随着时间的推进,城市间房价走势的分化日趋严重。不同城市房产均价同比增速如图1所示。

房价的快速提升,导致金融风险加大的同时还严重影响其他实体经济的发展。房价过高导致资金挤占,还会带来地价的上涨,从而抬高制造业用地成本。另一方面,制造业需要大量的生产工人,过高的房价必然带来房租乃至整体生活成本的上升,这对制造业的发展十分不利。

2016年之后房地产调控政策及目标。2015年底房价走势出现分化之后,

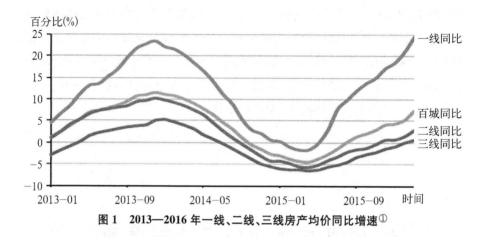

图1 2013—2016年一线、二线、三线房产均价同比增速①

2016年开始进行差别性调控,目标是一、二线房地产过热城市挤压泡沫降低风险,库存压力大的城市仍采取刺激政策。一线城市及南京、苏州等热点二线城市短期内供不应求矛盾显著,2016年一季度市场热度攀升。但针对热点城市如上海、深圳、苏州等,加强限购及差别化信贷、控制土地供应规模及结构、防范楼市金融风险等加强市场监管的政策已陆续出台,例如上海的"3·25新政"主要有:第一,从严执行住房限购政策。提高非本市户籍居民家庭购房缴纳个人所得税或社会保险的年限,将自购房之日起计算的前3年内在本市累计缴纳2年以上,调整为自购房之日前连续缴纳满5年及以上。第二,实行差别化住房信贷政策。对拥有1套住房的居民家庭,为改善居住条件再次申请商业性个人住房贷款购买普通自住房的,首付款比例不低于50%;对拥有1套住房的居民家庭,为改善居住条件再次申请商业性个人住房贷款购买非普通自住房的,首付款比例不低于70%。强化市场监管和开展执法检查,重点查处违法违规行为及场外配资金融业务。2016年底更是推出更多的限购限贷政策。其他热点城市政策收紧预期也逐渐升温,市场大环境发生微妙变化,热点城市楼市观望情绪渐浓。

2017年成为近几年以来房地产调控政策出台最为密集的一年。从限购、限贷、限价,到以北京"3·17新政"引发的新一轮"限售模式",有业内人士称楼

---

① 智研咨询:《2016—2022年中国房地产市场运行态势及投资战略研究报告》,https://www.chyxx.com/research/201605/417596.html。

市将全面进入"限购＋限贷＋限价＋限售"的"四限时代",以贷款为例,其减少情况如表1。2017年4月北京又将"四限"扩展为"四限＋定向加息",楼市调控力度达到前所未有的程度。2017年5月9日中国社科院发布的《房地产蓝皮书：中国房地产发展报告（2017）》认为2017年房地产市场进入量价调整阶段,房地产市场分化将加剧,但部分城市仍存在市场机会。一线城市步入存量房时代,新房开发建设的市场空间不断被压缩,二线过热城市房价空间被透支,量价回调是大概率事件。这些严厉措施无疑对挤出泡沫、减少投机起到良好的效果,但是一线城市人口流动所带来的刚性需求、土地成本以及土地供应的有限性仍为未来支撑房价的主要因素。2017年下半年,各地市继续调整房地产政策,仅10月份全国有超过25个城市发布了有关房地产调控政策34次,政策内容中,有关租赁的接近20次。2017年1月至10月,全国累计发布各类房地产调控政策已经超过210次。

表1　房贷数据变化

类　　别	2009年	2013年	2015年	2016年	2017年1—8月
信贷总量(万亿元)	9.59	8.89	11.72	12.65	9.9
房　　贷(万亿元)	1.4	1.7	2.7	5.68	3.72
房贷占贷款比(%)	14.6	19.1	23	44.9	38

注：房贷数据按照居民户中长期贷款计算

从近两年紧锣密鼓出台房地产调控政策可以看出,调控目的是建立房地产市场的长效机制,与以往调控措施的差异主要表现为两点：第一,史上最严,"四限＋定向加息",几乎是能用的办法都已采用。第二,多元化政策配套出台。除了限制性政策之外,建立租购并举的住房制度,发展住房租赁市场,鼓励租赁消费,稳定租赁关系,赋予租房者更多的权利,使房地产需求分流以减轻推高房价的压力。同时还在研究并加紧制定土地供应、房地产税等调控机制,尝试在金融、土地、财税、投资、立法等领域建立起长效机制。① 显然,今

① 《新华社评房地产市场发展：严格把"房住不炒"落到实处》,2018年7月26日,http://bt.loupan.com/html/news/201807/3356819.html。

后房地产调控方向是加快建立多主体供给、多渠道保障、购租并举的住房制度。

政策的出台是否达到预期效果呢？主要从商品房销售面积增速及房价增长率两个方面进行评价。从以往房地产调控规律看，商品房销售面积增速先有所表现，之后便是价格的调整，也就意味着即使房价没有调整或调整不多，只要商品房销售面积增速下降，则将预示着房价的走低。根据住房城乡建设部的数据，商品房的销售增速正在平稳地回落：全国商品房销售面积，同比的增速从2017年初的25.1%回落到9月份的10.3%，其中商品住宅的情况从23.7%回落到7.6%。同时，房价过快上涨的势头得到了有效的抑制。按照国家统计局的统计，到2017年8月，一线城市的新建商品住宅价格同比涨幅连续11个月回落，二线城市连续9个月回落，三线城市的涨幅目前也回落了0.3个百分点，我们所关注的16个热点城市的新的商品住宅价格环比大部分下降，有个别城市持平，应该说同比涨幅是全面地回落。①

11. 如何分析"特朗普现象"及"英国脱欧"对全球经济体系造成的影响？

艾慧：(1) "特朗普现象"与"英国脱欧"的历史背景及产生原因。

"特朗普现象"是围绕2016年美国大选候选人特朗普产生的一个热词，该现象被看作是多年来美国诸多社会、政治和经济矛盾集中爆发的表征。2017

---

① 《记者会：今年四季度全国房地产市场将延续成交量增速回落》，2017年10月22日，http://xjchenbao.cn/news_detail？aid=2525030&sc=xjdcb。

年1月20日特朗普就职演说中提出美国所面临的困境,并把这一切归结为全球化,他继而认为解决这一切的途径就是:只有保护,才能有真正的富强。特朗普上台后无论国内医改、税收,还是退出泛太平洋战略经济伙伴关系协定(TPP)和巴黎气候协议,以及与加拿大和墨西哥重新谈判"北美自由贸易协定"(NAFTA),无不暴露出美国新政府以"美国优先"为宗旨。"特朗普现象"在政治和经济上代表着美国民粹主义和贸易保护主义的抬头。除"特朗普现象"之外,对全球化产生重大影响的还有"英国脱欧",2013年1月23日,英国首相卡梅伦首次提及脱欧公投。2016年6月24日公布公投结果:脱欧阵营锁定最终胜利。

两个事件对国际经济有重要影响,这意味着一些发达国家转向贸易保护主义。从产业链和分工结构来看,发达国家是经济全球化的受益者,但也面临传统产业空心化的挑战。这本来是各国按照比较优势参与全球分工的结果,但由于一些发达国家国内收入差距扩大成为严重社会问题,同时国际金融危机使全球经济进入冰河期,发达国家失业率上升导致民众更加不满,发达国家的一些群体将本国的社会问题归咎于经济全球化,归咎于其他国家"不公平竞争优势"。

(2) 全球化过程中的利益分配及分配权控制方式演变。

随着全球化进程的深入,谋求世界经济主导权和控制权的常用手段主要包括下面三个方面:第一,全球产业链中标准权力与标准竞争。霸权国家和跨国垄断企业通过国家标准战略、企业标准战略、国际标准组织和规则,将知识产权和标准体系融合在一起,占据了各个高科技产业的主导权,例如"温特制"(Wintelism)。第二,规范与规则成为调节国家之间关系的重要杠杆。现行制度主要是由美国在二战结束不久主导或推动建立的,反映了西方统治精英的利益和价值观念。第三,通过货币汇率操纵这一隐性的金融工具达到财富重新洗牌的目的。亨廷顿在《文明的冲突与世界秩序的重建》中,把拥有和操纵着国际金融市场、控制着所有的硬通货、主宰着国际的资本市场作为西方国家成就世界经济霸权国家的14个战略要点中的3项,其中货币汇率即是最有效、最隐蔽的工具。

从上述财富分配权控制方式的分析不难看出,全球化进程中,通过军事力量、产业链、标准体系、国际规范规则以及货币汇率操纵获得全球化利益的只可能是发达国家。在分配上,发展中国家获得的利益与发达国家不可同日而语。例如,根据加州大学和雪城大学三位教授合写的论文《捕捉苹果全球供应网路利润》分析,2010年苹果每卖出一台 iPhone,就独占58.5%的利润,中国工人分得的只占1.8%。

发展中国家在全球化过程中也受益,这是不争的事实。有研究表明,就全球化过程中收入增长而言,赢家为相对贫穷的亚洲国家的中产和中上阶级和全球最高1%收入的富豪,相对输家为发达国家的中下和中产阶级,其中全球最高1%收入的人主要来自发达国家,其中超过一半来自美国,换句话说,12%的美国人属于全球最高1%收入的富人①,然而发展中国家获得的利益是以环境透支、劳动力低成本为代价的。

特朗普反对全球化的理由之一是他认为全球化造成了美国国内实体经济的空心化,继而造成失业率高居不下。这些问题是不是全球化造成的呢?美国纽约大学教授、诺贝尔经济学奖获得者迈克尔·斯宾塞认为,全球制造业岗位收缩,服务业岗位增加,收入两极分化加重。美国经济增长没有发挥出应有能力,货币政策没有完全和财政政策体制相匹配。全球经济存在许多不平静因素,全球化不是问题,问题是财富分配。就失业而言,美国经济学家的最新研究显示,美国减少的500多万个制造业就业机会中,只有21%是由于同中国的贸易竞争造成的,而剩下的几乎全是因为自动技术的广泛应用和生产率提高造成的减员。比如,电商巨头亚马逊已经开始使用机器人代替人工分拣货物。②托马斯·皮凯蒂在《二十一世纪资本论》一书中对贫富差距扩大做了有力解释。他指出,从历史上看,资本的收益率持续高于收入增长率,导致社会贫富差距不断拉大。而在全球化时代,由于资本的跨国避税能力更强,各国政府不得不更多地依靠收入所得税来支撑福利支出,贫富差距可能会进一步增大。如果为了增加就业,美国连价值链中低端的工厂都要留在国内,则与现代经济规律相背离,对美国的企业而言既不现实也不经济。明智的做法应该是

---

① 《The greatest reshuffle of individual incomes since the Industrial Revolution》,2016年7月1日,https://voxeu.org/article/greatest-reshuffle-individual-incomes-industrial-revolution。

② 《靠什么拯救全球化? 财富分配不均或成致命问题》,2016年12月25日,http://cul.sohu.com/20161215/n475965735.shtml。

调整国内就业和社会保障制度,而不是简单地将原因归结为全球化。另外,英国脱欧根源是英国与欧盟在主权让渡上的不协调不统一以及移民问题上的矛盾,因此也不能简单地归咎于全球化。

(3)中国在全球化过程中的角色和贡献的中国智慧。

无论是国际经济秩序、国际经济治理体系还是产业链高端均牢牢掌握在西方发达国家手中,然而随着发展中国家的经济调整,以往的规则和秩序逐渐显露出其弊端。首先,三大组织(世界银行、国际货币基金组织、亚洲开发银行)已经力不从心。根据亚开行数据,亚洲基础设施建设有8万亿美元的资金需求,但亚开行每年只能提供约100亿美元的资金。其次,其他国家没有发言权。自20世纪60年代创立以来,亚开行的话语权始终被美国和日本掌控。美国在国际货币基金组织(IMF)的投票权占15%,对决议拥有绝对的控制权。[1] 最后,贷款条件苛刻。贷款条件如要求信贷国家采取私有化、对外开放、货币自由兑换等侵犯主权的条款,甚至打包人权条款,使得很多发展中国家并不愿意接受。早在2001年斯蒂格利茨就批判性地描述了以世界银行、国际货币基金组织和世界贸易组织为载体的新自由主义结构调整的四个步骤[2],最终的结果是在这个体系中有无数人的利益受到损害。随着发展中国家的崛起,存在多年的体制逐渐被质疑和排斥,同时美国等发达国家开始奉行以邻为壑的"逆全球化"政策,原有的治理体系开始不合时宜并逐渐走向没落。

在这个逆全球化的特殊历史阶段,中国努力倡导并带头实践"合作共赢""共商共建共享""构建人类命运共同体"等理念,为国际治理贡献了更多中国方案和发展动力。从提出"一带一路"倡议,到构建合作共赢的新型国际关系,从提出建立亚洲基础设施投资银行到积极参与解决重大国际问题,中国正扮演着越来越重要的角色。这是自全球工业化以来,发展中国家第一次作为公共产品的新供给者,承担起推动全球经济发展的重任。然而与以往发达国家提供的公共产品所不同的是以"一带一路"建设为抓手,将中国的发展优势与

---

[1] http://finance.huanqiu.com/roll/2015-03/6034558.html

[2] [美]约瑟夫·斯蒂格利茨:《一个冰凉的世界——国际货币基金组织带你去地狱的四个步骤》,载英国《观察家》杂志,2001年4月号;张文海:《斯蒂格利茨批评新自由主义的结构调整》,载《国外理论动态》,2001年第12期。

周边和广大发展中国家的需求紧密结合,建造立体化的区域与全球互利合作新模式。除此之外,"一带一路"促进沿线国家的交往,将在旅游、教育、文化、购物、医疗等领域影响沿线国家人民的生活。

正如习近平总书记在世界经济论坛 2017 年年会开幕式发表演讲时指出:"这是一条在开放中谋求共同发展的道路。中国坚持对外开放基本国策,奉行互利共赢的开放战略,不断提升发展的内外联动性,在实现自身发展的同时更多惠及其他国家和人民。"[1]目前中国正在贡献中国智慧延续全球化的红利,而发达国家逆全球化的反应则是因为他们面对新兴经济体跨国资本参与全球资源配置过程中表现出的强劲态势感到不安,因此将本国矛盾和问题的矛头简单地指向全球化及新兴经济体。全球化是分工的结果,产业链的分工协作提升效率是理论与实践早已证明的事实及必然趋势,贸然与全球化潮流对抗或仅凭一国之力扭转全球化趋势将无异于自绝于全球分工体系之外,这样做的结果将成为经济孤岛而沦为全球化浪潮的局外人。

12. 印度超过中国成为第一大 FDI[2] 投资国家对我国经济产生的影响及应对措施有哪些?

王菲瑶: 2014 年,中国成为全球最大的 FDI 接受国。从改革开放至今,中

---

[1] 《习近平主席在世界经济论坛 2017 年年会开幕式上的主旨演讲》,2017 年 1 月 18 日,http://news.xinhuanet.com/2017-01/18/c_1120331545.htm。

[2] FDI(Foreign Direct Investment,外商直接投资):为掌控相应企业经营管理权,以获取利润或稀缺生产要素,某国投资者跨国境的投资活动。

国的FDI发展已经有了很长的历史。

(1) 历史与现状。

中国的FDI历史发展大致可以分为三个阶段①:

第一阶段(1979—1991年)。自1979年改革开放政策实施以来,中国就对FDI逐步开放。中国颁布多种法令,从法律建设开放、鼓励外商投资。同时建立经济特区,从市场空间、劳动力等方面吸引外资。从FDI政策来看是市场导向型经济。

第二阶段(1992—2000年)。邓小平南方谈话开启了中国流入的新时代。中国的政策也由政府导向逐步转向市场导向。1993年开始,中国已成为仅次于美国的世界FDI第二大接收国。此时仍是产业密集型为主导。

第三阶段(2001—2010年)。中国的FDI继续稳步发展。为解决在中国地区分布的严重不平衡,政府外资政策的重点转向进一步提升外资在中西部地区投资以及鼓励外资在高新技术产业投资。随后几年的发展也侧重于均衡平稳发展。

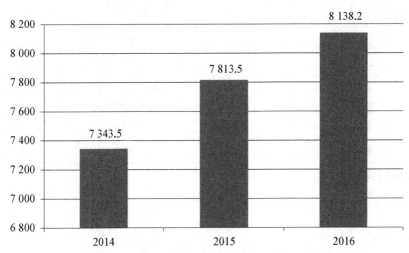

图2 2014—2016年中国吸收外商直接投资情况(单位:亿元)②

由图2可知,中国2014年到2015年FDI同比增长6.4%。2015年至2016年FDI同比增长4.2%。基数在不断增长,但是增长比例下降。

---

① 李莺婴:《FDI在华演变特征及其经济效应分析》,硕士学位论文,复旦大学,2009年,第12页。
② 图表自制,数据来源于国家商务部。

行业名称	企业数(家)	比重(%)	实际使用外资金额 (亿美元)	比重(%)
总　计	27 908	100	1 337.12	100
第一产业	558	2.00	18.98	1.42
第二产业	4 618	16.55	402.13	30.07
第三产业	22 732	81.45	916.01	68.51

数据来源：商务部外资统计

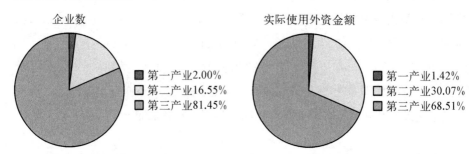

产业名称	企业数(家)	比重(%)	合同外资金额 (亿美元)	比重(%)
总　计	864 503	100	40 123.08	100
第一产业	24 652	2.85	1 026.82	2.56
第二产业	535 018	61.89	21 164.12	52.75
第三产业	304 833	35.26	17 932.14	44.69

数据来源：商务部外资统计

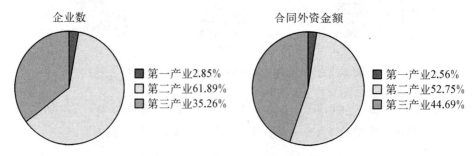

图3　2016年外商直接投资产业结构①

---

①　图3数据来源于2017年国家商务部外资统计。

观察图3，FDI开放至2016年，第二产业占比61.89％，在三大产业中占据较大比重。而2016年当年来看，中国外商直接投资的第三产业企业数占比81.45％，外资金额花销第三产业占比68.51％，可见中国正处于FDI产业转型期。2015年印度超过中国，成为全球资本投资头号目的地。"印超中"表面看似不利，其实对于中国经济多半会产生积极影响。

（2）"印超中"的影响。

协调产业结构变动。随着外商投资的增多，其溢出效应也愈加明显。外商直接投资大量流入，东道国投资增加。在带动就业量增加的同时，也引起了各产业间劳动力分布的不平衡。总体来说，第二产业所占FDI的比例远大于第一和第三产业。第一产业中的FDI严重不足，第二产业是外商投资的重点对象，尤其是其中的工业制造业成为外资配置热点。同时，外资企业过多集中于一般加工工业和传统的劳动密集型行业，而技术密集型产业和资本密集型产业得不到相应发展，致使被投资国不能通过利用外资提高产业发展水平、技术层次和国际竞争力。[①]最终，势必引起经济发展在各产业及各地区之间的不平衡，国家经济发展不稳定的状况。投资方的目标转向可以在一定程度上帮助中国调整国家经济的稳定性。

防止金融体系脆弱加剧。因外商直接投资会通过影响经济增长的基础要素来间接影响潜在产出的增长。因此，社会可支配资金的规模及其配置方式和配置效率是潜在产出增长的基础。对于发展中国家而言，外商直接投资的大量流入在很大程度上缓解了其发展过程中对资金的需求压力，弥补了资本要素的稀缺，但也引起了经济过热发展、金融体系脆弱性的加剧等不良的后果。另外，外商直接投资在发展中国家的过快增长，势必会引起东道国国内外汇储备的增加，外汇占款也会随之增加。外汇占款的增加随之会引起基础货币增加，国内需求增加，并最终引起通货膨胀和经济过热现象。而现在外商直接投资目标的转移，可以对中国经济过热现象进行降温。

将关注点置于宏观调控矛盾。之前外商直接投资大量流入中国，会带来外汇收入和外汇储备的迅速增加。相应的，中央银行不得不投放大量的基础

---

① 俞海山、刘方、邱艳莉：《FDI与我国产业结构的优化》，载《系统科学学报》，2011年第3期。

货币来补充相应的外汇占款。一旦货币的大量供给超过实际需求,必然会给通货膨胀带来直接的压力。固定汇率制下,由国内通货膨胀引起货币升值;在浮动汇率制下,则会由名义汇率的波动引起货币升值的压力。通货膨胀从根本上讲是总需求和总供给之间的矛盾产生的。[①] 而现今中国FDI年增长速率放缓,正是缓和通胀问题的最佳时期。

逐步平衡中国国际收支。外商直接投资的过度引入会对发展中国家国际收支平衡能力造成影响。一个国家的国际收支平衡能力通常用其拥有的外汇储备额来衡量。外汇储备越多,理论上其偿还国际债务及干预本币汇率的能力越强;反之,则平衡国际收支的能力会越弱。外商直接投资的引入对发展中国家宏观经济的调控以及外汇储备的影响是突出存在的,特别是国际收支平衡的调控方面确实起到了一定的有利作用。但是,经常项目赤字不应过高。一般认为不应超过全国GDP的5%。如果超过这个警戒线,则很容易造成市场运行的失灵。而现今FDI第一的目的地的转移,中国应该对于国内外经济平衡发展保持警惕性,更加注重中国发展过程中的国际收支平衡。

国外的高新技术可保质引入。之前FDI多是基于中国产业发展环境好、市场大、劳动力低廉等因素。而现今中国制造业产能趋于过剩,市场趋于饱和,政府外资政策的重点逐步转向于外资在中西部地区投资以及鼓励外资在高新技术产业投资,外商想要进入中国市场就需要高新技术方面的投资,这样增加了中国的外商投资总体质量和水平。

(3) 采取措施。

优化我国FDI的产业结构。FDI对产业发展具有重要作用,从整体上促进产业经济的发展,同时从结构上促进产业内部的优化。[②] 带动制造产业技术和管理上的进步,促进传统行业向高新技术产业转型。未来制造业的转型升级仍然需要FDI助力。因此,我们应在稳定FDI增长比率的同时,建立资源节约型、环境友好型的产业结构。由于早先的FDI存在发达国家的一些企业将某些污染严重的产业、技术和产品转移到我国的现象,使得我国环境遭受

---

① 聂爱云:《转型时期FDI对中国产业发展的影响研究基于制度环境的视角》,博士学位论文,江西财经大学,2013年,第32页。
② 俞海山、刘方、邱艳莉:《FDI与我国产业结构的优化》,载《系统科学学报》,2011年第3期。

到了破坏,所以今后实施环境管理制度,将"三高"企业挡在国门之外;多渠道引入清洁环保型的外资企业,促进国内企业的升级换代,提高企业的竞争能力。

营造吸引高端 FDI 的投资环境。首先是提高政策法规透明度。中国需要转变"防范风险、管控外资"的思维意识,吸收"有输入,有输出,资本双向流动"等新理念。其次是创新利用外资理论。新时期利用外资的理念要有所突破。如引进优质生产要素,增加就业和国内生产总值(GDP),参与和嵌入全球价值链与产业链,促进制度与技术创新等。此外,除不断改善公平竞争市场环境外,我国正加快土地管理体制、信贷管理体制、能源管理体制等领域的市场化改革,使市场机制在资源配置中发挥决定性作用。

增强我国政府 FDI 的服务功能[1]。制定和完善一套与对外直接投资发展相适应的财政政策法规。在相关的财政资助上,我国应该对国有与民营企业、大型与中小型企业实行一视同仁的政策,采取相同的支持态度,对不同的企业做到主体灵活和分类清晰;我国政府应以产业投资资金的形式支持和服务我国对外直接投资;我国应该构建推进企业对外直接投资税收支持政策的框架。明确我们国家税收征收激励领域的政策导向。采用税收饶让方式,使对外直接投资过程中更容易享受东道国的税收优惠政策。对外直接投资建立起一套完备的税收征管服务体系,以此缓解我国通货膨胀和经济过热现象。

适度增大中国对外投资的力度。贸易需要一定的平衡才能充分发挥比较优势。同样双边投资也需要一定的平衡才能实现最大的收益。一方面,为了更好地促进对外投资,我们需要大力支持中国民企对外直接投资。[2] 面对民营企业对外发展资金、政策等方面的限制,国家应给予更多的优待支持,允许工农业、金融保险业、软件信息业等诸多有经济业务能力的企业去海外市场成立合资企业;加大对各种民营企业相关的金融支持力度,允许国家的商业银行向企业进行贷款的发放;扩大与周边国家等国的协商力度,减少进行海外投资企

---

[1] 李春辉:《外商直接投资对中国经济的影响——基于经济稳定性的考量》,载《中国市场》,2014 年第 16 期。
[2] 李波:《中印对外直接投资比较研究》,硕士学位论文,贵州财经大学,2016 年,第 56 页。

业的沉重负担。加大民营企业对外直接投资的力度,帮助我国的民营企业更好地提高自身的竞争力。①

发展高新技术战略。一方面,需要建立更多的研发高校和技术中心,从政府政策层面上去加大研发的力度,其次,通过跨国公司对发达国家的投资,在当地去学习、消化和吸收发达国家先进的技术和水平。另一方面,通过开放外商对内投资,拓展外商产业投资的新空间。外商来华企业现在的投资重点应是技术服务、信息服务、专业服务和金融服务等高技术服务业,但研究数据显示,外商企业在这些行业的占比并不高。未来注重外商直接投资的质量,对于关键高新技术、有声誉品牌的FDI加以甄别和筛选,并考虑在上述行业的市场准入和对外开放方面进行一定的有益探索,保证该类投资在中国的成功率和存活率。

13. "一带一路"倡议对中国经济发展的重要意义及其挑战有哪些?

焦成焕:"一带一路"倡议以弘扬开放包容、和平发展、互利共赢的古丝绸之路精神为基础,深刻把握并突出彰显现代"一带一路"倡议开放、包容、互利和共营的核心内涵。②

开放内涵是古丝绸之路的基本精神,也是"一带一路"倡议的核心理念。根据开放内涵,"一带一路"倡议对世界上所有的国家或地区、国际组织、区域

---

① 李莺婴:《FDI在华演变特征及其经济效应分析》,硕士学位论文,复旦大学,2009年,第40页。
② 程国强:《共建"一带一路":内涵、意义与智库使命》,载《中国发展观察》,2015年第4期。

合作机制和民间机构开放，在制度安排和机制设计上，不具有排他性，力图在相互开放中培育可持续增长的市场和发展新动力。包容内涵一方面意味着"一带一路"倡议参与方的多元化，与其他合作机制不同，不针对第三方，也不存在门槛要求，所有愿意参与的国家或地区都可以成为参与者、建设者和受益者；另一方面意味着合作方式多样化，没有严格统一的参与规则，各方可以围绕扩大经贸合作、促进共同发展的需要，采用双边或多边、本区域或跨区域、金融或贸易等多样化、多领域、多层次的合作。包容性决定了其具有兼容并蓄的优势，不仅不会主动挑战现有的区域合作机制，反而能与现有各类机制实现良好对接。互利内涵是"一带一路"倡议的根本动力。在互利的基础上，包括中国在内的各个参与方之间，不搞零和博弈，不搞利益攫取、殖民扩张，要立足于各参与方优势互补，实现利益共享、共同发展。共营内涵是保障"一带一路"倡议可持续发展的基础。"一带一路"倡议是对古丝绸之路精神的传承和发扬，其惠及各参与方的共商共营共建共享，在这里，不管是政策沟通、设施联通、贸易畅通、资金融通、民心相通等互联互通的具体机制安排，还是实现方式、合作内容、阶段目标等，都需要各方共同商议、共同参与、共同营建、共同受益，"一带一路"倡议实质是"利益共同体""发展共同体"，乃至"命运共同体"。

"一带一路"倡议是我国在国际新形势下主动出击，创造发展新机遇，实现中华民族伟大复兴的重大举措，将给我国经济和政治的发展带来新的机遇。

（1）给构建复合型对外经济带来新机遇。"一带一路"倡议的实施，除了推动我国与周边国家开展传统的贸易、投资合作以外，还会推动双方构建以政策沟通、设施联通、贸易畅通、资金融通、民心相通为主要内容，以政府合作、产业合作、能源合作、海关合作、投资合作、金融合作、人才合作、科技合作、旅游合作、文化传媒合作、民间组织合作为主要形式的深度交流与合作，进而构建全方位、多层次的复合型对外经济关系。

（2）给产业发展和产业转型带来新机遇。"一带一路"倡议的实施将会推动国内优质过剩产业转移到沿线国家和地区，在促进当地经济发展的同时也能促进这些产业估值的回升。同时由于产业转移引致的产业转型升级更是机遇无限，比如技术改造、研发投入、品牌塑造等都会给投资者带来无限机遇。

(3) 给人民币国际化带来新机遇。"一带一路"倡议的实施将会推动我国金融机构加大"走出去"步伐，扩大境外金融业务的广度与深度，进一步加强与沿线国家和地区的经济金融合作，不断扩大人民币跨境使用的规模和在各国货币篮子的权重，加快人民币国际化的进程。

(4) 为我国解决区域经济发展不平衡带来新机遇。"一带一路"倡议的实施将会推动我国中西部地区能源和基础设施的建设，为中西部地区的农产品和工业制成品带来新的市场，同时通过相关经济带的构建将会进一步加强我国中西部地区区域经济的合作，进而推动我国中西部地区经济发展，逐步缩小与东部地区的经济差距。

(5) 为我国打破被美国遏制带来新机遇。"一带一路"倡议的实施有助于我国与周边国家形成利益共同体，增加我国在周边国家利益天平上的砝码，增强我国和美国谈判的能力，进而打破美国对我国的地缘威胁。

(6) 为我国维护西部地区的和平稳定带来新机遇。"一带一路"倡议的实施将会推动我国与周边国家的经济、文化交流与合作，加强各民族之间的文化认同和经济联系，维护我国西部地区的长期和平与稳定。

政治建设篇

1. 发展社会主义民主政治，必须以保证人民当家作主为根本。如何才能使保证人民当家作主不流于形式？

邹汉阳：党的十九大报告明确指出："坚持党的领导、人民当家作主、依法治国有机统一是社会主义政治发展的必然要求"，"党的领导是人民当家作主和依法治国的根本保证，人民当家作主是社会主义民主政治的本质特征，依法治国是党领导人民治理国家的基本方式，三者统一于我国社会主义民主政治伟大实践。"①保证人民当家作主，这是中国特色社会主义民主的本质特征，也是中国特色社会主义民主区别于乃至于优越于资本主义民主各种形态的根本所在。可以说，能否保证人民当家作主，就决定了中国特色社会主义民主能否发挥出它的优势和特点，也就进一步决定了中国共产党领导中国人民开展的政治建设能否为人类政治文明进步贡献出中国智慧。如何保证人民当家作主不流于形式，这是一个极其重要的问题，可以从两个方面予以思考。

在理论层面，马克思主义民主思想的要义就在于赋予人民真实的民主，通过"真正的民主制"保证人民当家作主。"真正的民主制"是形式与内容的统一，它不仅要求民主在政治制度上的完备，更要求把民主贯穿到经济、社会领域，通过生产资料所有制的改造赋予人民在生产劳动领域的自主权，从而为人民的平等政治参与奠定经济社会基础。因而，在马克思主义看来，民主就不是

---

① 《权威发布：十九大报告全文》，2018 年 3 月 13 日，http://sh.people.com.cn/n2/2018/0313/c134768-31338145.html。

简单的政治解放问题,它的本质是人类解放和劳动解放问题。从这一指导思想出发,要保证人民当家作主不流于形式就必须做到如下几点:

(1) 民主应贯穿始终。"人民是否有权来为自己建立新的国家制度呢?对这个问题的回答应该是绝对肯定的,因为国家制度如果不再真正表现人民的意志,那它就变成有名无实的东西了。"①人民不仅有权选择和创建自己的国家制度,还必须持续参与国家制度的发展和调整,要在参与国家事务的动态过程中与国家共同成长。"由此只能要求产生这样的一种国家制度:它是一个决定性的起点和原则,它本身具有和意识的发展一同进步、和现实的人一同进步的能力。"②如果仅仅是在选举时当主人,在选举后又做回奴隶,这种民主只能流于形式。为此,习近平总书记强调:"要看人民是否在选举时有投票的权利,也要看人民在日常政治生活中是否有持续参与的权利。"③

(2) 民主应贯穿到物质领域。"在一切不同于民主制的国家形式中,国家、法律、国家制度是统治因素,但国家并没有真正在统治,就是说,并没有从物质上贯穿在其他非政治的领域中。"④把民主贯穿到物质领域,关键是让人民联合起来共同占有生产资料,自主组织社会生产,共享社会发展成果。马克思之所以对巴黎公社给予高度评价,就在于它不仅注重保障人民的政治权利,而且注重保障人民的经济社会权利,把人民主权真正贯彻到了物质领域。恩格斯认为巴黎公社最重要的不是它关于政治民主制度的创设,而是它关于工人联合组成合作社、形成大工业的相关法令。正是从"劳动在经济上获得解放"的角度,马克思、恩格斯高度赞扬巴黎公社是"人民群众获得社会解放的政治形式"⑤。

(3) 民主的核心不是其形式完备而是人民自主。只有当人民能够自主地思想和行动,民主制度对于人民才不是外在的、僵化的。"庸人是构成君主制的材料","(理想家的希望)归根到底也就是说要建立一个共和国,要以自由人

---

① 《权威发布:十九大报告全文》,2018 年 3 月 13 日,http://sh.people.com.cn/n2/2018/0313/c134768-31338145.html。
② 《马克思恩格斯全集》第 1 卷,北京:人民出版社,1960 年,第 268 页。
③ 《马克思恩格斯全集》第 1 卷,北京:人民出版社,1960 年,第 268 页。
④ 《马克思恩格斯全集》第 1 卷,北京:人民出版社,1960 年,第 282 页。
⑤ 《马克思恩格斯选集》第 3 卷,北京:人民出版社,1995 年,第 95 页。

们的制度来代替已经死亡的制度"①。只有人民具有自主精神、自主能力,能够自我规定、自我导向和自我控制才能保证人民当家作主不流于形式。

在实践层面,中国特色社会主义民主政治通过多种方式保证人民当家作主不流于形式。

(1) 中国共产党坚强的政治领导。中国共产党自创立之初就承载着唤醒民众和凝聚民众的历史使命,领导中国人民争取民族独立,建设现代国家。可以说,没有中国共产党就没有政治意义上的中国人民。新中国成立以来,中国共产党凭借坚强的战略定力,克服或左或右的干扰,实行人民民主道路,科学谋划中国民主的发展目标、实施方略、战略选择,避免堕入西式民主的精英统治牢笼。

(2) 建设扎实有效的民主制度。在党内民主制度建设方面,党员的民主权利得到保障,党内选举制度得到完善,党内民主决策制度得到健全,各项重大事务公示制度、听证制度、专家咨询制度、决策论证制度、决策责任制度等有效实施;在人大民主制度方面,人大选举制度得到有效改革,扩大直接选举范围,完善候选人制度,扩大选民和代表的提名权,逐步实行差额选举,人大工作制度也得到了改进和完善,改进了法律法规提案制度,建立了公开征求意见制度,不断拓宽人大监督渠道,不断增强人大代表履职能力。在基层民主制度建设方面,农村村民自治制度和城市居民自治制度得到了长久发展,基层群众自我管理、自我教育、自我服务能力得到提升,基层群众的民主选举、民主决策、民主管理、民主监督更有保障。此外,在社会主义协商民主制度建设、民主法治建设、机构行政体制改革等方面,我国民主制度化水平都在不断提升和改进,为保证人民当家作主奠定了制度基础。

(3) 牢固树立以人民为中心的发展思想。民主真不真、实不实,不仅要看民主的制度化水平,更要看民主是否深入到民众的社会生活。我国不仅通过人民代表大会制度、中国共产党领导的多党合作和政治协商制度、民族区域自治制度以及基层群众自治制度保证人民参与国家的政治事务,还通过把民主延伸到社会领域,保证人民依法有效行使管理经济和文化事业、管理社会事务

---

① 《马克思恩格斯全集》第 1 卷,北京:人民出版社,1960 年,第 412—413 页。

的权利。这种延伸的重要体现,就是牢固树立以人民为中心的发展思想,在发展目的上坚持一切为了人民,在发展主体上坚持一切依靠人民,在发展方法上坚持一切从人民需要出发,在发展效果上坚持一切由人民检验。在这个过程中,民主的发展就不仅是在制度形态上的发展,更实现了在功能形态上的升华,它不仅激发人民参与和推进国家建设,更维护了人民在经济社会发展中的根本利益,推动了人和社会的全面发展。因而,十九大报告指出:"我国社会主义民主是维护人民根本利益的最广泛、最真实、最管用的民主。"[①]

2. 为什么说中国特色社会主义政治制度的最大优势在于坚持党的领导?

范铁中:中国特色社会主义制度的最大优势在于中国共产党的领导,这是党中央关于中国共产党历史地位的新论断,我们对此主要从以下两个方面进行理解。

(1) 中国共产党具有政治、理论、组织、领导优势,坚持党的领导是中国特色社会主义制度和中国特色社会主义事业的保障。

习近平总书记强调:"中国共产党的领导,就是支持和保证人民实现当家作主。"[②]党作为中国最广大人民的根本利益的代表,党在发展和完善的过

[①] 《权威发布:十九大报告全文》,2018年3月13日,http://sh.people.com.cn/n2/2018/0313/c134768-31338145.html。

[②] 习近平:《毫不动摇坚持和完善人民代表大会制度 坚持走中国特色社会主义政治发展道路》,载《人民日报》,2014年9月6日,第1版。

程中，坚持把人民的事当成党的头等大事，因此，在长期的发展历程中，党打下了广泛和坚实的群众基础，这也是党的政治优势所在。与人民保持亲密的联系对于党的发展至关重要，群众工作始终处在党的工作的重要位置，在与人民群众的紧密联系中，中国共产党不断发展壮大。只有不断把广大人民群众的困难解决好，把人民群众息息相关的利益落到实处，我们党的政治优势才能得到更加充分的展现。

我们党在发展的过程中十分重视理论建设，尤其注重理论和实践的结合，不断促进理论的与时俱进，紧密联系当前实际。中国共产党是一个高瞻远瞩的党，在当前的社会主义建设中，会遇到种种困难，正因为我们党不断完善的理论和坚定的信仰，所以我们能够克服重重困难，保证社会主义建设的稳固开展。

作为一个蓬勃发展的东方大国，党的组织和领导优势为我国的稳定发展提供了可靠的保障。中国共产党是一个强大的智慧集体，集中了全国不同领域、不同岗位的众多优秀人员，正是因为这些优秀才干的加入，中国共产党逐渐汇聚起来了巨大的人才资源以及形成了惠及各个层面的组织优势。在党的不同级别组织体系中，广大党员发挥示范带头作用，这样在很大程度上避免了群众盲目性的言论与行为，为国家基层组织部门正常运行和各项事业的稳定发挥了积极作用。

在党长期的发展运行中证明了民主集中制原则的科学有效性，既可以充分发挥广大人民的积极性，又能够团结集中全国人民的智慧，避免决策失误，提高决策和实施的效率。

从中国共产党的领导地位确立以来，在党的领导下经过多年的共同努力，我国发生了翻天覆地的变化，随着综合国力的不断提升，强大的中国重新屹立于世界的东方，这些成就的取得都与党的领导息息相关。党在我国社会主义发展过程中处于核心领导地位，并且适应改革发展的需要，在执政的过程中党坚持科学、民主、依法的原则，促进各方面协调发展，保障各项具体措施行之有效。党的科学而有力的领导，不仅保证了国家的安稳与团结，而且带领全国人民开拓了社会主义的新天地。

事实证明，我们必须坚持党的正确领导，缺失了党的正确领导是各种问题发生的根源。党在发展进程中不断提出符合中国国情的科学的领导理论与纲领,这些科学的领导理论和纲领是我国不断取得社会主义事业的新突破的关键所在。党在领导人民实现中国梦过程中,要面对各种困难与挑战,为了解决困难与挑战带来的困扰,党极为重视学习的重要性,明确提出要建设学习型政党。在不断学习的过程中,中国共产党逐渐发展完善。学习面对的是当下和未来,因此党的学习是具有开放性和时代性的,紧跟世界时代发展的趋势,这使得党的领导更具有前瞻性。当前,我国发展面临的形势不断变化,面对新情况,党中央冷静分析其中的机遇与挑战,并紧密结合我国当前发展的需要,转变发展思路,调整发展方略,落实新的发展理念,始终不变的是牢牢以人民为中心,在新时代带领全国人民推动中国特色社会主义制度和事业的发展。

(2) 中国特色社会主义制度是由中国共产党设计并在党的领导下逐渐发展完善的,坚持中国共产党的领导才能更加充分地发挥中国特色社会主义制度的优势。

经过新民主主义革命以及社会主义改造,我国逐步确立了社会主义基本制度,这是我国社会的巨大变革,以毛泽东同志为核心的第一代党中央的正确领导是取得这些巨大成就的关键。由于国内外形势的变化,以邓小平同志为核心的第二代党中央审时度势做出了实行改革开放的伟大举措,积极推动我国多个领域的改革。在党的科学领导下,改革取得了良好的成效,我国的社会主义蓬勃发展,社会主义制度也得到了发展。之后,在第三代党中央和第四代党中央的领导下,我国的社会制度得到进一步的发展。习近平总书记指出:"中国特色社会主义制度是特色鲜明、富有效率的,但还不是尽善尽美、成熟定型的。"①在新时代,我国的发展面临的国内外形势复杂多变,党中央积极调整思路,重新布局了发展格局。在"五位一体"理念的指导下,我国的制度更加完善,为新时代我国的稳定发展树立了坚实的制度保障。制度建设是党中央在十八大以来十分重视的工作,虽然在这么多年的发展历程中,我国的社会主义制度已经得到了极大的改善,但不可否认的是由于时代在变,为了能够与时俱进,我国的社会制度也务必要根据国情变化适时作出调整,力争不断发展完善。由于我国的社会制度是由中国共产党设计并不断发展完善的,所以中国

---

① 习近平:《习近平谈治国理政》,北京:外文出版社,2014年,第10页。

特色社会主义制度就必然要体现党的宗旨与发展理念。中国共产党是人民的政党,党的一切活动都是为广大人民谋福利的。制度是否合适,人民有最大的话语权,只有当制度给广大人民带来真切的福利,让广大人民群众在改善生活水平的过程中提升幸福感,这才能证明是好的制度。中国特色社会主义制度的设计者是中国共产党,我国制度和党必然拥有高度统一的宗旨和发展理念,在共同的宗旨和理念的指导下,我国的社会制度能够更加充分地为人民服务,进而得到广大人民的拥护,体现出我国制度的优越性。想要充分发挥我国社会制度的优势必须要坚持党的领导,坚持党的领导也是我国能够取得巨大成就的重要原因,因为坚持党的领导不仅可以调动广大人民参与社会建设的积极性,而且可以凝聚全国人民的力量冲破重重困难。在新时代,国内外情况不断变化,国内的改革问题与国外资本主义国家的不公平竞争以及部分邻国的虎视眈眈都对我国的顺利发展产生了重大阻碍,我国要想解决在发展过程中遇到的难题,实现我国社会主义的新突破,就必须坚持在党的领导下沿着社会主义道路谨慎前行,坚持党的领导能够在调动人民的积极性和参与热情的同时,带领全体人民同心合力实现民族的伟大复兴,这是中国特色社会主义制度的鲜明优势。

3. 投票是民主的最重要表现形式,民主必须表现为直接投票吗?

申小翠:对于这个问题,大部分人都会下意识地回答不是,但同时也承认民主与投票有一定的内在逻辑,但并不是简单的替代关系。要回答这个问题,我们首先要弄明白何为民主？投票与民主有什么关系？中国特色社会主义民主的普遍性和特殊性何在？

民主一词最初来源于古代希腊语，意思是人民来主政。在国家形态上，民主是一种国家政治制度，指的是"人民的政权"和"按人民的意愿进行统治"。民主在我国最流行的定义就是人民当家作主，人民成为国家和社会的主人。

自古至今，民主在其发展过程中形成了许多不同的理论和实践模式，简单地归结为古代民主和现代民主。古代民主最基本和最经典的模式是古希腊的直接民主模式；现代民主即20世纪所通行的代议制民主模式。古希腊的直接参与民主理论认为，民主的实现途径就是人民大众直接参与国家事务的决策和管理，实现自治。直接参与民主作为一种政治理想，除了最早在古希腊城邦"小国寡民"式的直接民主制的实践中有所体现外，其他大部分历史时期几乎都难以实现。现代代议制民主模式是对古典的直接参与民主理论的修正。代议制民主理论认为，对于一个面积和人口规模都很小的国家来说，实行直接参与的民主制度也许是可能的，但对于一个国土和人口规模远非古希腊城邦所能相比的国度来说，这样的制度就不太现实，而唯一可行的选择就是采用代议制，由公民选举代表作为"代理人"组成政府，实施对国家公共事务的管理。

投票（或类似于投票）是古代民主表达的基本形式。但是，投票本身并不等于民主，民主与投票是目标、本质与手段、路径的关系。实现本质和目标的手段和路径应该是多样的，因此，投票显然不是民主本身，也不是民主的唯一表达方式，只是民主的手段和路径之一。简单地说，投票是民主表达的手段和路径之一，但民主不只是投票。

人民是千万之众，居四方，操百业。这么众多且分散的人民，怎样才能实现当家作主呢？在长期的民主实践中，人们先是采用投票民主，后来又采用与其互补的协商民主，从而作为手段把公民个人意志和力量集中起来，去实施人民治理，以实现公共目标。投票民主，就是社会公民一人一票，少数服从多数，按多数人的意见形成决议，作出决定。协商民主，即人民内部各部分，在投票之前，经过充分协商，尽可能就共同性问题取得一致意见。投票民主和协商民主是相互补充、相互支撑的关系,而不是相互替代、相互对立的关系。

首先,投票民主弥补了协商民主的不足。协商民主提倡各抒己见,畅所欲言,充分发表意见,但也可能是众说纷纭,议而不决。这样也就可能误事,甚至坏事。因为很多事情等不得,拖不得。怎么办呢?只有通过表决,看多数人持什么意见,最后以少数服从多数为原则。这样也就提高了办事效率,一旦形成决议,也就具有了实施权威。因此,只有协商民主,没有投票民主不行。

其次,协商民主弥补了投票民主的不足。投票民主除体现了民主的效率性、权威性和对多数的尊重等优点以外,还有其不可避免的缺陷。这表现在以下四个方面:一是投票民主使少数人享受不到民主的阳光。投票民主在肯定了多数人利益和要求的同时,忽视和否定了少数人的利益和要求,使他们处于民主的阴影之中,这样也就削弱了民主的公正性和充分性。二是投票民主可能伤害全体人民的整体利益。这是因为多数人的利益也只是一种局部利益,而非人民的整体利益。比如,在一个农民占多数的国家,其投票的多数可能只是农民利益,而非全国人民利益的表达。三是投票民主易遭非理性冲动的绑架。在脱离了对重大问题进行理性平和的交流和讨论的环境下,某个突发事件的放大,某种偏执观点的炒作,某种情感的渲染,都可能左右视听,从而成为某些人谋取私利的手段。四是投票民主可能由极少数人决定结果输赢。因为投票形成的这个多数相对于少数,有时可能是极其微弱的多数。比如,51%相对于49%的多数,甚至更少。也就是说,这个占全国参选人数1%—2%的极少数人决定了全国所有公民的命运。很显然,这是极不合理的。①

我国有自己的历史文化传统和具体国情,所采取的民主模式也有自己的特点,在何种情况下投票、何种情况下协商、何种情况下讨论,都要根据具体情况来决定,但所体现的都是民主的本质内涵和要求。

早在西方学者提出"协商民主"概念50多年前,我们党所领导的抗日根据

---

① 杨雪冬:《协商民主不会取代投票民主》,载《领导科学》,2013年第24期。

地,已经创造了以"三三制"为载体的协商民主的政治制度。毛泽东于1941年11月21日在陕甘宁边区参议会开幕式的讲演中,把"三三制"政权实施的"民主合作",解释为民主"商量"。毛泽东当时说:我们要克服自己的关门主义和宗派主义,一定要学会打开大门和党外人士实现民主合作,一定要学会同别人商量问题。可见,毛泽东虽然没有用"协商民主"这一表述,但"民主合作"从根本上体现了"协商民主"的精神。也就是说,我国是协商民主的真正发源地,是协商民主的第一故乡。

协商民主在中国发展层次最高,是指协商民主得到国家基本制度的确认和保障。即在中华人民共和国成立过程中,我国创造了既重视表决民主又重视协商民主的人民民主政治制度,特别是作为其最高表现的全国人民代表大会制度与共产党领导的多党合作和政治协商制度的确立,这对中国民主政治,特别是中国协商民主的发展来说,无疑是一项有着重大而深远意义的基本制度安排。这不仅在中国政治史上是第一次,而且在世界民主史上也是第一次,是我国对世界协商民主事业的发展作出的一个重大的历史性贡献。当然,协商民主不能取代投票民主。

一要解决协商民主在社会主义民主政治框架中的定位问题。在社会主义民主政治框架中,投票民主和协商民主是并行的,是相互支撑、相互补充的关系,而非相互替代、相互对立的关系。在推进社会主义民主政治建设过程中,既要将协商精神贯彻到投票民主的运行过程之中,减少投票的随意性,提高选举的包容性,也要像尊重每个人的投票权利那样尊重协商过程中每个主体的独立判断能力,避免协商中的"随大流"和"屈服强势"。

二要解决协商民主过程中各主体间的关系问题。协商民主是多主体参与的,各主体参与能力的差别,会直接影响他们在民主协商过程中的地位和影响力,最终影响协商民主的运行结果。能力差别是无法消除的,因此就需要在协商民主的程序、机制方面进行精心设计,提高协商过程和结果的公正性,避免协商过程被掌控。

总之,民主绝不是指投票就可以实现那么简单,投票不是民主的唯一表达方式,只是民主的手段和路径之一。既要通过投票民主确保多数人的利益,又要通过协商民主,保障少数人的利益。只有这样才能把民主的公正性与效率性、充分性与权威性、尊重多数与保护少数结合起来,才能最大限度地获得民主红利。①

4. 在中国到底是党大还是法大?

申小翠:在中国,讲到依法治国,很多人会提出这么一个问题:一方面,中国共产党是领导核心;另一方面,法治强调宪法法律至上,那么党的领导和法治之间到底是什么关系? 其实,"党大还是法大"是一个政治陷阱,是一个伪命题。党与法,本来就不是同一性质的事物,不同的事物本来就不能、也不该把它们放在一起进行比较。

为什么不是同一性质的事物? 党的本质是政治组织,法的本质是社会行为规范。这两个东西何来谁大谁小? 正如你把一个交响乐团与贝多芬的第五交响曲放在一起比,能比出什么结果来? 如果说党比法大,那就是承认法治、依法治国都是虚假的,法就不存在了;如果说法比党大,那就好像党的领导又出了问题,难以实施了。因此在党和法之间不能搞简单的比较,也没法进行比较大小。②

可为什么人们却常常把它们放在一起比较呢? 我想原因不外乎有两个:

一是在我们的现实政治实践中,确实有那么一些党员干部特别是领导干

---

① 陶富源、胡梅叶:《协商民主及其在中国的发展健全》,载《马克思主义研究》,2015年第7期。
② 《法治兴衰的核心问题(法治热点面对面之三)——怎样理解党和法治的关系》,载《人民日报》,2015年2月4日,第9版。

部甚至是有些高级领导干部,他们往往以"党"自居,觉得自己是党的领导干部,就能够代表"党",可以不顾法律,甚至超越法律、干预法律,凌驾于法律之上,某些党员领导干部根本不把法律当回事,使党纪国法成了"橡皮泥""稻草人"。一些党员干部的"法治观念不强,决策不讲程序,办事不依法依规",甚至以言代法、以权压法、徇私枉法的现象使人们产生了误解和严重不满;官不守法,民怎能信法?这些现象的存在,严重影响了群众对法治的信心,使人产生"权比法大""党比法大"的感受。习近平总书记在省部级主要领导干部学习贯彻十八届四中全会精神全面推进依法治国专题研讨班上的讲话痛批这类现象。被查处的"老虎""苍蝇",哪个会把法放在眼里?从周永康、令计划,到"小官巨贪"的乡村干部,哪个不是相信权?这背后暴露的是封建社会非常恶劣的人治传统、特权思想。①

二是有一些人以"党大还是法大"为命题进行炒作,意在凸显党内存在的一些"权大于法"的现象,故意挑拨党群关系,制造紧张对立局面,挑战党的执政地位和执政合法性。对于这种倾向,值得我们警惕。要把握好、回答好这个问题,需要从多个角度作出分析。

事实上,党和法并不存在对立关系,党和法的关系是政治和法治关系的集中反映,世界上没有无政治的法治,法治当中有政治,没有脱离政治的法治。党的领导和依法治国是一种相互依赖、高度统一的关系。

(1)从法律的制定来看,从宪法到基本法律及其他法律的草案绝大多数都是党中央直接提出的,尤其是宪法草案及其修正案,都是由中共中央直接起草,并建议全国人大常委会提请全国人大通过的。党中央不仅领导全国人大及其常委会的立法工作,同时领导国务院的行政立法。全国人大常委会和国务院党组直接接受中共中央领导并向其汇报工作。

(2)从法律的运行来看,中国共产党按照"依法执政"的方针,在全国范围内领导立法、保证执法、支持司法、教育守法、引导护法,保障法律的各个环节健康运行和有效实施。就是说,从法律的制定到法律的实施,每个环节都贯穿了党的领导。如果离开党的领导,法律就寸步难行。

---

① 《党大还是法大,习近平用宪法回答》,2015年2月5日,http://politics.people.com.cn/n/2015/0205/c1001-26513950.html。

(3) 从法律的内容来看,总的来说,我国的法律都是党的主张与人民意志相统一的具体表现。也就是说,我国绝大多数的法律法规,都是以党的政策为依据的。党的路线、方针和政策是法律的灵魂;离开党的领导,法律就会失去方向,没有精髓。

(4) 从法律的实施来看,同样离不开党的领导,离不开党的政策的指导。宪法离不开党的总路线或基本路线的指导;行政法规、地方法规及自治法规离不开党的具体政策的指导。同时党的各级领导机关和党员都在宪法和法律范围内活动,带头遵守宪法与法律,从而有力地保障宪法与法律的实施。至于司法机关适用法律,也必须在党组引导下根据党的政策的精神来把握方向。一句话,偏离党的领导,偏离党的路线、方针和政策,法律就难以实施,甚至迷失方向或造成冤假错案。

总之,党要领导立法、保证执法、支持司法、教育守法、引导护法,以达到人人守法。所以说,根本不存在党大还是法大的问题,它无疑是个伪命题。①

从我国的实践来看,坚持党的领导和依法治国是密切不可分割的整体。党的领导是中国特色社会主义最本质的特征,也是社会主义法治最根本的保证,把党的领导贯彻到依法治国全过程和各方面,是我国社会主义法治建设的一条基本经验。我国宪法确立了中国共产党的领导地位。坚持党的领导,是社会主义法治的根本要求,是党和国家的根本所在、命脉所在,是全国各族人民的利益所系、幸福所系,是全面依法治国的题中应有之义。② 改革开放 40 年来,我国经济建设取得了巨大成就,人民生活总体上达到小康,我们伟大的祖国迎来了思想的解放、政治的昌明、教育的勃兴、文艺的繁荣、科学的春天,所有这一切与党的领导是密不可分的。很难设想在中国推动国家的进步发展,推动各项事业繁荣,如果没有党的领导,我们还能否推得动,推动到什么地步。历史经验告诉我们,中国要想解决各种问题,推进各方面事业发展,当然也包括依法治国的进程,党的坚强领导须臾不可离。

---

① 李龙、郑华:《党法关系是依法治国的核心问题》,载《中国社会科学报》,2016 年 4 月 7 日,第 1 版。

② 本书编写组:《毛泽东思想和中国特色社会主义理论体系概论》,北京:高等教育出版社,2015 年,第 186 页。

5. 中国特色社会主义民主是否有改善空间？

范铁中：从马克思历史唯物主义的观点来看，民主作为一种上层建筑中的国家制度，要服务于与其对应的经济基础，因此当生产力发展推动整个社会占统治地位的生产关系，即经济基础发生变化时，民主作为上层建筑也必须要不断完善以与之相适应。因此中国特色社会主义民主必然拥有改善空间。总的来说中国特色社会主义民主有其改善空间主要有以下三点原因：从其发展道路来看，它拥有不断自我发展完善的特质；从理论上看，它需要不断创新保持鲜活生命力应对理论挑战；从实践来看，它需要不断发展以解决现实问题回应人民诉求。

（1）从中国特色社会主义民主的发展历程来看，其本身拥有与时俱进的发展特质。中国特色社会主义民主溯源于辛亥革命后民主道路的发展起点，定性于新中国成立后社会主义民主的发展性质，最终在改革开放的伟大转折中初步确立了中国特色社会主义民主的发展模式。改革开放以来的几十年政治实践不断丰富其内容和内涵，其中产生重大影响的主要有：1980年启动的党和国家领导制度的改革，废除了领导终身制，实行选举和任期制度；20世纪80年代中期开启的政治体制改革；20世纪90年代初开启的市场经济体制基础上的法治建设；十五大中明确提出的依法治国战略；等等。这些都说明了中国特色社会主义民主从来不是一成不变的东西，它本身就拥有自我完善、自我发展的特质，因此才能够在历史发展进程中不被历史所淘汰，也正因此我们才会肯定地说中国特色社会主义民主仍有改善的空间。

(2) 从理论上来看,中国特色社会主义民主需要不断创新保持鲜活生命力应对理论挑战。民主是什么?马克思曾说过:"正如同不是宗教创造了人而是人创造了宗教一样,不是国家制度创造人民,而是人民创造国家制度。民主制是一切国家制度的实质,是作为国家制度特殊形式的社会化了的人。"[1]在马克思看来,人类社会发展的特定阶段人们自然地组成了国家并创建了国家制度,民主制就是理解国家制度的核心,就是国家制度的一种特殊形态,就是一定阶段整个社会客体化的人,由此可见民主在马克思主义里的重要地位。马克思以此来回应当时其他资本主义理论家对共产主义和社会主义的污蔑,说什么共产主义没有民主,马克思主义只搞暴力革命的谬论。中华人民共和国成立后我们选择了社会主义民主道路,但十年"文革"时期给我国民主建设带来了重大损失,改革开放后国外在这方面给我们提出了很多理论压力,评价我们是极权主义国家,独裁政体,人民代表大会制度是虚假民主制度等等。对此邓小平等领导人审时度势作出以下回应,他说一个国家好的民主制度应该要做到保证该国政局的长久稳定、团结民众、改善民生,并推进生产力持续进步。中国特色社会主义民主正是基于这种理念才会在过去的几十年不断发展持续完善,从而为整个国家的发展和崛起提供了强大的政治保障。当下西方理论学界对我国民主建设已经作出了一些中肯的评价,但主流依旧抱着不信任乃至抹黑的态度,因此中国特色社会主义民主仍然需要在理论上不断创新保持自己的鲜活生命力。

(3) 从实践来看,中国特色社会主义民主需要不断发展以满足人民需求解决现实问题。十九大报告指出我国社会的主要矛盾已经转变,人民群众在民主法治、公平正义等方面的要求日益增长。这就要求中国特色社会主义民主不断发展,针对当下现实问题,在以下方面或许仍有改善空间:

第一,发挥党内民主优势,带动人民民主发展。党内民主与人民民主具有内在统一性,中国共产党是中国人民和中华民族的先锋队,同时作为我国的执政党,中共党员是中国社会各阶层的先进分子,发展好党内民主有利于提高党员的参政议政的意识和能力,并且直接在人民群众中产生带头和示范作用,从

---

[1] 《马克思恩格斯全集》第1卷,北京:人民出版社,1956年,第281页。

而提高人们的政治参与度和政治素养，推动人民民主的发展。习近平总书记在党的十九大报告中明确指出："全党要清醒认识到，我们党面临的执政环境是复杂的，影响党的先进性、弱化党的纯洁性的因素也是复杂的，党内存在的思想不纯、组织不纯、作风不纯等突出问题尚未得到根本解决。"①因此，我们要发挥党在长期的革命、建设和改革过程中积累的丰富党内民主经验，发挥党内民主的优势，尊重党员的主体地位，保障党员的基本权利，加强党内民主监督，确保党员在党内享有平等参与和管理党内事务的权利，加强党内思想建设、组织建设和作风建设，在党内逐渐确立民主制度。让党内民主生活制度化、规范化，以此带动人民民主的发展。

第二，大力发展社会主义协商民主。协商民主是指不同政治力量间通过协商机制进行交流的民主形式，社会主义协商民主是我国实现人民当家作主的重要途径之一。发展好社会主义协商民主有利于弥补选举民主和西方代议制民主的固有缺陷，举例来说，选举民主或票选民主更注重结果，往往出现"51%对49%"的尴尬境遇，从而导致意见分歧越来越大。西方代议制民主也面临着普通民众与代表他们的政治精英间意见分野的考验。社会主义协商民主更加注重各参与主体之间通过平等交流、协商等方式，在票选民主选择了大部分的基础之上，更加注重考虑少部分人的意见和利益，从而最大限度地做到缩小分歧，包容共赢。我国传统文化中就有"大道之行也，天下为公，选贤与能，讲信修睦"这样蕴含丰富协商思想的经典论述，在未来的协商民主建设里我们应该充分发掘传统文化中协商思想的精华，与时代相结合，更好地指导协商民主制度的建设和完善，从而充分发挥出社会主义民主制度的优越性。

第三，针对基层民主出现的新问题，进一步规范和完善基层群众自治制度，保证广大民众充分享有民主自治权利。基层民主自治制度是我国基本政治制度之一，意在通过独立的基层自治组织实现基层民众的自我教育、自我管理、自我服务、自我监督。习近平总书记在党的十九大报告中明确指出："巩固

---

① 习近平：《决胜全面建成小康社会 夺取新时代中国特色社会主义伟大胜利——在中国共产党第十九次全国代表大会上的报告》，北京：人民出版社，2017年，第61页。

基层政权,完善基层民主制度,保障人民知情权、参与权、表达权、监督权。"①实行基层群众自治,可以有效表达人民群众的利益诉求,减少非制度化参与。基层党组织要积极引导广大干部群众,正确认识基层群众自治在社会主义民主政治建设中的重要作用,培养基层群众的民主自治意识,提升政治参与的积极性。只有将基层民主制度化、程序化、法制化,遵循自愿、平等原则,让基层民主选举在阳光下、在权力的笼子里运行,才能真正让基层群众自治制度发挥效用,让人民群众充分享有民主自治的权利。

第四,坚持共享发展,调整收入分配,保障社会主义民主的经济基础相对平等。经济基础决定上层建筑,经济地位上的差别同样会带来政治方面的差距,如果经济上两极分化过于悬殊,必然会让民主政治建设事倍功半。因此我们应该坚持我国基本经济制度,在发挥市场决定资源配置的基础上发挥社会主义制度的优势,通过共享发展成果缩小收入差距,从而促进共同富裕,最终保障好社会主义民主的经济基础。

6. 改革开放40年来,中国经济的改革和发展取得了巨大成就,而政治的改革和发展是否相对滞后?

王有英:要理解这一问题,首先需要我们正确认识经济与政治的关系。其次需要正确认识政治改革的复杂性。

---

① 习近平:《决胜全面建成小康社会 夺取新时代中国特色社会主义伟大胜利——在中国共产党第十九次全国代表大会上的报告》,北京:人民出版社,2017年,第37页。

马克思主义认为,政治,是指参与国家事务,给国家定方向,确定国家活动的内容、形式和任务,处理各阶级和各社会集团之间的关系;经济,则主要指社会的生产、分配、交换、消费等活动。经济与政治的基本关系是:经济是政治的基础,政治是经济的集中表现,二者既有区别又存在密切联系,没有离开政治的经济,也没有离开经济的政治。没有经济的政治是空头政治,没有政治的经济必然迷失方向和灵魂。如果政治改革滞后,经济改革的成果也不能够存在下去。毛泽东同志指出,政治工作是一切经济工作的生命线。政治和经济的统一,政治和技术的统一,这是毫无疑义的。邓小平同志强调:"社会主义市场经济的优越性在哪里?就在四个坚持,即坚持四项基本原则。"习近平同志指出,坚持党的领导,发挥党总揽全局、协调各方的领导核心作用,是我国社会主义市场经济体制的一个重要特征。这些重要论述,深刻揭示了社会主义条件下经济与政治有机统一的辩证关系。

改革开放以来,我们党纠正了"以阶级斗争为纲"的错误,把工作重心转移到经济建设上来,成功实现了从高度集中的计划经济体制到充满活力的社会主义市场经济体制的转变,推动了经济持续快速发展、人民生活水平不断提高和综合国力大幅提升,开辟了党和国家发展的新局面。社会主义市场经济既尊重客观经济规律,发挥市场经济的长处;又体现社会主义制度的要求,发挥党的领导与政府的作用和人民群众的首创精神,实现了经济与政治的良性互动。因而,它能够调动各方面的积极性、主动性和创造性,使各种资源都得到充分有效利用,使社会主义制度的优势得到充分发挥。

我国的经济体制改革发展到今天,越来越明显地表现出对深入进行政治体制改革的迫切要求。原有的政治体制中某些不适应社会主义经济基础的巩固和发展的因素,越来越成为深化经济体制改革的障碍。事实证明:如果不进行以机构改革、简政放权等为近期目标的政治体制改革,经济体制改革就不可能深入,已经取得的成果也难以巩固和发展。经济体制改革和政治体制改革协调发展是社会主义制度自我完善和发展的客观要求。经济体制改革体现了生产力发展的直接要求,经济体制改革成果的大小,直接影响着政治体制改革的进程,而政治体制改革的成败,又直接决定着经济体制改革的成功与否。二者互相影响,互相促进,生动地体现了社会主义社会基本矛盾运动。

邓小平同志认为政治体制改革必须适应经济体制改革的发展,使之成为"保障经济体制改革的成果",推进"经济体制改革继续前进"的动力。"现在经济体制改革每前进一步,都深深感到政治体制改革的必要性。""政治体制改革的内容现在还在讨论。这个问题太困难,每项改革涉及的人和事都很广泛,很深刻,触及到许多人的利益,会遇到很多的障碍,需要审慎从事。我们首先要确定政治体制改革的范围,弄清从哪里着手。要先从一两事上着手,不能一下子大干,那样就乱了。"在邓小平同志看来,评价一个国家的政治体制、政治结构和政策是否正确,关键看三条:"第一是看国家的政局是否稳定;第二是看能否增进人民的团结,改善人民的生活;第三是看生产力能否得到持续发展。"这就意味着政治体制改革必须服务和服从于经济发展的客观需要,必须有利于促进生产力水平的提高和政治社会的稳定,不能以破坏稳定和损害经济发展为代价,搞"超前"的政治体制改革。在这样的定位基础上,中央采取的是一种渐进式的改革方式。一是因为马克思主义并没有政治体制改革的专门章节,无先导理论可循;二是由于苏东的剧变,给中央造成了一定的改革压力,稳定成了头号问题,苏东的失败经验显然已经不能成为中国政治体制改革的成功典范。在总结中外经验的基础上,中国只能靠自己的实践,一小步一小步地慢慢向前迈进。三是由于国内和国际局势的复杂现状,局部地分散了中央的注意力。于是,中国的政治体制改革只能以一种渐进式的改革进行。这样,政治体制的改革进程往往会相对滞后于经济体制改革步伐和社会的发展。

政治体制改革较经济体制改革来说,难度更高、风险更大。因为政治体制改革涉及的人和事范围太广,触及每个人的切身利益,可谓牵一发而动全身。从政治体制改革的动力和需求而言,要平衡、协调政治权力结构体制和政治决策层面的改革与行政管理体制层面的改革之间的轻重缓急。从政治体制改革的具体内容而言,要慎重地把握借鉴西方发达国家的经验和结合中国国情两者之间的复杂关系,既不可照搬,又必须吸收借鉴。从政治体制改革的进度而言,要十分准确地把握改革的紧迫性与慎重性的辩证关系。从政治体制改革的本质而言,还要善于科学地把握民主的内容与形式、民主的实质与实现程度之间的辩证关系。由此可见,政治体制改革是一项浩大的改革工程,几乎涉及了社会生活的方方面面。显然,在这样一项浩大的工程中要寻找到一个突破口是相当困难的。这也就是政治改革显得滞后的原因所在。

7. 如何保证公正司法,提高司法公信力?

梁艳：英国哲学家培根曾经说过:"一次不公正的审判,其恶果甚至超过十次犯罪。因为犯罪虽是无视法律——好比污染了水流,而不公正的审判则毁坏法律——好比污染了水源。"十八届四中全会也提出,公正是法治的生命线。司法公正对社会公正具有重要引领作用,司法不公对社会公正具有致命破坏作用。那么如何才能保证公正司法,提高司法的公信力呢?

(1) 完善确保依法独立公正行使审判权和检察权的制度。

各级党政机关和领导干部要支持法院、检察院依法独立公正行使职权。建立领导干部干预司法活动、插手具体案件处理的记录、通报和责任追究制度。任何党政机关和领导干部都不得让司法机关做违反法定职责、有碍司法公正的事情,任何司法机关都不得执行党政机关和领导干部违法干预司法活动的要求。对干预司法机关办案的,给予党纪政纪处分;造成冤假错案或者其他严重后果的,依法追究刑事责任。健全行政机关依法出庭应诉、支持法院受理行政案件、尊重并执行法院生效裁判的制度。完善惩戒妨碍司法机关依法行使职权、拒不执行生效裁判和决定、藐视法庭权威等违法犯罪行为的法律规定。建立健全司法人员履行法定职责保护机制。非因法定事由,非经法定程序,不得将法官、检察官调离、辞退或者作出免职、降级等处分。

(2) 优化司法职权配置。

健全公安机关、检察机关、审判机关、司法行政机关各司其职,侦查权、检察权、审判权、执行权相互配合、相互制约的体制机制。完善司法体制,推动实行审判权和执行权相分离的体制改革试点。完善刑罚执行制度,统一刑罚执行体制。改革司法机关人财物管理体制,探索实行法院、检察院司法行政事务管理权和审判权、检察权相分离。最高人民法院设立巡回法庭,审理跨行政区域重大行政和民商事案件。探索设立跨行政区划的人民法院和人民检察院,办理跨地区案件。完善行政诉讼体制机制,合理调整行政诉讼案件管辖制度,切实解决行政诉讼立案难、审理难、执行难等突出问题。改革法院案件受理制度,变立案审查制为立案登记制,对人民法院依法应该受理的案件,做到有案必立、有诉必理,保障当事人诉权。加大对虚假诉讼、恶意诉讼、无理缠诉行为的惩治力度。完善刑事诉讼中认罪认罚从宽制度。完善审级制度,一审重在解决事实认定和法律适用,二审重在解决事实法律争议、实现二审终审,再审重在解决依法纠错、维护裁判权威。完善对涉及公民人身、财产权益的行政强制措施实行司法监督制度。检察机关在履行职责中发现行政机关违法行使职权或者不行使职权的行为,应该督促其纠正。探索建立检察机关提起公益诉讼制度;明确司法机关内部各层级权限,健全内部监督制约机制。司法机关内部人员不得违反规定干预其他人员正在办理的案件,建立司法机关内部人员过问案件的记录制度和责任追究制度。完善主审法官、合议庭、主任检察官、主办侦查员办案责任制,落实谁办案谁负责。加强职务犯罪线索管理,健全受理、分流、查办、信息反馈制度,明确纪检监察和刑事司法办案标准和程序衔接,依法严格查办职务犯罪案件。

(3) 推进严格司法。

坚持以事实为根据、以法律为准绳,健全事实认定符合客观真相、办案结果符合实体公正、办案过程符合程序公正的法律制度。加强和规范司法解释和案例指导,统一法律适用标准。推进以审判为中心的诉讼制度改革,确保侦查、审查起诉的案件事实证据经得起法律的检验。全面贯彻证据裁判规则,严格依法收集、固定、保存、审查、运用证据,完善证人、鉴定人出庭制度,保证庭审在查明事实、认定证据、保护诉权、公正裁判中发挥决定性作用。明确各类司法人员工作职责、工作流程、工作标准，实行办案质量终身负责制和错案责任倒查问责制，确保案件处理经得起法律和历史检验。

(4) 保障人民群众参与司法。

坚持人民司法为人民，依靠人民推进公正司法，通过公正司法维护人民权益。在司法调解、司法听证、涉诉信访等司法活动中保障人民群众参与。完善人民陪审员制度，保障公民陪审权利，扩大参审范围，完善随机抽选方式，提高人民陪审制度公信度。逐步实行人民陪审员不再审理法律适用问题，只参与审理事实认定问题。构建开放、动态、透明、便民的阳光司法机制，推进审判公开、检务公开、警务公开、狱务公开，依法及时公开执法司法依据、程序、流程、结果和生效法律文书，杜绝暗箱操作。加强法律文书释法说理，建立生效法律文书统一上网和公开查询制度。

(5) 加强人权司法保障。

强化诉讼过程中当事人和其他诉讼参与人的知情权、陈述权、辩护辩论权、申请权、申诉权的制度保障。健全落实罪刑法定、疑罪从无、非法证据排除等法律原则的法律制度。完善对限制人身自由司法措施和侦查手段的司法监督，加强对刑讯逼供和非法取证的源头预防，健全冤假错案有效防范、及时纠正机制。切实解决执行难，制定强制执行法，规范查封、扣押、冻结、处理涉案财物的司法程序。加快建立失信被执行人信用监督、威慑和惩戒法律制度。依法保障胜诉当事人及时实现权益。落实终审和诉讼终结制度，实行诉访分离，保障当事人依法行使申诉权利。对不服司法机关生效裁判、决定的申诉，逐步实行由律师代理制度。对聘不起律师的申诉人，纳入法律援助范围。

(6) 加强对司法活动的监督。

完善检察机关行使监督权的法律制度，加强对刑事诉讼、民事诉讼、行政诉讼的法律监督。完善人民监督员制度，重点监督检察机关查办职务犯罪的立案、羁押、扣押冻结财物、起诉等环节的执法活动。司法机关要及时回应社会关切。规范媒体对案件的报道，防止舆论影响司法公正。依法规范司法人员与当事人、律师、特殊关系人、中介组织的接触、交往行为。严禁司法人员私下接触当事人及律师、泄露或者为其打探案情、接受吃请或者收受其财物、为律师介绍代理和辩护业务等违法违纪行为,坚决惩治司法掮客行为,防止利益输送。对因违法违纪被开除公职的司法人员、吊销执业证书的律师和公证员,终身禁止从事法律职业,构成犯罪的要依法追究刑事责任。坚决破除各种潜规则,绝不允许法外开恩,绝不允许办关系案、人情案、金钱案。坚决反对和克服特权思想、衙门作风、霸道作风,坚决反对和惩治粗暴执法、野蛮执法行为。对司法领域的腐败零容忍,坚决清除害群之马。

综上所述,要保证公正司法,提高司法的公信力,必须完善司法管理体制和司法权力运行机制,规范司法行为,加强对司法活动的监督,努力让人民群众在每一个司法案件中感受到公平正义。

8. 成立中央全面依法治国委员会有何重要意义?

申小翠:党的十九大报告在论及深化依法治国实践时首次提出:"成立中央全面依法治国领导小组,加强对法治中国建设的统一领导。"中央全面依法治国领导小组的成立,受到社会各界的高度关注。而在2018年3月21日,中共中央印发的《深化党和国家机构改革方案》中公布成立"中央全面依法治国委员会"。从十九大的报告中的"中央全面依法治国小组"变身为两会的"中央全面依法治国委员会",增设中央全面依法治国委员作为党中央决策议事协调机构,这一重大举措更加彰显了中国共产党全面依法治国的坚强决心,对深化依法治国实践具有重要意义。

(1) 可充分发挥中央全面依法治国委员会在全面依法治国进程中纵览全局的作用。"全面依法治国是国家治理的一场深刻的革命"①，十九大报告中的这一论断意味着法治国家建设的长期性、复杂性和艰巨性。从历史上看，中国并非是一个法治国家而是一个人治国家，长期受人治思想的影响，人们法治观念缺失、规则意识淡薄、权力意识膨胀，这种法治建设的现状还远远达不到现代市场经济法治化的要求。这意味着从中央到地方，从地区到行业，从领导到群众，都需要进一步摆脱传统人治社会的影响，弘扬法治精神、树立法治思维、增强法治意识，使国家治理方式发生整体性的变革。这一目标的实现需要发挥中央全面依法治国领导委员会顶层设计、总体布局、统筹协调、整体推进、督促落实的多项职能，为全面推进依法治国进程"谋大局，把方向"。②

(2) 全面依法治国总目标实现的重要保证。全面依法治国总目标是建设社会主义法治体系，建设社会主义法治国家。为了实现这一总目标，党的十八大报告中提出"科学立法、严格执法、公正司法、全民守法"新时代社会主义法治建设新的16字方针，表明我国社会主义法治建设进入了新阶段。新16字方针从立法、执法、司法和守法四个环节确立了我国依法治国的四大目标，不留任何死角，实现了法律运行过程的全覆盖。改革开放40年来，我国法治建设取得了巨大成就，基本上形成了以宪法为统帅，以宪法相关法、民法商法等多个法律部门的法律为主干，由法律、行政法规、地方性法规等多个层次的法律规范构成的中国特色社会主义法治建设法律体系，但是依法治国的目标并未全部实现，《中共中央关于全面推进依法治国若干重大问题的决定》提到，"我国法治建设还存在许多不适应、不符合的问题：有的法律法规未能全面反映客观规律和人民意愿，针对性、可操作性不强，立法工作中部门化倾向、争权诿责现象较为突出；有法不依、执法不严、违法不究现象比较严重，执法体制权责脱节、多头执法、选择性执法现象仍然存在，执法司法不规范、不严格、不透明、不文明现象较为突出，群众对执法司法不公和腐败问题反映强烈；部分社会成员遵法信法守法用法、依法维权意识不强，一些国家工作人员特别是领导

---

① 《中国共产党第十九次全国代表大会文件汇编》，北京：人民出版社，2017年，第31页。
② 《中共成立中央全面依法治国领导小组有何深意？》，2017年10月22日，http://politics.people.com.cn/n1/2017/1022/c1001-29601428.html。

干部依法办事观念不强、能力不足,知法犯法、以言代法、以权压法、徇私枉法现象依然存在。这些问题,违背社会主义法治原则,损害人民群众利益,妨碍党和国家事业发展。"①必须在中央全面依法治国委员会的坚强领导下,才能完全克服法治发展过程中各个环节中的各种阻力。

(3) 深化依法治国实践的必然要求。党的十八大以来,全面依法治国在各领域各环节深入推进,一系列重大举措有力展开,汇聚起推进社会主义法治建设的磅礴伟力,展现出建设社会主义法治国家的宏伟气象。2014年10月,党的十八届四中全会专题研究全面依法治国重大问题并作出《关于全面推进依法治国若干重大问题的决定》,明确了全面依法治国的总目标和总蓝图、路线图、施工图,为全面协调推进社会主义法治建设提供了行动指南,②使中国特色社会主义法治建设进入了新的历史阶段,"中国特色社会主义法治体系建设取得了重大成效,走过了西方国家上百年乃至几百年的路程"。但是,全面依法治国任务依然繁重,相对于"四个全面"战略布局的其他三个全面——全面建成小康社会、全面深化改革、全面从严治党来说,全面依法治国相对比较薄弱。③ 只有深化依法治国实践才能推动全面依法治国向纵深发展,只有深化依法治国实践才能保证全面建成小康社会目标的实现。全面依法治国到了攻坚期,法治领域的改革进入了深水区,必然会遇到更多难啃的硬骨头,迫切需要成立中央全面依法治国委员会,冲破各种利益的羁绊,形成攻坚克难的合力,确保法治建设沿着正确方向顺利推展。

(4) 突出了坚持党的领导对全面依法治国的重要性。中国共产党的领导是中国特色社会主义的最本质的特征,是社会主义法治的最根本的保证,坚持党的领导是社会主义法治的根本要求。党的十八届四中全会通过的《中共中央关于全面推进依法治国若干重大问题的决定》指出:"把党的领导贯彻到依法治国全过程和各方面,是我国社会主义法治建设的一条基本经验。"④坚持党

---

① 《中共中央关于全面推进依法治国若干重大问题的决定》,2014年10月29日,http://cpc.people.com.cn/n/2014/1029/c64387-25927606.html。
② 袁曙宏:《党的十八以来全面依法治国的重大成就和基本经验》,载《求是》,2017年第11期。
③ 《中国官方回应为何成立中央全面依法治国领导小组》,2017年10月26日,http://news.163.com/17/1026/15/D1MEKAJH00018AOQ.html。
④ 《中共中央关于全面推进依法治国若干重大问题的决定》,2014年10月29日,http://cpc.people.com.cn/n/2014/1029/c64387-25927606.html。

的领导和全面依法治国高度统一,坚持党领导立法、保证执法、支持司法、带头守法。中央全面依法治国委员会的成立再次回应了党的领导与依法治国是根本一致、内在统一的:党对依法治国的领导要通过将人民的意志上升为党的决议,将党的决议上升为法律,从而确保改革于法有据,确保任何组织和个人没有超越宪法法律的特权。因此,在强调深化依法治国的实践中不但不能削弱党的领导,反而要加强党的领导。

9. 中国如何真正做到"全面依法治国"?

王珂:由于中国古代封建传统社会是以血缘关系为基础的社会,受封建传统思想文化的影响,中国古代社会可以说是一个"关系"的社会。中国古代的人际关系是在血缘关系的基础上形成的,并且在儒家思想的影响下,渐渐地形成了这样一个讲究人际关系和面子的社会,也就是大家所说的"人情关系"。人情不外乎两种,一种就是宗法人际关系,一种则是建立在金钱利益关系上的人际关系。当一种利益直接支配着他们,或者一些世俗的观念支配着他们的时候,往往会让这两种支配超乎法律的界线,这样的人情社会跟现代的法治社会背道而驰,这种小部分人的人情,伤害了大部分人的公平,甚至社会正义。让"人情"成为我国依法治国的拦路虎,最终延迟我国法治社会建设的步伐。我们应该借鉴国外法治建设的经验,提高执法部门和国民的法治意识,遇到问题冷静思考,用法律去解决问题,而不是讲人情、拉关系,确保人民利益不受损害。社会的良好运行,既需要人情,又要对人情加以约束,在人情与法制相抵触时，应该铁面无私，按法律法规来，依法治国，法治社会，大家才能走得更远更舒服，社会才能更和谐有序。为此可以从以下几方面努力，真正做到"全面依法治国"。

（1）大力弘扬社会主义法治理念，加强法制宣传教育，走出人情社会漩涡。

"法治"是主张严格依照法律特别是宪法这一国家大法治理国家、治理政党、治理社会的原则；是一种与"人治"相对应的治理体系的理论、原则、理念和方法。简而言之，法治是一种社会意识，其核心是强调社会治理主体的自觉性、能动性和权变性。所以，要想尽快实现中国的法治建设，人们思想上的转变势在必行，只有人们能做到都能以法律为权利和义务的准绳，那法治社会就是水到渠成的事情了。然而法律观念的加强需要社会各方面的大力工作，尤其是法律观念和知识的普及工作。一些群众法律常识低，用法意识淡，维权意识弱，认为法律离自己很远。一些人开车违反了交通规则或者两辆汽车相撞，车上的人下来以后首先要干的事情就是找熟人"摆平"，或者叫来几个朋友"壮胆"。在一些人的眼里，法律和制度都是可以用人情关系和金钱"摆平"的，权力和金钱是可以让法律和制度形同虚设的。为什么中国的法治道路艰难呢？原因有很多，但人们法治思想上的缺乏却是首当其冲的。所以对人们的法律思想教育工作一定要加大力度。可以通过普及法律阅读，音频、视频形式宣传，让法律知识像空气一样，散播开来；通过政策引导、支持、鼓励民间法律咨询、法律援助行业发展，提高公民维权意识。总之在法治社会的建设过程中应该注重提升公民的法治意识，让公民能够勇于运用法律武器来维护自身的合法权益，公民自身的法治意识的提升还能够促进公民逐渐改变原有的人情观念，增进公民对法律知识的理解与认识，促进我国现代法治社会的真正形成。

（2）高度重视"关键少数"在法治社会建设中的引领、示范作用。

河流污染了我们可以治理，但河流的源头污染了，这种治理是徒劳的。法律不健全我们可以不断地健全完善，但"依法"的源头要是"坏了"，再美好的法律也等于是没有。因此必须高度重视"关键少数"在法治社会建设中的引领、示范作用。从我国法治社会建设现实上来看，某些社会成员不遵守法律、不信任法律,很大程度上与公权力机关不严格守法、不严格遵循法律是密切相关的。要改变这一现实,公权力机关必须率先垂范,发挥引领、示范作用。进一步说,公权力机关中的"关键少数"是法治社会建设的引领者、推动者和落实者,应担负起推进法治社会建设的责任。公权力机关应当率先树立规则意识,将法治思维融于公权力运用的方方面面,形成思想自觉和行为习惯,透过"关键少数"对社会行为的方向引领获得社会成员的认同和信任,促进社会法治秩序的有序健康发展。从这一意义上而言,要进行深层次的、彻底的法治社会建设,必须同时进行深刻的法治国家和法治政府建设。这样才能杜绝通过找关系来达成相关利益目的的事件发生,增强人民对法律的信心,促使民众在维护自身权益时首先考虑的解决渠道就是通过法律手段来加以解决,让合同契约观念深入人心,让人们能够有自信参与到市场经济的建设中,推动我国社会风气的转变。

(3) 促进监督形式多元化,强化监督力度。

众多监督形式中,在以部门监督为主的情况下,尤其强化群众监督,让群众在具体事件中,在亲身经历中,看到我国依法治国的进步。同时就群众监督而言,务必注意两点:

第一,搭建好监督服务平台。

很多时候,当遇到不公平待遇时,我们第一时间不是想着怎么去辩论、去争取、去举报,而是自认倒霉,感叹自己没关系,没熟人,其实这是对法治社会的不信任。

搭建好有效的监督平台,为群众监督提供便利,是我们当前急需解决的问题。不让单位信访室仅是摆设,不让部门网络平台形同虚设,不让监督电话一直忙线,而是让每一个监督渠道都畅通无阻。唯有此,才能不断推进群众监督工作。

第二,维护好监督保密工作。

建设法治国家、法治政府、法治社会三位一体的法治中国,走出人情漩涡,建立一个平等幸福安康的法治国家,是中国人民共有的梦想。同时,我们也相信它不仅仅是一个梦想。因为我们都在努力。

10. 如何使法治政府与服务型政府深度融合?

王珉：十八届三中全会指出，必须切实转变政府职能，深化行政体制改革，创新行政管理方式，增强政府公信力和执行力，建设法治政府和服务型政府。这是推进国家治理体系和治理能力现代化的主体工程。

服务型政府首先应当是法治政府，法治是服务型政府的内在要求，服务型政府是更高目标。以服务理念为指导，政府的行政手段和方式不断创新，呈现多样化的发展趋势。在服务型政府中，政府和公民的关系以及政府在社会事务中的角色也有了变化。

服务型政府的概念是因应新形势下社会对政府的要求而产生的，反映了当下政府治理模式的新方向。它强调政府的服务功能，将政府定位于服务者的角色，尊重公民的意愿，以社会的客观需求为政府行政的导向，努力为公众提供高质量的、满足需求的公共产品和公共服务。

服务型政府首先应当是法治政府，法治是服务型政府的内在要求。服务型政府强调政府行政的服务导向，同时也是依法行政的政府。服务型政府之"服务"侧重于政府行政的宗旨和导向，法治政府之"法治"强调的是政府行政权力运行的规范和方式。两个概念是从不同角度对政府行政提出的要求。服务型政府是更高目标，法治政府是最低限度的行为规则。

服务型政府倡导的服务理念意味着行政管理理念和方式的转变。从执法来看，应当将服务合法、保护守法作为基点，行政机关首先应当使当事人获得良好的服务，比如办理许可、登记等事项，要使当事人尽量付出较少成本，提供方便及时的解决方案。对违反法律规定行为的处理，也首先是着眼于改正和恢复秩序，而不是仅仅给予处罚。在管理方式上，行政机关应当更多是教育、培训、提示和指导等。通过执法活动真正培育当事人的依法办事意识，而不是使当事人千方百计规避法律，逃避法律。

服务型政府就其实质而言，它是以服务人民为宗旨，以法治、透明、责任和高效为原则，充分发挥服务职能的政府。那么在构建服务型政府的过程中如何贯彻、运用法治思维？

（1）要树立依法办事意识。作为权力主体和管理者，政府部门极易主观行事，而多年来又没有形成对政府行为的有效制度约束。因此，一方面，要健全行政监督的法律法规；另一方面，要调整对政府行为的约束与监督的立法角度，即从对政府及其工作人员的禁止性立法转变为允许性立法：政府及其工作人员只能做法律法规允许的事项，法律法规没有明确允许的一律视为不允许。与此同时，要把法律监督、行政监督和群众监督、社会舆论监督有机结合起来，严格约束政府行为。

（2）要加强制度建设。要重点加强有关法规和制度建设，加强法规的科学化、民主化、程序化，确保法规体现人民群众的意志，谨防单方面体现部门意志，谨防小范围体现专家意见；还要健全规范性文件的制定程序，强化规章和规范性文件备案审查。

（3）要坚持科学决策。各级政府及其行政部门要健全重大行政决策规则，把公众参与、专家论证、风险评估、合法性审查和集体讨论决定作为重大决策的必经程序。还要建立和完善行政决策风险评估机制，加强重大决策跟踪反馈和责任追究。对违反决策规定、出现重大决策失误、造成重大损失的，要按照谁决策、谁负责的原则严格追究责任。

（4）要规范公正文明执法。各级行政机关要严格依照法定权限和程序行使权力、履行职责，加大行政执法力度，严厉查处危害安全生产、食品药品安全、自然资源和环境保护、社会治安等方面的违法案件，维护公共利益和经济社会秩序。地方各级政府要排除地方保护主义，杜绝选择性执法；排除人情干扰，杜绝不公正执法；排除权力意识，杜绝粗暴执法。各级政府要着力加强行政执法队伍建设，严格执法人员持证上岗和资格管理制度，狠抓执法。

政府作为拥有庞大行政权力的管理者,其行为一旦发生偏差,将会给经济社会发展带来严重后果,同时,作为社会管理者,政府理应是社会规则的模范执行者。因此,政府的一切行为都必须纳入法制轨道,政府应该是全面依法行政并受法律严格制约监督的法治政府。而服务政府和法治政府也必然是效率政府、开明政府和廉洁政府。

文化建设篇

1. 请问增强我国的文化软实力?

宋津明：中国已经成为世界第二经济大国,创造了发展中国家的经济奇迹。但是,只有经济的蓬勃发展,而没有文化的飞速提升,仍旧不能称之为"世界强国"。所以,文化软实力的建设就显得格外重要。

增强文化软实力,要深入文化体制的改革,而文化体制改革的基本目的之一是建设以民族文化为主体的文化开放体系。当今时代,文化越来越成为民族凝聚力和创造力的重要源泉,越来越成为综合国力竞争的重要因素。习近平总书记在十八届三中全会上曾经明确提出要"提高文化开放水平"。文化开放已经成为文化强国和软实力战略的重要组成部分。文化开放,一方面要推动中华文化走向世界,提高中华文化的国际影响力、吸引力;另一方面要积极吸收各国优秀文化成果,在消化吸收过程中创新中华文化,提高中华文化的信服力、凝聚力。改革开放以来,我们在文化"引进来"和"走出去"方面都取得了显著成绩,但是无论从数量还是从质量上看,我们的文化"引进来"和"走出去"的比例还不协调,具有当代中国特色和国际影响力的文化产品还比较欠缺。为了进一步提高文化开放水平,"扩大对外文化交流,加强国际传播能力和对外的话语体系建设,推动中华文化走向世界",必须建设以民族文化为主体的文化开放体系。

发展面向世界、走向世界的中国特色社会主义先进文化,一直是我国现代化建设总布局的重要内容。随着信息技术革命的深入发展与经济全球化大潮的日趋高涨,当代世界各国之间在思想、文化方面的交流交融日趋频繁,在价值观、意识形态及文化领域的角逐较量日趋激烈。在此背景下,以高度的文化自觉推动中国思想文化迈出国门、走向世界,对实现中华民族伟大复兴的梦想具有重大意义。

首先,中华文化"走出去"是实现中华民族伟大复兴中国梦的必然要求。要实现两个"一百年"的奋斗目标和中华民族伟大复兴中国梦,光靠经济走出去是不够的,文化也必须走出去,这样才有条件实现民族复兴。当今世界,文化与经济、政治相互交融,文化在综合国力竞争中的地位和作用越来越突出。加快文化走出去既是提升中华文化影响力、增强文化软实力的重要手段,也是提高我国综合国力和国际竞争力的必然要求。要让更多优质文化产品进入国际市场影响主流人群,让更多中华文化在世界范围内得以有效传播,使中华文化在世界文化价值重构中发挥重要作用,同时在走出去过程中使更多文化企业发展壮大为国际一流企业。加快文化走出去,客观全面地向国外受众展示中国的悠久历史和民族文化,展示中国人民的精神风貌,展示中国的社会制度和价值观念,才能为实现中国梦构建良好的外部环境。加快文化走出去,向世界宣传阐释中国梦,讲清楚中国梦体现了中华民族致力奉献人类和平与发展大业的真诚意愿,引导国际社会客观认识中国梦、理解中国梦、支持中国梦。

其次,中华文化"走出去"是提升中国文化软实力的必然要求。当今世界,文化软实力与经济硬实力相互依托、相互支撑,越来越多的国家把提升文化软实力确立为国家战略。全球文化竞争正在全面升级,世界文化版图正在重构。改革开放以来特别是过去十几年来,中国综合国力大大增强,中国发展道路和发展模式的优势逐步显现,得到许多国家的关注和认同。同时,我们也要清醒地看到,中国文化输入大于文化输出,文化贸易逆差较大(不包括港澳台地区和国外的文化产品委托加工生产后再出口部分),信息流进流出逆差较大,维护国家文化安全的任务更加艰巨;中国的文化软实力与自身的经济实力、综合国力不相称,落差明显。必须通过文化走出去,主动参与国际文化产业竞争,才能有效维护国家文化安全;通过文化走出去,努力展示中华文化独特魅力,更好传播当代中国价值观念,讲好中国故事,传播好中国声音,特别是讲清中国历史、中国文化、中国国情和中国价值,讲透中国道路、中国理论、中国制度、中国方案,才能将我国的文化软实力逐步提升,并最终使之达到与中国经济实力、综合国力和大国地位相适应的水平。

最后，中华文化"走出去"是为国家发展创造良好外部环境的必然要求。由于近代历史因素，中国在国际上的形象很大程度上还是"他塑"而不是"自塑"，中国真实情况与西方人士头脑中的形象存在较大差距甚至是反差。近十几年来，随着中国综合国力的快速增长，一些国家对中国产生疑虑甚至提出"中国威胁论"。例如，近年中国大力推动的"一带一路"建设，被一些西方人士歪曲为"资源掠夺论"，对"一带一路"建设的进程造成干扰和阻碍。加快文化走出去步伐，就是要把一个客观而真实的中国介绍给世界，增进国外民众对中国的全面客观了解和理解，着力塑造一个为世界所认同和欣赏的良好的中国形象，使中国在形象上更有亲和力、道义上更有感召力、经济上更有竞争力、政治上更有影响力，为中国发展营造良好的外部环境。近年来，随着我国综合国力的快速增强，中央抢抓战略机遇，积极推动全球治理从"西方治理"向"东西方共同治理"转变。2008年中国抓住机遇在G20平台上发挥大国作用，进入全球经济治理核心圈；2016年9月中国成功举办G20杭州峰会，成为全球治理体系的主角和引领者。当前，全球治理体系变革正处于历史转折点，各国都在想方设法争夺国际规则制定权，力争在国际治理体系变革中把握先机、赢得主动。近年来，中国的快速发展与西方大国的经济低迷甚至金融危机形成鲜明对比，这为在全球治理体系变革中融入中国智慧、中国方案提供了千载难逢的战略机遇。加快中华文化走出去，提升中华文化的影响力，才有可能将更多的中国智慧、中国方案融入全球治理体系中，推动建立平等互利、合作共赢的新型国际合作模式，为我国争取更多更大的发展机遇。

2. 在 21 世纪，中国应该怎样以文化大国的身份参与到世界文明建设中？

宁莉娜：21 世纪是人类文化多元并存、冲突融合的发展转型时期，中国将以大国的身份参与国际事务。真正的大国不仅是幅员辽阔，人口众多，GDP 居于世界前列，而更应该以文化强国作为标志。因此，以文化强国向世界表明"中华民族文化的精髓是什么"尤显重要。除了有古代的"四大发明"成就之外，当代中国能够对人类的思想文化作出哪些新贡献，提出哪些有助于世界文明建设与发展的新理念等等，都成为摆在我们面前的重要课题。

首先，要增强文化自信。中国的自信，本质上是文化自信。文化自信，是继道路自信、制度自信、理论自信之后，受到极为重视的第四个自信。在习近平总书记看来，文化自信是更基础、更广泛、更深厚的自信。这三个"更"，凸显了"文化自信"在"四个自信"中的地位。[①] 文化自信是对中华优秀传统文化的生命活力和创新能力的自信，在 21 世纪，随着新时代特点和社会发展要求对文化资源进行转化和创新的需要，中国文化为世界思想文化建设作出新贡献的要求也越来越迫切。在全球化时代到来的今天，想要打破旧的世界秩序，不仅要建立公正合理的国际政治经济的新秩序，也要在人类文化建设上承载时代的使命。中国作为一个历史悠久、文化底蕴深厚的大国，应当对此有所担当和贡献。中华优秀传统文化中包含着许多为人类所共同遵循的普遍性的生存

---

① 《习近平谈文化自信》，载《人民日报（海外版）》，2016 年 7 月 13 日，第 12 版。

智慧。从古代的诸子百家学说至今仍然具有世界性的文化意义。思想家们上究天文、下穷地理,广泛探讨人与人、人与社会、人与自然关系的真谛,提出了博大精深的思想文化体系。而当前西方的现代性文化和资本主义发展模式在给其自身和世界的发展提供借鉴的同时,也带来了种种问题,日益陷入困局。在这种情况下,我们更应当积极汲取中华优秀传统文化中的宝贵精华,回应世界共同关注的、具有普遍性的重大问题,讲好中国的故事、提供中国的经验,贡献中国的文化智慧。

其次,要提升国家的文化软实力。"软实力"理论,是哈佛大学肯尼迪政府学院院长、美国前助理国务卿约瑟夫·奈于1990年提出来的,2004年他又作了进一步阐述和补充,在当今国际关系理论界颇有影响。概言之,文化软实力集中体现了一个国家基于文化而具有的凝聚力和生命力,以及由此产生的吸引力和影响力。古往今来,任何一个大国的发展进程,既是经济总量、军事力量等硬实力提高的过程,也是价值观念、思想文化等软实力提高的进程。2013年12月,习近平总书记在中央政治局第十二次集体学习时指出,提高国家文化软实力,关系我国在世界文化格局中的定位,关系我国国际地位和国际影响力,关系"两个一百年"奋斗目标和中华民族伟大复兴中国梦的实现。① 在文化软实力的众多因素中,文化魅力是国家软实力的深层根源和核心实力,有其特殊性,因为它不是一种强制性的力量,它的发挥根本上是靠文化的吸引、靠精神的感召,具有极强的渗透力和超越性。自20世纪90年代以来,许多国家在制订其发展战略中,提高国家文化软实力的理念日益彰显,并已经成为影响当今国际格局发展变化的一个越来越重要的因素,成为当今世界综合国力竞争的一个新特点、新趋势。面对复杂的国际形势和激烈的国际竞争,中国必须快速、不断地提高国家文化软实力,使世界更加普遍和深入地了解中国的发展有利于各国发展,把中国的发展作为自己的难得机遇,进一步加强与中国的友好合作,这是增强中国文化软实力的一个重大战略任务。

再次,要增强国际话语权。国际话语权是国家文化软实力的重要组成部

---

① 《〈习近平总书记系列重要讲话读本〉——关于建设社会主义文化强国》,载《人民日报》,2014年7月9日,第15版。

分。现在国际舆论格局总体是西强我弱,我们往往有理说不出,或者说了传不开。要着力推进国际传播能力建设,创新对外宣传方式,精心构建对外话语体系,发挥好新兴媒体作用,增强对外话语的创造力、感召力、公信力,讲好中国故事,传播好中国声音,阐释好中国特色。我国有悠久的历史文化传统,中华文化历经五千年而长盛不衰,积累了极为丰富的优秀传统文化,这是属于中国、也是属于世界的宝贵的精神财富。中国文化的传播应该在有利于吸引和感召世界各国人民方面下功夫,使他们由衷地欢迎和喜爱中国文化,产生文化共鸣。为此,一定要尊重世界各国人民及其文化,无论国家大小、强弱、贫富,都要平等相待、求同存异、取长补短、友好合作。在文化传播中,要具有世界眼光,注重文化的时代性、世界性或全球性。着眼于我国与其他国家有相同的历史命运及共同的战略利益,共同面临着诸如人口、能源、环境等许多全球性严峻挑战,在文化交流中关注共同性,真诚学习与借鉴,达成有效的文化沟通和共鸣。当然,也不能只讲人类共同性、不讲民族特性,尤其不能迎合西方某些偏见而损害自己的民族传统、丧失自己的民族尊严。民族特性、民族精神是主体、是根本,不容削弱和丧失。

最后,还要拓宽中国文化创新的视野。中华文化之所以能够在世界古代文明中硕果仅存、历久弥新,一个重要原因就是中华文化不但具有海纳百川的广阔胸襟,善于学习不同民族文化的优长,而且具有与时俱进的创新精神,不断吐故纳新,跟随时代前进。正是发扬这种精神,中华民族在鸦片战争以后百年的屈辱和灾难中,前赴后继,探索真理,不断推进文化创新,开创着民族复兴的辉煌前景。同时,要努力传播当代中国价值观念。当代中国价值观念,就是中国特色社会主义价值观念,代表了中国先进文化的前进方向。我国成功走出了一条中国特色社会主义道路,实践证明我们的道路、理论体系、制度是成功的。要加强提炼和阐释,拓展对外传播平台和载体,把当代中国价值观念贯穿于国际交流和传播的方方面面。要加强中国梦的宣传和阐释,注重从历史层面、国家层面、个人层面、全球层面等方面说清楚、讲明白,中国梦意味着中国人民和中华民族的价值体认和价值追求,意味着全面建成小康社会、实现中华民族伟大复兴,意味着每一个人都能在为中国梦的奋斗中实现自己的梦想,意味着中华民族团结奋斗的最大公约数,意味着中华民族为人类和平与发展作出更大贡献的真诚意愿。① 推动文化创新,必须尊重文化建设的规律。要立足于我国改革开放和现代化建设的实践,加强对外文化交流,善于借鉴国外经验,全面推动文化的内容形式、体制机制、传播手段创新。继承优秀文化传统,必须继承和发扬这种精神,努力弘扬时代精神、推进文化创新,才能发挥出中华文化的生命力和创造力,为人类文明进步作出新的贡献。

3. 如何实现中国传统文化在当代的创新发展?

宁莉娜: 中国传统文化是先秦以来诸子百家对人和社会的认知态度,以及对社会行为规范的理想追求,作为中华民族文化的根基与血脉,如何使其在当代创新发展,是关乎中国特色社会主义的文化自信、文化兴盛乃至文化强国的大问题。习近平总书记在《在纪念孔子诞辰2 565周年国际学术研讨会暨国际儒学联合会第五届会员大会开幕会上的讲话》(2014年9月24日)中曾指出:"中国传统文化,尤其是作为其核心的思想文化的形成和发展,大体经历了中国先秦诸子百家争鸣、两汉经学兴盛、魏晋南北朝玄学流行、隋唐儒释道并立、宋明理学发展等几个历史时期。从这绵延2 000多年之久的历史进程中,我们可以看出这样几个特点。一是儒家思想和中国历史上存在的其他学说既对立又统一,既相互竞争又相互借鉴,虽然儒家思想长期居于主导地位,但始终和其他学说处于和而不同的局面之中。二是儒家思想和中国历史上存在的

---

① 《〈习近平总书记系列重要讲话读本〉——关于建设社会主义文化强国》,载《人民日报》,2014年7月9日,第15版。

其他学说都是与时迁移、应物变化的,都是顺应中国社会发展和时代前进的要求而不断发展更新的,因而具有长久的生命力。三是儒家思想和中国历史上存在的其他学说都坚持经世致用原则,注重发挥文以化人的教化功能,把对个人、社会的教化同对国家的治理结合起来,达到相辅相成、相互促进的目的……优秀传统文化是一个国家、一个民族传承和发展的根本,如果丢掉了,就割断了精神命脉。"① 由于传统文化在其形成和发展的过程中,总会表现出当时人们的认识水平、时代条件、社会制度等历史的局限性,因而就不可避免地存在着陈旧过时甚至糟粕性的东西。因此,习近平总书记强调:"我们要善于把弘扬优秀传统文化和发展现实文化有机统一起来,紧密结合起来……应用传统文化时坚持古为今用、推陈出新,结合新的实践和时代要求进行正确取舍,而不能一股脑儿都拿到今天来照套照用。要坚持古为今用、以古鉴今,坚持有鉴别的对待、有扬弃的继承,而不能搞厚古薄今、以古非今,努力实现传统文化的创造性转化、创新性发展,使之与现实文化相融相通。"

传统文化的创新发展,要在以下几个方面着力:

一是为加强社会主义核心价值观建设提供精神文化基础。价值观是文化的核心和灵魂,规定着文化的性质和发展方向。文化有没有吸引力、感召力,根本上取决于这种文化的价值观,社会主义核心价值观的凝聚力,是由其内蕴的中国特色社会主义文化为支撑,离不开中国优秀传统文化的血脉根基。近40年来,随着我国改革开放的不断深入,实现了经济持续快速的发展,人们生活水平日益提高,出现了全球性的研究"中国热"的现象,出现了"中国模式"等理论解说,中国文化特别是社会主义核心价值观也越来越受到举世关注。将创新传统文化与大力加强社会主义核心价值观建设相结合,是中华优秀传统文化成为涵养社会主义核心价值观的重要源泉。传承中国优秀传统文化中所蕴含的民族精神、民族基因,是铸牢社会主义核心价值观基础的重要保障。同时,社会主义核心价值观只有既吸收优秀传统文化的精华又充分体现时代精神,自觉保持优秀传统文化的价值内涵,才能广泛而深刻地被人们所接受、理解、认同和践行,发挥其凝魂聚气、强基固本的重要作用。

---

① 《习近平在纪念孔子诞辰2 565周年国际学术研讨会暨国际儒学联合会第五届会员大会开幕会上的讲话》,载《人民日报》,2014年9月25日,第2版。

二是为实现全面小康社会做好创造性转化和创新性发展。要发挥传统文化在当代社会发展中的价值,就要善于继承优秀传统文化,对传统文化要有鉴别地加以对待,即有扬弃地予以继承,处理好继承和创造性发展的关系,才能更好地创新。中华民族具有悠久的历史和优良的传统,中华文化对于凝聚和团结全国各族人民,起着重要的纽带和基础作用。弘扬中华优秀传统文化对于增强民族自尊心、自信心、自豪感,使中华儿女始终保持奋发有为、昂扬向上的精神状态,实现中华民族的伟大复兴,具有必要的前提意义。由于任何一种优秀文化传统,都要随着时代的发展而发展,不断扬弃与更新,才能永葆青春与活力。保持和发展本民族文化的优良传统,同时为实现文化的时代要求而开拓创新,是民族前途和命运的必然诉求。文化创新是以文化传承为前提、基础的,文化创新为传统文化在全面建设小康社会中发挥精神文化不可或缺的作用,也是传统文化在当代民族复兴中的生命力所在。

三是为推进马克思主义与中国文化的深度结合开辟新的路径。当代马克思主义中国化,离不开对马克思主义与中国传统文化关系的思考,离不开产生于德国文化背景下的马克思主义与中国社会发展实践和中国文化相结合的过程,马克思主义中国化需要在文化上从欧洲形式转化为中国形式,具有中国特点、中国作风、中国气派。在当代中国弘扬中华文化,是要实现传统文化的现代转化,为马克思主义中国化提供语境,真正实现马克思主义中国化。只有实现马克思主义与中国文化的结合、融合、磨合、整合,马克思主义的中国化才能成为现实。儒家讲的"行""躬行"与马克思主义的实践学说之间,传统文化讲的"天下兴亡,匹夫有责"与马克思主义强调的改造世界之间,马克思主义的实践观与中国古代哲学的知行观相默契,中国哲学讲的相反相成、物极必反与马克思主义的辩证法之间,传统文化中的"大同社会"与马克思主义的社会理想——共产主义之间,都有某种契合和相通之处。中国传统文化和哲学思想中所蕴含的唯物主义和辩证法,是马克思主义在中国传播与发展,并为人们选择和接受的思想文化基础,是马克思主义中国化的文化基因。重视吸收中国优秀传统文化思想资源、打造优秀传统文化传承体系工程,为当代马克思主义中国化进程提供符合中国国情、适应世界潮流的文化滋养,是中国传统文化创新的重要体现。

四是在与西方文化比较中体现中国文化造福人类社会的特征。中国文化要展示自身的价值、发挥对全球文化的影响力,就必须以沟通、交流的方式"走出去",既要重视传播的手段,更要重视传播的内容,尤其要强调中国文化对世界文化所具有的深度互补性,要通过对中国优秀传统文化经典的深入挖掘及正确解读,将中华民族勤劳、善良、智慧、勇敢的文化特征充分体现出来,把中国文化最为宝贵的哲学思想,传递给世界其他民族,以中国文化作为一种思想资源,解决当代不同文明之间发生的冲突,创造全球和谐与和平的理想愿景,造福于全人类。正如习近平总书记所指出:"立时代潮头,通古今变化,发思想先声,繁荣中国学术,发展中国理论,传播中国思想。"①在"一带一路"的契机中,使中国优秀传统文化以新的价值理念融入人类命运共同体的发展中。

4. 为什么有些年轻人对日韩、欧美文化趋之若鹜,对中国文化却兴趣不大?

袁晓晶:中国是一个有着上千年文明史的古老国度,德国哲学家雅思贝尔斯所说的"轴心时代"中,就以古代中国、古印度和古希腊为人类文明的三大起源,而古印度和古希腊的文明,已经在历史的洪流中消失殆尽了,只有中国文明,在孔子、老子的思想影响之下,一直延续至今,这是人类文明史上不可多得的奇迹。

但是,文化就如同生命一般,它有着自身发展变化、起承转合的流变。古

---

① 《习近平致中国社会科学院建院40周年的贺信》,载《中国社会科学报》,2017年5月18日。

代的中国文明,曾经通过陆上丝绸之路和海上丝绸之路,传播到亚洲、欧洲、非洲,乃至更远的地方,成了世界文明中最为璀璨的文化。尤其是中华文明对于亚洲的影响,形成了东亚的儒家文化圈,这些成就不同程度上塑造了中国文明在西方世界中的定位和形象。而在遥远的欧洲,也有很多思想与中华文明发生了交流,例如周易的阴阳二极,就对二进制的产生,起到过影响作用。西方所流行的汉学研究,大都将目光集中在了中国的传统文化上。但是,汉学家普遍存在着"西方中心主义"的心态,他们精于对中国传统文化的研究,却没有将这些文化视为活着的生命,而是把中国文化作为陈列在博物馆里的标本进行研究。所以,这些研究中虽不乏精彩的成果,但最终在一定程度上造成了西方社会对中国文化认识的刻板印象。这是西方人一旦提起中国文化来,总容易进入定式思维的一个重要原因。

当然,如果从当代文化传播的角度来看,我们也会发现,当代中国文化的传播和对世界的影响,比起传统中国文化而言,还需要很多的努力。

(1)近代以来,西方资本主义的扩张,是伴随着现代性而展开的,工业化和现代化都早于中国,这是不争的事实。由于缺乏工业革命的基础,中国在近代以来一直面临着救亡图存的危机,在这一危机之下,"自强"成了最紧迫的任务,而与之相应的,则是从学习西方走向了全盘西化。传统文化被视为中国向现代社会转型的障碍,遭到了猛烈的抨击。所谓"欲速则不达",历史任务的紧迫性,使中国文化的生命未能得到良好的继承与转化,一味地学习西方,更加速了对本民族文化的怀疑与冲击。所以,相较于日本、韩国等其他深受儒家文化影响的国家而言,中国在救亡与启蒙的变奏中,最终不得不选择了救亡,这是历史的选择,我们需要客观、辩证地去看这一时期所造成的影响。在这一历史背景之下,中国的文化遭受到来自西方和我们本土的双重怀疑与否定。这种怀疑与否定,虽然在新中国建立之后的几十年间,随着中国国力的不断增强,而得到了一定的缓解。但是,作为一种普遍的"刻板印象",将中国文化归结为古老的、保守的、传统的古代文化,并认为它并不契合于现代社会的思想,仍是很多人的看法。所以,我们需要通过自身对于传统的不断发掘、解释,乃至重塑,去打破这种刻板的印象。当代中国,已经不再是百年前需要"救亡图存"的古老国度了,作为正在积极发展的现代化国家,中国文明包含着古代中华文明和现代中国文明，它们之间是继承、发展、延续的关系，而非断裂、孤立、排斥的关系。中国文明是一个整体，古代的传统文化是今天的现代中国的基础。所以，我们要在谈现代中国文化时，首先自己弄清楚我们的祖先创造了怎样伟大的文明。只有弄清了我们文化的基因与源头，才能发现我们文化的生命力与脉络，才能讲好中国故事。

（2）现代西方文明的发展伴随着资本主义的全球扩张而兴起，其背后是大众文化的繁荣。我们的近邻日本、韩国较早地跨入到了资本主义社会，并在政治及文化政策上，深受美国的影响，这促使它们率先在大众文化领域寻找到了一条自身发展的道路。从积极的意义而言，日韩当代文化的兴起，代表着一种创新、积极的影响力，因而深受青少年的喜爱；但是，从消极的意义而言，日韩文化的兴起依然是西方消费主义裹挟之下，流行文化的变种。从根本上而言，这些大众文化标榜个性的审美旨趣，讲究感官冲击，极易调动青年人的肾上腺素，但同时也埋下了消费主义、物质主义、拜金主义的不良影响。当代中国文化虽在近代遭到了冲击，但在改革开放以来，也开始迅速发展。我们一方面模仿和借鉴了日韩、欧美文化的形态，另一方面，也极力从自身的文化传统中吸取营养，创造出不同于当代西方文化的中国文化。虽然这些努力还不够成熟，但随着国家实力的增强，已经越来越表现出其强大的生命力。尤其是进入21世纪以来，蓬勃发展的大众文化产业，已经使越来越多的人认识到了中国当代艺术的魅力与境界。通过国际合作、交流，媒介技术手段的多维应用，当代中国的大众文化正以最积极的样态，冲击国际。中国电影在国际影展上屡获殊荣，就是这种合作交流的最好例证。

（3）正因如此，我们创办"孔子学院"，发起"一带一路"倡议，这些举措都是要让中国的当代文化走出去。从内在原因而言，一方面，中国人已经越来越能意识到传统中国文化的重要意义，传统文化的复兴与崛起，使得一大批年轻人重新审视和学习中国文化的精妙之道。我们所看到的读经运动、汉服运动、礼仪活动中，绝大多数都是年轻的学子，这意味着中国文化的强大生命力正在被传承与延续下去。另一方面，传统文化的现代性转化也成为重要的任务。例如日本的漫画产业中，有绝大多数的素材取自中国的《三国演义》《西游记》等传统经典小说。中国当代的文学创作、影视创作，也应有这种谦虚学习的态度，可以用新的艺术形式、媒介手段,重新挖掘传统文化中的精华,并使其获得新的生命。从外在原因而言,中国文化走出去,还需要全体国人及西方友好人士的共同努力。我们要不断将自己的当代文化翻译、推介给全球其他国家,利用新媒体、新技术、新手段,加强合作,推陈出新,这样我们才能使其他国家的人民看到当代中国文化的魅力。

  文化软实力的建设与传播,是一项千秋大业,因此它的发展需要各方面综合力量的共同推进。我国在文化走出去的战略中,积极加强本民族优秀文化的挖掘与转化,从本土逐渐推向海外,在取得国际关注的同时,也非常重视本民族的文化认同感。同时,在文化走出去的过程中,"一带一路"建设的推进,"孔子学院"的兴建,以及合作办学等一系列举措的推进,都将有利于当代中国文化形成新的气候和风尚,真正实现中国文化走出去的目标。

5. 在市场经济高度发达的今天,主流价值观与多元化的社会思潮如何并行不悖?

  宋津明：新中国成立以后的相当长时期,我们将社会主义主流价值观等同于唯一的价值观,社会思潮呈现出高度一致的状况。改革开放以来,随着社会主义市场经济的确立,以公有制为主体、多种经济成分共同发展经济格局的形成,我国呈现出社会经济成分和经济利益格局多样化、社会生活方式多样化、社会组织形式多样化、就业岗位和就业形式多样化的态势。经济社会生活的"四个多样化",必然会对思想领域产生极大影响,反映不同所有制关系、不同利益主体的思想的出现和滋长也就不可避免,在社会意识形态领域表现为社会思潮的多样化。今天我国正处于步入改革开放深水区的特殊历史时期，一些与社会主义主流价值观相脱离的"非主流价值观"思潮纷纷出现，对于社会主义主流价值观产生了冲击和消解的作用，甚至试图篡夺马克思主义、社会主义意识形态在我国的主导地位，进而篡夺人民群众当家作主的权利。

为了防止马克思主义思想被多样化思潮消解，防止社会主义价值观的主导地位被西方资产阶级价值观冲击和取代，党的十六届六中全会第一次明确提出了建设"社会主义核心价值体系"这个重大命题和战略任务。党的十八大报告从建设社会主义文化强国的战略高度，进一步深刻论述了社会主义核心价值体系建设的重要意义与战略要求，并强调："倡导富强、民主、文明、和谐，倡导自由、平等、公正、法治，倡导爱国、敬业、诚信、友善，积极培育和践行社会主义核心价值观。"这三个"倡导"、12个词、24个字，清晰表达了中国共产党人对社会主义核心价值体系的理论探索新成果，生动展现了中国共产党和中华民族高度的价值自信与价值自觉。

社会主义核心价值体系，毫无疑问是我国社会的主流价值观，集中体现了最广大人民的文化认同和价值追求，在我国社会文化和思想道德建设中处于主导地位。但在当今社会思潮多样化的历史条件下，如何正确认识和处理核心价值体系与多样化社会思潮的关系，用社会主义核心价值体系引导整合、尊重包容多样化社会思潮，在多元中确立主导，在多样中谋求共识，是我们必须回答和解决的重大课题。

马克思主义认为，社会意识形态对经济基础具有反作用。各种社会思潮，如果在价值取向和社会功能方面与社会发展形成良性互动关系，则可以满足社会主义社会人们日益丰富的精神需求，促进社会发展；反之，如果各种落后腐朽的思潮泛滥，则会影响社会的发展。当今中国社会出现的多样化社会思潮，一方面是人们思想观念活跃的表现，有利于促进人的全面发展，有利于推动科学技术进步；另一方面，在社会思潮中一些反映剥削阶级利益的腐朽思想、消极丑恶的生活方式和文化垃圾也趁机滋生发芽，腐蚀心灵，瓦解共同理想，危害社会稳定。只有建设立足本国而又面向世界、继承民族优良传统而又充分体现时代精神风貌的核心价值体系，保持和巩固在社会思想道德领域中的主导地位，才能为构建社会主义和谐社会提供正确的思想基础、文化源泉和精神动力；只有给予多样化的社会思潮各得其所的空间和环境，使其对核心价值体系起到维护而不是损害的作用，对社会发展起到推动而不是阻碍的作用，我们的社会才能具有蓬勃发展的生机活力。如果对多样化的社会思潮一味封杀抑制，以核心价值体系成为唯一的思想意识形态，其他社会思潮成为异端邪说，社会就会失去发展的生机活力。如果对多样化的社会思潮放任自流，核心价值体系也会失去核心主导作用，社会公众就会失去共同的理想、基本的道德规范和共同的精神支柱。社会就会邪说蜂起，思想道德混乱就难以避免，社会和谐与科学发展就无从谈起。因此，建设社会主义和谐文化必须要对多样化社会思潮加以识别和引导，正确处理社会主义核心价值体系与多样化社会思潮的相互关系，确立和巩固核心价值体系在意识形态领域的主导地位，树立全社会共同的思想基础、共同的精神支柱和共同的道德标准；同时又用核心价值体系引导整合和尊重包容多样化的社会思潮，使多样化社会思潮在维护和尊重核心价值体系主导地位的前提下找准自己的社会位置，获得充分发展，对社会的科学发展起到尽可能大的推动促进作用，为社会生活增添最大限度的生机与活力。

引领整合与尊重包容是正确处理核心价值体系与多样化社会思潮关系的基本方针。引领，就是要用社会主义核心价值体系将多样化社会思潮引导带领到中国特色社会主义事业发展上来，引导和带领到实现社会和谐与科学发展上来，引导带领到实现国家富强和民族振兴的伟大事业上来；整合，则是用社会主义核心价值体系辨别、批判、改造和同化多样化社会思潮，辨别精华与糟粕，最大限度降低对社会和谐与科学发展的负面影响，最大限度发挥对社会和谐与科学发展的有益推动作用。尊重包容，是指在构建社会主义和谐文化过程中，认可各种社会思潮的差异和特性，尊重各种社会思潮应有的社会地位，容忍其对社会无害的局限和缺陷，包容其非原则性的缺点和失误，充分尊重人的多元精神需求，尊重历史与现实的复杂多样性，根据文化发展规律和社会进步需求，通过引领整合使社会多样化思潮得到充分自由和谐的发展，使社会思想文化日趋丰富多彩。

多样化社会思潮是社会多元发展的产物，社会思潮的多样化反映了我国不均衡发展的客观情况，适应了社会不同人群丰富多样的生活需求。应该看到，社会思潮多种多样和不同观点争鸣切磋，有利于人们思想解放和观念更新，激发创造活力，避免思想僵化，保持社会蓬勃生机和发展活力。尊重包容多样化思潮与坚持核心价值体系主导地位并不是对立的。一方面，多样化社会思潮是对核心价值体系的补充丰富，多样化思潮的发展决不能损害核心价值体系的主导地位，更不能损害社会主义制度和共产党的执政地位。否则，多种思潮共存的状态就会演变为损害主流意识形态的政治斗争，这势必会损害中国特色社会主义事业的发展。另一方面，社会主义核心价值体系巩固自己的主导地位，引领整合多样化社会思潮，但不能损害多样化社会思潮应有的社会地位，搞社会思潮的单一化。在文化问题上，提倡"和而不同"，坚持马克思主义的指导地位，提倡各种文化的互补和融合；在意识形态层面，采取"不破不立"，提倡积极的思想斗争，对错误思潮应当进行理性的批判；在群众性的思想意识层面上，采取思想疏导方式，以理服人，以情动人，进行多种形式的说服教育工作；在学术问题上，提倡"百花齐放，百家争鸣"，使多样化的社会思潮在社会中找到自己的合适位置，发挥合适的影响和作用。各种社会思潮，要在社会中受到包容和尊重，也必须摆正自己的位置，认识自己的局限和缺陷，必须接受社会主义核心价值体系的引导和整合，而不能拒绝和逃避，必须维护而不是损害核心价值体系的主导地位，必须有益于而不能损害中国共产党的执政地位，必须有益于而不能损害中国特色社会主义事业的发展。

6. 为什么现在很多的文化事业单位都变成了演艺公司？

宋津明：文化事业单位转企改制，鼓励非公有制文化企业发展，并不意味着我们能把文化体制改革等同于国有文化单位的私有化。由于文化产业具有不同于其他经济产业的意识形态属性,文化产品承载的价值观直接影响国民价值观念和社会风尚,间接影响人民对于社会主义的认同的程度。习近平同志在《关于〈中共中央关于全面深化改革若干重要问题的决定〉的说明》中强调:"必须毫不动摇巩固和发展公有制经济,坚持公有制主体地位,发挥国有经济主导作用,不断增强国有经济的活力、控制力、影响力。"公有制文化企业作为国家或集体投资设立的文化企业,具有建设社会主义核心价值观、实现文化强国和软实力建设战略目标的自觉意识,能够主动地、自觉地服从国家文化发展的大局。因此,国有或国有控股文化企业在多种所有制共同发展的产业格局中,应该控制关系国家文化安全和社会主义意识形态安全的文化产业经济命脉,拥有文化产业的主要资本的比例,占据文化产业的主要市场份额,在文化产业发展中发挥总体上的主导作用。

国有文化事业单位通过转企改制,组建文化企业集团,做大做强国有文化企业,是我国文化体制改革的一项极为重要的目标。目前,各地文化事业单位转企改制,主要采取两种模式:一种是无偿划拨资产的方式,组建文化企业(集团)公司;另一种是采取股份制的方式,组建文化企业(集团)公司。

以行业为单位,采用无偿划拨的方式整合不同行政层级(主要是同一省内)的国有资产,是文化事业单位转企改制的最常见方式。从各地的实践来看,采取无偿资产划拨的方式,组建文化企业集团(公司),最大的好处是能够发挥行政的力量,推进速度快,便于在短期内实现政府行业主管部门设定的目标。但是,如果没有充分考虑不同行业的不同特点,没有充分考虑不同地区的差异,没有充分考虑不同市场主体的利益关系,忽视了市场配置资源的作用,往往会产生新的矛盾,即使形式上完成了转企改制,最终也难以实现做大做强国有文化企业的目标。

另外,近几年,采取股份制整合不同区域文化单位的资产,组建文化企业集团的做法日渐增多。资产无偿划拨主要依靠的是行政力量,股份制则是以资产为纽带。采取股份制的方式在突破省际间行政区域限制、实现跨地区组合上,作用更加明显。比如,2008年,江苏新华发行集团与海南新华书店集团合并,就是以资产为纽带进行的跨省重组。海南新华书店集团在完成改制后,与江苏新华发行集团以股份制方式重组成海南凤凰新华发行公司。这次跨省资本重组产生了我国第一个跨地区大型文化企业,也是发行行业构建统一开放、有序竞争的全国大市场的最早的成功尝试。两家发行集团重组之所以能够实现双赢的结果,关键是做到了优势互补。海南新华书店集团缺少发展资本,缺乏集团化运作经验。通过重组为改制提供了资金保障,同时,也引进了先进的管理理念和管理模式。江苏新华发行集团则通过重组,扩大了市场占有的份额,实现了资本扩张的目的。

股份制模式不仅可以打破区域壁垒,而且可以打破行政层级的限制。2008年3月,江西出版集团与中国宋庆龄基金会联合重组中国和平出版社,由江西出版集团出资控股80%成立有限责任公司,通过地方出版集团与中央出版单位合作推动中央出版社转企改制,成为出版企业跨地区重组的首次尝试。据了解,2008年中国和平出版社有限公司实现销售收入6 000万元,比上年增长近70%,重组成效初步显现。

由于股份制是市场主体的自愿组合,需要合作双方通过协商、谈判来实现合作共赢。因此,相比资产无偿划拨的方式,往往时间比较长,也相对复杂一些。但股份制模式通过市场配置资源,较好地发挥了市场的主导作用,调动了市场主体的积极性,应该是我国国有文化企业做大做强的努力方向和发展趋势。

国有文化事业单位转企改制,是一项开创性的工作,涉及地方、文化单位、员工等多方利益。因此,既要大胆探索,也要稳妥谨慎。

(1) 文化单位转企改制,组建文化企业集团,不宜全国统一设立时间表。为了深化文化体制改革,推进文化事业单位转企改制,文化行业管理部门对组建文化企业往往设立时间表,作为考察地方文化管理部门工作的依据。设立时间表固然增强了紧迫感、加快了工作推进速度,但负面作用也很大。有的地方政府主管部门不尊重市场主体的意愿,不顾地方利益,强行推动兼并重组,留下了不少隐患。必须看到,不同文化行业有很大的差别,不同区域经济社会发展水平有很大差异,同一省份不同地区差异也很大,难以整齐划一。因此,推进文化单位转企改制,做大做强国有文化单位不能搞一刀切,不宜设立过于具体的时间表。即使设立时间表,也应该是指导性意见,而不能作为最后期限。要根据不同的情况区别对待。如果只追求进度,不考虑实际效果,很容易留下后遗症。

（2）切实发挥市场在资源配置中的主导作用。推进文化单位转企改制，做大做强国有文化企业，一个突出的问题是要正确处理好政府与市场的关系。在推进国有文化单位改革中，政府的引导作用至关重要。但政府的引导作用主要应体现在提供政策支持和完善各种服务保障上，而不能采取行政命令的方式去推动，不能采取简单的"拉郎配"的做法去实现目标。否则，就会出现换汤不换药，或上面热下面冷的现象。推进文化单位转企改制还是要发挥市场在文化资源配置中的作用。只有这样，才能把做大做强国有文化企业与建立和完善市场经济体制结合起来，与建立和完善文化市场结合起来，与调动市场主体的积极性和创造性结合起来，实现效益的最大化。

（3）充分考虑区域和行业的差异性，做到分类指导，探索文化单位转企改制和做大做强国有文化企业的多种实现途径。地区差异大是我国的一个基本国情，不同文化行业有各自的特点，也是文化产业的一个基本特点。有些文化行业市场化程度比较高，有些则市场化程度要低一些；有些文化行业经营状况比较好，有些则比较困难；有些文化行业属于渠道行业，有的属于内容行业等。不同文化行业的差别都要认真考虑，充分尊重，区别对待，要鼓励文化企业探索做大做强的不同实现途径。

7. 什么是公益性文化事业，在文化体制改革中，它与经营性文化产业有什么异同？

宋津明： 公益性文化事业与经营性文化产业的划分是就文化类服务业提

供产品的方式来说的。公益性文化事业主要是指政府向社会提供的公共文化服务。公益性文化事业的主要职责是维护公民的基本文化权利，满足全体公民基本的公共文化需求。与生存权、就业等一样，文化权利是公民的基本权利的一部分，政府有责任满足公民的基本文化权益。我国是人民民主专政的社会主义国家，法理上是人民当家作主，当然更应该做到这一点。2006年9月中共中央和国务院颁布的《"十一五"时期文化发展规划纲要》首次引入文化权利的论述，提出"以实现和保障公民基本文化权益、满足广大人民群众基本文化需求为目标"，将政府的职能由主要办文化（文化事业、文化产业一把抓）转到公共文化服务上来。此后，在正式的政策性文本中，基本上转向从文化权利的逻辑论述公共文化服务。

公益性文化事业的本质属性在于它的公益性，也就是说主要着眼于社会效益，以非营利性为目的，为全社会提供非竞争性、非排他性的公共文化产品和服务的文化领域。具体体现在以下三个方面：其一是社会公有性。绝大部分公益性文化事业都是国家投资兴建和拨付日常经费进行管理的。国家的钱来自纳税人（公民）上缴的税金和企业创造的利润。由此可见，各种国办公益性文化事业，无论是图书馆、博物馆、文化馆、美术馆，还是公园、文化广场等等，理所当然地应当归社会全体公民所有。其二是社会公享性。由于公益性文化事业为社会公有，所以它必然为社会所公享。例如各国的博物馆、纪念馆、美术馆，公民或者花很少的钱买张票，或者持有效证件即可进去参观学习。近几年，我国很多城市取消了公园、博物馆等一些公共文化设施的门票，也是从提供公共文化服务的共享性角度来考虑的。其三是社会公用性。即公益性文化事业单位要面向社会、面向公众，全心全意做好各项服务工作，使广大公民能够平等地、充分地利用这些公益性文化场所，从中汲取知识，获得教育，受到审美熏陶，享受健康娱乐。例如我国有关文化馆的规范文件对文化馆的公用性也作了这样的规定："文化馆必须坚持公益性质和社会化的服务方向，坚持普及与提高相结合的方针，发展群众文化事业，为社会主义物质文明和精神文明建设服务。"为公众服务就是为公众公用，而且这种服务越周到、越全面，越能体现公益性文化事业的公用性。

与公益性文化事业相对，经营性文化产业是指通过市场来组织文化产品和服务的生产、传播和消费。它的运营方式是市场中的文化产业生产主体,适应社会公众的文化需求,通过生产公众喜爱的文化产品,以市场交换的方式来进行。公众通过购买文化服务,满足了精神需求;企业通过提供文化产品和文化服务,获得了利润。从理论上来说,经营性文化产业主要着眼于经济效益,以营利性为目的。2003年9月,我国文化部制定下发的《关于支持和促进文化产业发展的若干意见》将文化产业界定为:"从事文化产品生产和提供文化服务的经营性行业。文化产业是与文化事业相对应的概念,两者都是社会主义文化建设的重要组成部分。文化产业是社会生产力发展的必然产物,是随着我国社会主义市场经济的逐步完善和现代生产方式的不断进步而发展起来的新兴产业。"2004年,国家统计局对"文化及相关产业"的界定是:为社会公众提供文化、娱乐产品和服务的活动,以及与这些活动有关联的活动的集合。按照国家统计局2004年3月29日下发的文件《文化及相关产业统计分类》,将文化及相关产业的范围分为"核心层""外围层"和"相关层"。"核心层"包括新闻、书报刊、音像制品、电子出版物、广播、电视、电影、文艺表演、文化演出场馆、文物及文化保护、博物馆、图书馆、档案馆、群众文化服务、文化研究、文化社团、其他文化等;"外围层"包括互联网、旅行社服务、旅游景点文化服务、室内娱乐、游乐园、休闲健身娱乐、网吧、文化中介代理、文化产品租赁和拍卖、广告、会展服务等;"相关层"包括文具、照相器材、乐器、玩具、游艺器材、纸张、胶片胶卷、磁带、光盘、印刷设备、广播电视设备、电影设备、家用视听设备、工艺品的生产和销售等。

　　从2002年党的十六大到2012年党的十八大召开的十年间,文化事业单位的分类改革基本完成。它改变了以往文化单位政企不分、政事不分、事企不分的现状,严格将其划分为公益性文化单位与经营性文化单位两种类型。在社会主义市场经济条件下,公益性文化事业和经营性文化产业构成了文化发展的两个"轮子",一手抓公益性文化事业,一手抓经营性文化产业,是深化文化体制改革的基本思路,也是繁荣发展社会主义文化的必然选择。

　　坚持"两手抓",就能明确文化体制改革的主要方向。发展公益性文化事业要以政府为主导,增加投入、转换机制、增强活力、改善服务,实现和保障人民群众的基本文化权益。发展经营性文化产业要以市场为主导,创新体制、转换机制、面向市场、壮大实力,满足人民群众多方面、多样性、多层次的精神文化需求。两者性质功能有所不同,但又相互联系、相互促进。坚持"两手抓",既集中力量办好公益性文化事业,又放手发展经营性文化产业,推动文化事业和文化产业相互配合、共同发展。

坚持"两手抓",有利于充分发挥社会主义市场经济体制的强大威力,增强文化发展的活力,加快文化发展的步伐;有利于推动国有文化单位的改革,发挥国有文化单位在文化发展中的主导作用;有利于推动转变政府职能,充分发挥政府在文化建设上的宏观调控作用;有利于充分调动社会各方面参与文化建设的积极性、主动性和创造性,形成全社会共同参与文化建设的良好局面。加快社会主义文化的繁荣发展,必须放手让一切有利于文化发展的劳动、知识、技术、管理和资本的活力竞相迸发。过去我们在文化建设上主要靠政府,实践证明这个力量是有限的。要进一步完善鼓励捐赠和赞助等各项政策,拓宽渠道,引导社会资金以多种方式投入文化公益事业。要创造良好的政策环境和平等竞争机会,鼓励和引导社会各方面力量进入文化产业领域,推动文化产业的快速发展。只要积极地开渠引水,社会各方面参与文化建设的智慧和力量就能源源不断流向文化领域,汇成推动文化发展的洪流,开创文化建设的崭新局面。

8. 西部农村地区和东部发达城市相比,教育资源有失公平,这种情况应该如何有效改善?

白一汐: 公平问题简单来讲,按时间维度可以归结为起点、过程和结果的公平。

就教育领域来看,在竞争的起点上,中国所有的适龄儿童都可以免学费上公立学校接受义务教育。这一点,没有不公平。然而顺利进入学校并不意味着大家就会接受相对公平的教育。中小学阶段,学校之间的硬件和软件的差异很大。这既表现在城乡和区域上的差异,也表现在同一城市内部,即使是北京和上海这样的中国最发达的城市。一线城市的一些超级中小学校,其设备和师资力量让众多的普通中小学望尘莫及;高考阶段,高考是公平性相对最高的一种选拔人才的方式。但是,由于各省和直辖市所拥有的高等学校的数量和水平的不同,在高校对本省市保留较高的录取比例的情况下,不能轻易变动的户籍对于能否上大学以及能否上好大学就有很大的意义。

2014年初,教育部发文对小学升初中就近入学工作提出新的目标,向包括北上广在内的19个大城市下"最后通牒",要求在2015年实现100%的小学划片就近入学;90%以上的初中划片入学;逐步减少特长生招生学校和招生比例;到2017年,重点大城市95%以上的初中实现划片入学。2014年北京市教委推进划片就近入学的方案,主要是取消推优,将特长生比例减至5%以内,取消共建生的入学。

针对学区房问题,教育部办公厅于2016年1月26日下发了《关于做好2016年城市义务教育招生入学工作的通知》,明确提出在教育资源配置不均衡、择校冲动强烈的地方,根据实际情况积极稳妥采取多校划片。

与消除特权并行不悖,北京市从2014年开始增加对普通小学、初中的扶持力度。实行普通小学与优质初中贯通。优质高中通过名额分配,扶持普通初中。优质高中指标下放的比例,当年达到30%,2015年达到40%。2017年,北京市通过优质高中"名额分配""市级统筹""校额到校""乡村计划"等方式统筹优质教育资源配置,名额分配招生计划占优质高中招生计划比例不低于50%,一般公办初中学生升入优质高中的名额比例不低于35%。[1]

此外,以优质学校为龙头,组建教育集团,在北京市多个城区建立分校或

---

[1] 任敏:《一般初中校升优质高中名额增加》,载《北京日报》,2017年4月18日,第5版。

成员校,并辐射至全国多个地区,以此促进教师资源、校长资源在不同水平学校间的流动,缩小优质校和普通校之间的差距。

高等教育不公平的改观也是有的。部属高校已经逐渐在降低其所在地录取比例,向高等教育欠发达且生源数量相对较多、升学压力较大的中西部地区倾斜。2005年上海生源约占63.1%,曾被戏谑为"阿拉复旦"[①]的复旦大学本科生源本地录取率降低到2013年的21.8%。2013年高考,北京大学本科生源本地录取率是5.67%。2013年清华大学新生中,少数民族考生占10%,来自县级及县级以下高中的考生占41%,而2012年这一数据为1/3。连同保送生在内,清华录取来自中西部省份的学生人数也占清华在全国录取总人数的50.9%,超过一半。

2015年4月,教育部下发《关于做好2015年重点高校招收农村学生工作的通知》,对2015年重点高校招收农村学生有关工作进行全面部署。

一是继续实施农村贫困地区定向招生专项计划(即国家专项计划),安排招生计划5万名,由中央部门高校和地方"211工程"高校为主的本科一批招生学校承担,实施区域为832个贫困县以及重点高校录取比例相对较低的省区校承担。

二是继续实施农村学生单独招生(即高校专项计划),由教育部直属高校和其他自主招生试点高校承担,招生计划不少于学校本科招生规模的2%,主要招收边远、贫困、民族等地区县及县以下优秀农村学生。

三是继续实施地方重点高校招收农村学生专项计划(即地方专项计划),由各省(区、市)本地所属重点高校承担,招生计划原则上不少于有关高校本科一批招生规模的3%。

---

① 徐敏:《部属高校生源比例调整 上海高考人数呈下降趋势》,载《解放日报》,2009年8月23日,第1版。

9. 如何加强我们的校园文化建设，以提高学生们对校园的归属感和自豪感？

潘哲初：很多学生步入大学后都会产生一种感觉：大学校园好像不如之前中学校园亲切了。学生对校园的认知过少，也就对校园缺乏自豪感和满足感。加强校园文化建设应该是提高学生对校园归属感和满足感的首要方法。

要了解校园文化建设如何提高大学生对校园的归属感和满足感，首先要了解校园文化和大学生对校园的归属感是什么。校园文化是一种环境教育力量，对学生的健康成长有着巨大的影响。校园文化建设的终极目标就在于创设一种氛围，以期陶冶学生情操，构建学生健康人格，全面提高学生素质。校园文化建设包括物质文化建设、精神文化建设和制度文化建设这三方面建设的全面、协调发展[1]。其中，物质文化是实现目的的途径和载体，是推进学校文化建设的必要前提；精神文化建设是校园文化建设的核心内容，也是校园文化的最高层次；校园制度文化作为校园文化的内在机制，是维系学校正常秩序必不可少的保障机制和保障系统。校园文化建设重在为学校树立起完整的文化形象。学校归属感是指学生对自己所就读的学校在思想上、感情上和心理上的认同和投入，愿意承担作为学校一员的各项责任和义务，乐于参与学校活动。国内外的研究表明，学生以学校为骄傲，对学校的归属感越强，学习的动

---

[1] 陈平原：《中国大学十讲》，上海：复旦大学出版社，2002年。

力就越足,各种活动参与也越积极;反之,学生对学校没有什么归属感,则容易出现学业不佳、逃课和辍学等现象。

加强校园文化建设,首先要认识到良好的校园文化氛围是强大的磁场,能够熏陶学生,培育和提高归属感。校园文化是高校软实力的重要体现,主要指高校长期形成的办学理念、校风、校训等精神性内容。校园文化具有开放性、渗透性等特征,在学校内部,它影响师生的价值选择、思维品质、精神面貌、道德情感、行为模式;在学校外部,一所高校的校园文化表现出该大学的形象气质、个性特征和理想追求。高校的校园文化对学生有强大的渗透和辐射作用,是让学生对学校产生归属感的关键一环。不断深化校史文化研究的工作非一日可以完成,学校发展过程中积淀的校史资料是校园文化的重要组成部分,是对学生进行爱校教育、培养学生自豪感和学校归属感的最佳教材。学校要不断深化校史校情研究,充分挖掘校史中的人和事,用学校的历史传统来感召学生,用校史中的奋斗精神激励学生,让学生领略到学校的办学底蕴。在日常教育和管理中,增加校史校情教育内容,比如组织新生参观校史馆,组织校史知识有奖问答等活动,在校园的建筑和橱窗中悬挂张贴校史资料,向学生介绍和通报学校发展历史、发展现状和未来前景,让学生认识到自己是学校发展长河中的一滴水,校荣我荣、校耻我耻。

校友资源是大学一笔重要的精神财富,具有榜样示范力量,是我们培育在校生学校归属感不能忽略的因素。校友丰富的社会阅历及人生体验,是在校大学生的活教材,尤其是杰出校友,他们的成就与品格,他们毕业后依然心系母校的所作所为,对在校学生具有强烈的影响和导向作用。因此,大学要积极挖掘校友资源,可以举办校友节活动,举办校友文化论坛,邀请校友动员自己单位来母校招聘,通过网页橱窗讲座等方式向学生们展示各行各业校友的良好表现,开设学生与校友的交流平台,让校友的成就引导学生形成强烈的意识:只要我努力,我也会和学长们一样优秀。要让学生明白,要想让社会认可自己、认可学校,取决于一届又一届的在校生和毕业生在社会上的表现;学校未来的声誉由过去、现在和将来的学生共同塑造,自己是和学校紧紧绑在一起的。

狠抓校风、教风和学风建设。校风、教风和学风是学校软实力的核心要素,是一所高校精神文化的关键所在,能够创造出一种潜伏的、弥漫和浸染于整个校园的精神氛围,贯穿体现在学校各项工作、活动和人际关系中的三风建设至关重要。然而遗憾的是,许多大学是新近升格的学校,举办高等教育时间短,对高等教育规律认识不深,生源压力大、办学资金不足,导致办学功利化倾向严重,宽进宽出,校风抓得不实,教风抓得不够,学风抓得不力,教育降格到只以训练人掌握生产技能、为谋求职业做准备的层次。教师只教工具性知识忽视学生的全面发展;学生则简单应付课业,全面素质培养和独立学习习惯受到影响和抑制。实际上,学生作为相对成熟的个体,其喜怒哀乐主要不是与吃喝玩乐相联系,而是与人际交往、尊重等高级心理活动相联系。进入大学之初,学生们就期望得到老师和同学的关心和尊重,成为学校一员。初时归属需要与后来低归属感的落差值得我们反思。鉴于此,大学要切实抓好校风、教风、学风建设。在校风建设方面学校各个层面要形成合力,营造健康向上、正气和谐的风尚;在教风方面,管理人员和教师要尊重学生,提高服务育人和教书育人的专业技能;在学风方面,要多管齐下,赏罚分明①。健康向上的校风对学生的心理和行为有潜移默化的影响作用,管理人员和教师的专业素养和亲切作风会让学生对学校产生自然的好感,严明的学风使得学生学有所获、生活充实,激发他们主动融入校园的期望和行动。校风、教风、学风建设不但对学生学校归属感的培育至关重要,甚至会影响学生以什么样的心态看待社会②。

  校园文化是校园精神与氛围的集中体现,是高校发展的持续动力,也影响着高校学生对校园的自豪感和归属感,必须加强校园文化建设。然而校园文化建设必定是一个长期的过程,在这个过程中必定会经历很多的坎坷和失败,我们必须认识到,这些曲折都是建设良好校园文化,增强大学生对大学校园归属感的基础和必经之路。加强校园文化建设,增强大学生对大学校园的归属感,从学校做起,也要从我们自己做起。

---

① 潘承元:《高等教育学》,福州:福建教育出版社,1995年,第297—299页。
② 张远增:《高等教育评价方法研究》,上海:复旦大学出版社,2002年,第298页。

10. 西方自由主义所谓的正义理论是什么？

白一汐：罗尔斯是美国哲学家、伦理学家，其著作《正义论》于1971年正式出版，被誉为"二次大战后伦理学、政治哲学领域中最重要的理论著作"。在他著名的《正义论》这本书中，罗尔斯认为"正义的主要问题是社会的基本结构，或更准确地说，是社会主要制度分配基本权利与义务，决定由社会合作所产生的利益的划分的方式"[①]。

罗尔斯把既存的主导西方社会的正义理论分为两大类：① 功利主义的正义观。休谟、边沁、亚当·斯密和穆勒等人是这一观点的主要代表人物。他们的主要思想如下：如果社会主要体制的安排获得了社会全体成员总满足的最大净差额，那么这个社会就是一个井井有条的社会，因而也是正义的社会。功利主义的基本观点是谋取最大多数人的最大幸福；② 直觉主义的正义观。直觉主义不从个人或群体的得失思考问题，而是通过对自身的反思来达到一些基本的原则，这些基本的原则是至高无上的。可以用来衡量各种互相冲突的正义原则。直觉主义不包括其他的衡量方法，人们依靠直觉，依靠那种在人们看来最接近正确的东西来衡量。直觉主义强调道德事实的复杂性，往往无法解释人们的判断，直觉主义认为，确定不同正义原则的恰当重点的任何更高一级的推定标准，都是不存在的。这两种正义观具有明显的差别：一种依据功利，一种依据直觉。

[①] ［美］约翰·罗尔斯：《正义论》，何怀宏、何包钢、廖申白译，北京：中国社会科学出版社，2003年，第7页。

罗尔斯对这两者均不赞同,但他尤其反对功利主义。罗尔斯在《正义论》中指出,"要提出一种正义观,这种正义观要进一步概括人们所熟悉的社会契约理论,使之上升到一个更高的抽象水平。为了做到这一点,我们在设想原始契约的时候要把握一条指导线索:适用于社会基本结构的正义原则正是原初契约的目标。这些原则是那些想促进他们自己利益的自由和有理性的人们将在一种平等的最初状态中接受的,以此来确定他们联合的基本条件。这些原则将调节所有进一步的契约,指定各种可行的社会合作和政府形式"[1]。为此,罗尔斯把一个假设的"原始状态"作为一个前提,得出它的理论的各项原则。原始状态的设计意图是排除各种历史的和现实的因素,给出一个纯粹逻辑思维的状态,使人们产生正义原则。原始状态是一种假设,它要求人们摆脱现时现刻的各种感觉和知识,在现实社会面前拉上一道大幕,使人们纯粹从零点开始思考正义的原则。无知之幕假定"没有一个人知道他在社会中的地位——无论是阶级地位、还是社会出身,也没有人知道他在先天的资质、能力、智力、体力等方面的运气。甚至假定各方并不知道他们特定的善的观念或他们的特殊的心理倾向"[2]。各方也不知道这一社会的经济或政治状况。因为每个人所据有的社会地位、条件或个人气质均会影响一个人对正义原则的判断,必须用无知之幕将它们全部隔开,这样原始状态才能成立。原始状态的方法要取得成功,还有一个至关重要的条件,这就是必须假定处在原始状态中的人是"有理性的和相互冷淡的。这并不意味着各方是利己主义者,即那种只关心自己的某种利益,比方说财富、威望、权力的个人,而是被理解为对他人利益冷淡的个人"[3]。

罗尔斯提出了两个正义原则:

正义的第一个原则:每个人对与所有人所拥有的最广泛平等的基本自由体系相容的类似自由体系都应有一种平等的权利。

---

[1] [美]约翰·罗尔斯:《正义论》,何怀宏、何包钢、廖申白译,北京:中国社会科学出版社,2003年,第11页。
[2] [美]约翰·罗尔斯:《正义论》,何怀宏、何包钢、廖申白译,北京:中国社会科学出版社,2003年,第12页。
[3] [美]约翰·罗尔斯:《正义论》,何怀宏、何包钢、廖申白译,北京:中国社会科学出版社,2003年,第13页。

正义的第二个原则：社会和经济不平等应这样安排，使它们：① 在与正义的储蓄原则一致的情况下，适合于最少受惠者的最大性利益；② 依系于在机会公平平等的条件下职务和地位向所有人开放。

罗尔斯在提出两个正义原则的同时，他还提出了两个优先规则。这两个优先规则确定出哪些限制需要首先被处理。罗尔斯在他的正义理论中需要确定两个正义原则排列在系列次序中的明确结构。

第一个优先规则（自由的优先性）：两个正义原则应以词典式次序安排，因此，自由只能为了自由的缘故而被限制。这里有两种情况：① 一种不够广泛的自由必须加强由所有人分享的完整自由体系；② 一种不够平等的自由必须可以为那些拥有较少自由的公民所接受。

第二个优先规则（正义对效率和福利的优先）：第二个正义原则以一种词典式次序优先于效率原则和最大限度追求利益总额的原则；公平的机会优先于差别原则。这里有两种情况：① 一种机会的不平等必须扩展那些机会较少者的机会；② 一种过高的储蓄率必须最终减轻承受这一重负的人们的负担。

一般的观念：所有的社会基本善——自由和机会、收入和财富及自尊的基础——都应被平等地分配，除非对一些或所有社会基本善的一种不平等分配有利于最不利者。①

罗尔斯提出的正义原则，实际上是对任何社会中都会存在的自由和平等这两种价值取向关系的一种阐释。他提出的在原初状态中、在无知之幕的背景下人们会做出的有利于自己的两个正义原则是任何社会建构其社会结构的原始起点的观点，非常值得人深思。封建社会末期，正是在自由和平等的旗帜引领下，人民推翻了封建社会，建立了资本主义制度。但是这种制度多年运行的结果表明，平等和自由的关系极其复杂，二者之间充满了矛盾，一些西方国家不同党派的轮流交替执政某种程度上就是彰显着一段时期内民众对自由或平等的更强的诉求。中国近三十年的飞速发展在取得非凡成就的同时，也产生和积累了很多的问题，如何正确处理自由与平等的关系以及如何正确处理公平与效率的关系也成为了重要而棘手的问题。但是，各国的国情不同、文化

---

① ［美］约翰·罗尔斯：《正义论》，何怀宏、何包钢、廖申白译，北京：中国社会科学出版社，2003年，第 302 页。

不同，所以中国需要有自己特色的处理问题的原则。自由与平等的问题以及公平与效率的问题是一个永恒的话题，在全球化高度发展的今天，思想的碰撞是显而易见的，影响是巨大的。从这个意义上讲，罗尔斯关于原初状态下产生的两个正义论原则能给我们以什么样的启示，会对我们处理自由与平等问题产生什么样的影响，这是我们需要认真思考的。

社会建设篇

1. 电瓶车限行背后反映了什么问题？

韩晓春：曾几何时，电瓶车（也称电动自行车）在马路上风驰电掣，横冲直撞，逆向行驶，无视红灯，一路叫嚣着穿越大街小巷，吓得机动车司机和行人都心惊胆战，退避三舍。全国范围内由于电瓶车时速太快和违章行驶引发的交通事故比比皆是，触目惊心。由此广州计划立法全城禁止电瓶车，北京宣布十条道路禁行电瓶车。电瓶车，这个已经与许多人生活密不可分的交通工具，真的要在越来越多的城市之中消失吗？

据北京市公安交管部门的调查显示，北京市电瓶车总数已达 400 万辆，且绝大多数为不符合电瓶车注册登记规定的超标车辆，交通乱象突出，严重扰乱城市交通秩序，时刻危胁着市民群众的出行安全。为了改善道路交通，减少交通事故，北京交管部门在前期广泛宣传的基础上，已出台了一系列措施。比如在十条限行道路各路口处安装非机动车禁令标志辅助标志、宣传提示牌等。考虑到一些市民群众对限行车种、路线等内容尚未完全理解，限行措施实施前期，执勤民警对违限车辆以纠正、警告、宣传、劝离为主，对拒不服从纠正的将依法予以处罚。同时，考虑到住家、单位和学校在禁限区域内的市民群众出行的实际情况，允许电瓶车在禁限路段的便道上推行。

贵阳市对电瓶车的管制也是值得其他城市借鉴的。遵循公交优先通行的原则，为了更好维护道路交通秩序，预防和减少交通事故的发生，贵阳市交管局根据《中华人民共和国道路交通安全法》《贵州省电动自行车管理办法》等法律、法规和规章规定，结合贵阳市公共交通建设实际情况和道路交通管理实际情况，制定了限行方案，分阶段对电瓶车通行的路段和区域进行限制，并向社会广泛征求意见，希望广大市民提出宝贵意见，并根据反馈意见对限行方案进行研究、修改和完善。

那么是什么原因导致电瓶车被限行呢？无外乎有以下两个方面：

（1）高发不断的交通事故，是电瓶车被限制出行的主要原因。按照我国的相关标准，电瓶车时速不能超过20公里，但是随着电瓶车在中国的迅猛发展，国家标准严重跟不上电瓶车的发展速度，到今天已经相当于没有标准了。电瓶车由两轮到三轮，由慢速到越来越快。在机动车道上它是弱者，可到了非机动车道上，它又是有杀伤力的强者。它究竟该属于机动车还是非机动车，又该行驶在哪一条道路上。由于国家一直没有对电瓶车推出一个全国性的强制标准，一旦遇到问题，交管部门只能靠执法者针对现实来处理问题，而各地情况又完全不同。由于道路交通法规中对低速电瓶车没有明确的规定，电瓶车因其小巧灵活快速而被广大市民所接纳，也引致闯红灯、逆行乱窜、骑车带人、随意变道、与机动车抢道等等，给道路交通增添很多安全隐患。据贵阳市公交交通管理局不完全统计，贵阳市有两个区仅半年的时间就发生涉及电瓶车的大小交通事故共计5 700多起，其中不乏造成严重后果的交通事故。

（2）对电瓶车的管理面临许多真空地带也是其被限制的另一重要因素。众所周知，电瓶车司机不需要考取驾照，不需要交保险，不需要行车证，违法成本低，几千元就能买一辆，一旦交警查到违法，10元处罚完事。电瓶车一旦肇事，事故大了，就弃车逃跑。大量"超标电瓶车"得以生产、销售，并随意穿行于城市的大街小巷，也导致与电瓶车相关的交通事故逐年飙升。电瓶车背负不安全黑名和城市管理者以限代管的无奈背后，是一系列相关标准的缺失。记者调查后发现，道路上时速可达四五十公里的电瓶车随处可见。而绝大多数车主也认为，电瓶车属于非机动车，买了就能上路，不需要办手续，更不会佩戴头盔。

电瓶车限行真的会缓解城市道路拥堵并减少交通事故吗？经过民意调查发现，大致有两种声音：有的市民持赞成态度。这部分市民认为电瓶车车主绝大多数没有安全意识，各种乱窜乱挤、逆行、违规调头、占用快车道，不遵守交通规则,扰乱交通秩序,引发了不少事故,害人害己,强烈要求对其限行。有的市民持怀疑态度。他们的观点是限行不能解决根本问题,电瓶车并非造堵元凶。这部分市民本身自己有机动车,但由于道路拥堵及停车难等问题才出于无奈改骑电瓶车,目的就是希望能避开拥堵。现在限行的话,他们不得不再次开起机动车,这不是再次加入拥堵大军中去了吗?

电瓶车限行背后其实反映的是如何保障道路交通安全及秩序的现实而又严峻的问题。与电瓶车相关的各方都必须积极主动参与进来,一起为改善道路交通而努力。

首先是公安交管部门必须对电瓶车进行规范管理。比如最关键的是加大电瓶车的上牌力度,简化上牌手续。对车主进行安全意识的普及,敦促车主购买保险、佩戴头盔等。骑电瓶车的人普遍是一些低收入群体,车主的素质有高有低,作为管理方,应加大对电瓶车的不文明行为现象进行规范。再者交管部门还必须加大对电瓶车的处罚力度。电瓶车违法处罚轻了不痛不痒,要像机动车违法那样,要重处,对闯红灯、逆行、冲上人行道等违法行为,罚500元以上,否则难以治理好电瓶车这样的"顽症"。有的网友甚至认为电瓶车应该由驾照、考试、计分等方式来管理。限行非但解决不了交通拥堵的问题,反而会带来更多的负面效果。需要进行管理的是电瓶车违规行为本身,可以通过上牌、处罚等方式来进行规范,而不是一刀切地将电瓶车彻底限行。

其次是电瓶车销售商所出售的电瓶车质量必须符合国家及行业规定,时速不能超标等。生产厂家和部分销售商对于电瓶车的国家标准心知肚明,但为了迎合消费者,还是违规操作,使得超标电瓶车大行其道。

最后是车主本身也要养成良好的出行好习惯,严格遵守交通法规,不闯红灯,不逆向行驶,不随意变道,控制时速,规范行驶。但好习惯的养成不是一朝一夕的事情,需要各方付诸实践。

电瓶车的发展确实伴随着诸多的社会管理问题,比如车速超标、安全性能不足、生产回收环节存在环保压力。但是,不可否认的是,对于城市里的部分低收入人员、特殊行业从业者而言,电瓶车仍然是实际的交通出行工具;若禁令实行,意味着他们要承受更多的交通成本。然而,从长远看,全面管控电瓶车的时代似乎已不可阻挡地到来。以及,在快递业急速扩张中应运而生的三轮电动车,在生产、使用中的相关标准更是近乎空白。专家呼吁,尽快从国家层面修订国标,出台强制标准,探索管理模式,让电瓶车顺应社会需求的同时,也变得更安全。

2. 高考英语为什么要进行改革?

韩晓春:随着改革开放进一步深化,我国与世界各国的距离也在不断缩小,中国正在国际舞台上扮演着大国崛起的强势角色,而英语作为中外交流的载体,在工作、生活领域发挥着重要作用,社会对英语的依赖程度也在不断加剧。英语是国人除了母语之外的第二大重要的语种,是从小学就开始学的主课,中考、高考都是必考科目,甚至大学毕业也要通过英语四级考试,硕士考试英语必须达到六级水平。一些外企或中外合资企业更是将英语口头表达能力作为招聘员工的首要条件。可想而知中国的家长们是多么的重视英语学习及课外培训。放眼望去,各种英语培训机构面对庞大的市场需求也应运而生。可也不难发现,在英语风光的背后,是母语即汉语的日渐衰退,很多年轻人英语说得很溜,可写汉字经常错别字连篇,不能不令人唏嘘。因此,对英语考试改革的呼声也日益高涨,但因涉及学校及整个教育体制,改革谈何容易?直到2014年才出现了转折。虽然"政策改革"尚未实行,但各省都已经进行了重要的题型改革,随后各省市对高考英语分值进行了下降的调整。各省的改革纷纷向我们传达着一个信号:高考英语依然重要,但英语教学应更加注重应用能力的培养,其实质对于孩子的能力提出了更高的要求。

说起英语的学习与考试,50岁以下的中国人都会有隐痛,因为无论是继续求学还是职称晋升、学术评价、硕博招生等,英语都是一只令人望而生畏的"拦路虎"。更可笑的是,一些根本不需要英语的岗位,也把英语作为重要的人才选拔标准之一,而真正能体现人文素质的母语,反而变得毫不重要。这种舍本求末的考试标准,把英语推上了教育的神坛。当一门无关的学科,屡屡成为你想学习其他学科的障碍时,这种教育与考试机制肯定是出了问题。网民们对英语应试教育的种种质疑,拷问的其实也是当下中国的教育精神和考试机制。中国的教育机制如何才能担当起引领社会进步、培养公民精神的责任,如何让我们的教育理念实现从学历主义向终身学习的转化,是当下国人必须面对的问题。中国的英语教育关注的只是应试,应试教育模式的本质就是把人教育成工具,只重视技术教育,将知识视为工具,用知识灌输取代对知识的发现与创新。国家语委调查显示65%以上的大学生有超过1/4的时间在学习英语。中国人每年要花费300亿元用于英语培训,但实际情形是,学生花了10多年学习英语,却只能应付考试,依然无法用英语写作和交流。我们不反对英语的教育与学习,但赞同拆除横亘在很多学科与职业选拔前的英语门槛。

　　高考英语改革意义深远,但人们对改革给整个社会带来的影响有持赞成的,也有表示怀疑的。

　　持赞成的一方认为改革大方向是正确的,特别是高考将来可以考几次,用最好的成绩去申请,这些都是和国际接轨的改进,更人性化,更有利于学生在中学阶段能够比较自由地发展,空间更大。降低高考英语分值,只是开始,应抛弃"英语优先"观念,让各式各样的人才摆脱英语束缚。有人将当下母语的衰弱归结为英语教育,其实两者并没有直接的因果关系,其实多一些对他国语言的了解,反而能帮助人们认知母语,还能为跨文化研究与交流作出贡献,所以掌握多种语言也是必需的。但一个国家的所有公共考试,英语都成为必考科目,母语却没有这样的地位,这能算是一种正常现象吗?虽说英语是大量前沿科学知识与西方文明的载体,但英语教育并没有承担传播这类文化的功能,所以全社会的英语热,不过是学历社会的一个表征,越重视英语考试,只是制造越来越多的善考不善学、高分低能的年轻人。

　　还有另外一种赞成的观点认为高考英语改革有利于增强对本民族文化的自信。英语在世界范围内的盛行是英美体系获胜的结果。语言的背后是文化,文化的背后是实力,中国经济虽然快速发展,但软实力没跟上,故而才有对英语的崇拜,这实际上是对本民族文化不自信的体现。

持怀疑的一方认为高考英语分值下降无异于饮鸩止渴。当世界变成一个"地球村",中国走向世界已经不可逆转,学好英语当然是国人的必修选项,试图通过降低高考英语分值来稀释对本土文化的焦虑,其实并不可取,其负面影响也是显而易见的。

(1) 首当其冲的就是高校招生。目前的高校招生政策还是按照简单的综合成绩排队录取的,如果英语分值下降,高校一些对英语水平要求高的专业,如英语、国际贸易、国际金融、国际关系,乃至理工科的很多专业,可能因此招不到合格学生。而且各省高考对英语的要求不一样,有的省份甚至取消了听力,这将给招生带来更大的困难。所以改革后,教育部必须对高校招生政策进一步放权,给高校更多的自主权,这样会有利于英语专业的可持续发展以及对英语依赖很高的相关专业的特色人才培养。现在很多重点大学的金融专业、国际政治专业、法律专业、理工科专业都越来越国际化,它们的课程有很多是双语教学或全英语教学,学生在大学期间还要参与国际交流。这些高层次人才的培养对英语的要求是很高的,如果招不到英语很好的学生,即使总分很高,学生将来进入这些项目之后也很难适应,也不利于这些专业本身的发展。

(2) 英语降分将加剧城乡教育不公平。有的人认为降低英语分值有助于缓解城乡差异,实现教育公平,这个想法很不靠谱。城市的孩子学英语的热情不会随着分值下降而衰减,因为他们的家长知道,学好了英语意味着将来可以找到好的工作,更有竞争力,所以会通过参加各类英语学校来弥补。而农村的孩子学习英语的机会,只有义务教育一条路。一旦由于英语高考分值降低而造成农村学校放松英语教学,学生学英语的条件只会进一步恶化,英语会成为农村孩子高考竞争力的软肋,通过教育促进社会公平的作用也会大为削弱。

高考英语改革是大势所趋,但社会各界争议声也是此起彼伏。我们在庆贺学子们终于可以减负的同时,更应该看到,其实从国家需要和个人终身发展来看,我们依然要高度重视英语学习。中国国力的增强,中国在世界舞台上影响力的提升,其实都跟我们整个国民的英语能力有关系。事实上,目前我们国家对外发展的外语瓶颈已经显现,国家的软实力也严重不足,我们迫切需要培养英语能力强的高素质国际化高端人才,代表中国参与国际竞争。大学尤其是重点大学要为国家培养高端人才进入国际领域,所以接受良好的高等教育的年轻一代一定要学好英语,因为这直接关系到中国下一个发展阶段能否参与国际经济竞争,能否承担世界责任,能否在英语为世界语的全球环境里争取话语权,充分利用国际资源来发展自己的问题。所以英语的重要性不言而喻,不能因为降低高考英语权重而导致全社会轻视英语的战略误断。

3. 如何理解"房子是用来住的,不是用来炒的"这一房地产发展定位?

李晨:(1)为什么说"房子是用来住的,不是用来炒的"?

习近平总书记在十九大报告中指出:"坚持房子是用来住的,不是用来炒的,加快建立多主体供给、多渠道保障、租购并举的住房制度,让全体人民住有所居。"这一战略定位表明,中国共产党人的初心和使命,就是为中国人民谋幸福。在人民获得感显著提升的2017年,地产市场的调控措施已然关乎人民的基本利益。房屋是民生的保障,同经济收益一样决定着人们的幸福度。

近年来,宽松的金融市场环境和货币信贷条件使得房地产泡沫积累,房地产金融成分占比高。"哄抬房价,房屋库存化"等现象出现增长态势。一、二线城市房价快速大量增长导致其边缘的三、四线城市房价跟随其疯长形势,造成以一、二线城市房价高增长为主,三、四线城市绕圈逐级增长的辐射效应。

(2)中央经济工作会议谈房地产泡沫。

针对房地产泡沫事态的严重性,2016年12月召开的中央经济工作会议首次提出"房子是用来住的,不是用来炒的"这一表述,同时国家在年初启动了新一轮的房地产市场调控,从"将房地产去金融化、去库存、鼓励农民工或农民进城买房"等方面进行改革,并且对房地产泡沫中我国存在的"调控体系不健全、过度倚重短期行政性措施"等问题进行深刻分析与政策调控。

在中国,房地产行业一直缺少一个行之有效的政策来规划和管理这一市场,随着国家的发展、社会的转型,在社会主义市场经济的自由调控下,房地产市场逐步被挖掘出其商业利益,许多人开始利用现有的住房制度、土地制度、信贷制度、税收制度等缺陷,将变革中的中国房地产事业作为捞钱、投资炒作的工具。十九大明确指出,我国仍需要振兴实体经济,这样才能巩固我国第二大经济体的地位,源源不断地向全世界输出我们独有的中国元素。

从根本上说,我国的房地产行业正面临着其基本的归宿问题,即是说"房子是用来住的"这个思想意识形态如何深入人心的问题。只有解决好这个大问题,才能明确好房地产行业真正的位置,才能更好地帮助这一行业正确转型,让百姓过上真正买房住房的好日子。

(3) 房价疯长的历史渊源。

从历史来看,自1958到1978年,新中国在土地改革、房屋统一化管理,统一分配的公有住房实物分配制度后,房屋的居住功能得以基本实现。

改革开放初期,政府坚持以发展生产为先,举国上下拧成一股绳响应国家又好又快发展经济的政策,忽略了20年里积累的房屋资源供给不足,房地产调配失控等严重的社会现象,直接导致后续福利分房制度停止,暴露出其分配不均、储量不足等问题。延续到1998年下半年,国家开始停止住房实物分配,逐步推行住房分配货币化,由"政府出资建材,百姓自行建房"发展到后来房屋的直接商品化,进行自由交易。自1998年来,国家不断培育和规范住房交易市场的同时,将房屋居住功能模糊化,并且被迫强调其投资与商品功能。

自1998年以来,中国房价的暴涨使得房地产与经济收益挂钩,对比其他产业,中国房地产行业涨幅大、收效快,是快速获利的最佳选择。根本上说,房屋除了本身的居住性外几乎应该没有金融属性,这是"房子是用来住的,不是用来炒的"房地产这一发展定位最迫切需要通过调控达到的目标。

直至今日,房地产被重新定位,无论是中央经济工作会议批示还是十九大的战略定位,都强调房子应该回归其基本的居住功能。在压低房价、去库存化、鼓励民工买房等多方面、不断点的持续宏观政策调控下,房地产泡沫已有所缓解,但必须意识到,"限购、鼓励购买"这样的限制措施实际上是从房屋的经济角度上去规避其价格增长过快的问题,真正的解决办法,需要从根本上确立。

(4)坚持党的领导,有效正视房地产问题。

房地产行业的严重泡沫,已经深入到国家金融环境之中,对于国家发展来说,经济发展必然是不可缺少的必要手段,对于房地产行业的未来,既需要保证国泰民安的民生问题,又需要保证国家经济持续发展的形势,同时更需要不断推进城市化进程,阻止房地产泡沫崩盘。解决房地产问题,这几点绝对不可忽略与规避。中国特色社会主义发展至今天,党和国家一直坚持稳中求进的工作基调,迎难而上,开拓进取,面对房地产泡沫这样的在社会发展中出现的重大社会问题,党和国家坚持"去库存、去杠杆、优化存量资源配置"等的优良改进措施,相信在未来的持续发展中,符合我国基本国情的,有力可观的房地产税收制度会逐渐完善,房地产泡沫问题会得到合理舒缓。"房子是用来住的"这样的发展定位会成为社会对于房地产行业的普遍认知,对于房地产的去金融化,会有"兜底线、织密网、建机制"等完善的制度,让人民放弃炒房,转而创造更多的物质财富和精神财富,过上美好幸福的生活。

4. 如何在收入分配上使中低收入家庭的"钱袋子"进一步鼓起来?

李晨:收入是生存之本,是民生之源,只有让老百姓的"钱袋子"鼓起来,生活富裕起来,民生才能得以保障,社会才能得以向前安稳发展。党的十八大报告曾指出:"必须深化收入分配制度改革,提高居民收入在国民收入分配中的比重,提高劳动报酬在初次分配中的比重。"近年来,我国的社会主义经济以财政分配方式和信贷分配方式筹集和供应社会资金。让老百姓的"钱袋子"鼓起来,一直是党和政府希望和坚持做的事。

(1) 分配方式变迁导致的收入差距。

改革开放前,我国的分配方式主要是财政分配占主导地位。由新中国成立初期地方政府所有的财政收入上交中央集中管理,到后期地方上交部分财政收入给中央,这样不仅有益于缓解中央的财政压力,也能较为宽松地调控各省财政收支。

改革开放后,伴随着社会经济的快速发展与转型,我国引入市场经济。行业多样化和行业垄断等从根本上开始拉开收入差距。据统计,在中央财政管理和市场经济的调节下,到20世纪90年代末至21世纪初,从总体上看,我国城镇居民的平均收入呈快速增长趋势。由2002年在1995年基础上翻一番,到2007年在2002年的基础上翻一番,这样的经济发展趋势增大城镇居民的收入差距。我国的分配方式转而侧重于信贷分配和财政分配交叉进行。如此一来,高收入人群可以通过多种方式汲取更多资金积累,而低收入人群则陷入一种只能靠个人努力获取财富的恶性循环之中。到2010年,有专家指出:如果能够消除行业间收入不平等,城镇居民的工资收入差距可以降低10%左右。

(2) 减小收入差距是"钱袋子"鼓起来的一大步。

在减少收入差距上,我国已经采取了如提高个人所得税、精准扶贫、政府补贴创业等措施。十九大也明确指出:"深入开展脱贫攻坚,保证全体人民在共建共享发展中有更多获得感,不断促进人的发展,全体人民共同富裕。"精准脱贫攻坚战的进行,是中国对于减少贫困人口,增加低收入家庭收入的新一轮战略措施。

我国低收入家庭的经济收入主要来源于个人或者家庭通过合理努力获得,由于不同环境因素导致分配结果不一而影响财产收入的均衡,这样的方式暴露出居民之间的收入差距。这是解决"钱袋子"鼓起来这一问题必须克服的困难。马克思认为:生产要素即生产工具和劳动力的分配,是包含在生产过程中并且决定生产的结构。低收入家庭的劳动力分配同样符合这一结果。在社会主义条件下,每个劳动力需要分配到合适的生产关系中,才能得到适当的、公平的分配结果,也就是说,在低收入家庭中创造更有价值的劳动力,是改善低收入家庭经济状况的稳定措施,且对于缩小收入差距具有长期效用。

除此之外,我国多次调控管理的税收政策,如"建立个人存款账户实名制、完善个人征信系统、建立统一的企业数据库"等措施,严格管理工资、酬劳、劳务报酬等收入,将大笔收入进行管控、细分。虽然我国家庭收入情况错综复杂,管理上存在一定困难,但是在政府有效经济措施的管理调控下,把国民经济各部门、各企业、各单位和居民手里暂时闲置的资金集中起来正确地进行分配与再分配,是缩小收入差距必不可少的步骤。

(3) 增加低收入家庭收入,是党和人民政府一直坚守的任务。

经济收入是百姓感受最直接、最现实的利益问题。百姓感受好不好,幸福感强不强,是党和政府关心的问题。2012—2017年这五年,是中华民族砥砺奋进的五年,这五年里我们党"提出一系列新理念新思想新战略,出台一系列重大方针政策,推出一系列重大举措,推进一系列重大工作,解决了许多长期想解决而没有解决的难题,办成了许多过去想办而没有办成的大事,推动党和国家事业发生历史性变革"。

减少收入差距,离不开国家和社会的持续发展,五年来,脱贫问题一直随着我国经济发展而逐步进行解决。面对困难,我党不断地提出新的方案和对策。为坚定全国人民打赢脱贫攻坚战的决心,习近平总书记深入贫困一线帮助贫困人口。从荒芜的草地到如今完善的发展产业链,雄安新区的设立与发展就是党下定决心的体现。经过党和人民的不懈努力,雄安新区的人们不仅收入得到提高,对民族未来的信心也更加坚定,获得感和幸福感随之而来。

中华人民共和国成立以来,我国已经稳定解决了十几亿人的温饱问题,总体上实现小康,水利、网络、铁路、管道等基础设施基本建立。我党始终把"三农"问题作为工作之重,在富起来、强起来的同时不断壮大集体经济,完善社会主义市场经济,解放和发展社会生产力,为尽快缩小贫富差距、全面建成小康社会而不断奋进。

5. "女生酒店遇袭事件"加重人们对社会治安问题的恐慌,如何解决?

李晨:因为一个突出的个例而加重对社会治安问题的恐慌是没有必要的,这种事件虽然一时会成为社会热点问题,但是从全社会的角度看,是个极小概率事件。

首先要知道的是,这次遇袭事件的发生并不是一个普通的抢劫或者是骚扰,在发生过程中,袭击男子,即视频中的黑衣男子,其身份其实是卡片招嫖介绍卖淫团伙的一位成员,其在当天晚上误以为受害女子是"卖淫同行",以为她是要与自己的组织抢生意,而为了警告所谓的"竞争对手",该男子就对受害女生进行一系列很粗暴的袭击动作,包括掐脖子、扯头发等。在与女生纠缠期间,该男子还腾出一只手来打电话,而在遇到他人出手干预事件后,袭击男子迅速逃离现场。

这样的袭击动机与原因在目前的社会事件中,还属于极少数,也可以看到,在近几年的治安问题报道中,也很少有在住宿的酒店中发生这样的袭击,因而由此对社会治安问题产生恐慌是完全没有必要的。但是对在外出行的民众来说,尤其是那些独自出行在外住宿的民众,对个人自身安全的保护与注意,是应该引起一定程度的重视。从总体大环境来说,我国的社会治安保障还是良好的,不会出现大型的恶性恐怖袭击事件,安全系数与国际上许多国家相比都很高。但是从个人角度出发,个人掌握一些基本的防护技巧,对自己的人身安全也是一种负责的态度。

以下一些基本的个人安全注意点,也是每一个人在外入住酒店应该随时注意的点：

一是做好酒店住址的安全检查：做好计划，尽量全面地做好自己出行过程中住宿地点的安全评估，搜索对该住宿地点的相关评价。如果不涉及报销等问题，选择提前支付相对来说更加安全一点，一方面缩短办理入住时间，另一方面，防止因携带大量现金而被不法分子盯上；抵达后，注意了解其周边的交通、照明等情况，以及服务员、相关出入口安保人员的尽职程度等。

二是记住逃生路线：一定要熟悉整座酒店内外的逃生路线图，尽量用可移动设备拍照留存图片，以防万一。

三是注意房间陈设：入住的第一时间内检查房间内的设施是否完备并可安全操作，若发现问题，及时通知酒店方进行更换，以免引发不必要的纠纷。

晚上归店后把门锁好，门闩插好，关闭窗户，不轻易给陌生人开门。如需要在夜深时临时离开，要注意制造屋内有人的假象，可以在门上挂"请勿打扰"的吊牌；也可以紧闭窗帘，塞堵猫眼，防止窥探；像在这起袭击事件中出现的小广告卡片，也应将其清除到门外制造假象。

在深夜独自回到酒店里，乘坐电梯时，也应当注意：乘坐需要刷卡升降的电梯时，应该事先准备好房卡；深夜独自乘梯时，应该注意站在电梯按钮旁边，警惕观察同行的可疑人员，面向对方站立，不要玩手机或者戴耳机，或者用电梯壁反光进行观察。

当确实遭受骚扰或袭击时，第一时间按下所有楼层按钮，按报警按钮或赶紧打报警电话，大声呼救，引起其他人的注意，合理运用各种手段，尽量安全逃离，不要纠缠。

而在遭遇意外时，能够明确地求救，则能够大大地提高自己获救的可能性。

一是要指向明确，二是要要求明确，三是要效果明确。即选择某个对象，具体说出自己的要求，并告知对方救助自己会带来的好处。

大多数围观者其实往往是因为不明白事情的起因，而不知道该怎样施展救助。结合本案例，被害人如果立即对男服务员大声呼救："大哥，他要劫持我，快抓住我的手，救我！"类似这样相对明确的求救信号，会比只是尖叫挣扎有效很多。而在求救时，语言内容的选择要尽量巧妙，比如"着火了"这样的内容会更加能吸引他人的注意,增加获救概率。

也可以采取破坏自己的财物的行为,来分散袭击者的注意力,引起他人的注意。或者按动火警按钮,高声呼喊、踢蹬物品从而发出较大声响,在保护自己时,一定要采取"无所不用其极"的手段。①

而在本案中,对女受害人主要针对提出的事件发生后的控诉无门问题,也不能完全情绪化处理之。根据女当事人的说法,在事件发生后,她于当天凌晨向警方报案后并退房,可是之后酒店一方就再也没有向她打过任何电话,也没有提出任何解决住宿的问题,随后当事人向预订酒店的网站携程网提出投诉,携程网显示受理了该事件,但并未对此事做出更多的回复与解决;后来当事人找到了当地派出所,警方说受理警察周四才上班,没有立即处理此次事件,而投诉酒店,酒店也置之不理。

可以看到,由于当事人的遇袭没有受到及时的受理与解决,因而在女受害者回到杭州后,决定用微博这一类社交媒体进行自己的维权斗争。在长微博受到各方的关注后,女受害者在接受采访时也承认,在进行那篇长微博的编写时,也刻意抓取了几个媒体会比较容易关注的点,并刻意制作了一些可以大量吸引眼球的标签。她自己也说道:"我是做互联网的,常刷微博的人,很明白怎么做。"可以看到,正因为她选择通过这样的方式进行申诉,所以引起了超出预期的社会关注与声援。

应该注意到的是,许多网友在支持声援当事人的遭遇时,所指的矛头多是各方对女性受侵犯事件的不反应、不处理与消极对待。这样的舆论导向与当事人在其长微博中的内容选择与语言选择倾向都是有关的,虽然受害者在受到侵犯与袭击后对自己的权利进行维护与申诉的行为应该得到广泛的支持,但是更主张当事人向警方或向有关方面进行沟通与记录,并积极配合警方进行调查。虽然在这一次的事件中,酒店方面与旅行网站方面的公关处理都不是非常及时与妥当,这样的管理漏洞也的确需要更多的监管与完善,但是这样比较具有道德指向性质的指责发微博,甚至引发网民对在视频中出现的第三人,即清洁工与男服务员,对她们没有及时伸出援手对女受害人进行帮助而谴

---

① 黄冬、何炬松:《"女孩酒店遇袭事件"背后的安全细节》,2016年4月18日,http://news.xinhuanet.com/legal/2016-04/18/c_128905423.htm。

责,虽然起到了一定的警醒世人的作用,但也只会是一时热点,不会长期发酵,但是对涉及本案的相关人员的隐私与生活都造成了一定程度的影响。

同时,女当事人这样的申诉方法还有可能对公众造成一定的负面认知影响,比如在今后再遭遇类似事件时,公众第一个想到的解决渠道可能不是向警方与相关方面进行报告与沟通,而是通过社交平台进行传播,这样不仅对今后政府与警方进行相关事件处理的及时性有影响,也对社会风气与舆论导向有影响。

对这次酒店遇袭事件,对外出民众的人身安全保护意识的提高肯定是有一定效果的,但不必要达到恐慌的程度。而对于遭遇这类事件的事后应对与解决,也应该有正确积极的处理态度与方式。对受害者而言,事后寻求更公正更客观的解决方式也更能让自己的权益得到维护与保障。只有这样,才能够更加有效地促使相关部门进行管理机制的完善。对普通大众而言,这样的事件既作为一个提醒,也作为一次学习"紧急自救"知识的机会,从自身做起,远比等有关部门救助要更加有效。

6. 如何看待"非法疫苗"这样的事件?

李晨:作为公共卫生的干预措施,接种疫苗本是一项降低疾病发生、减少医疗费用的利民措施。到目前为止,人类使用疫苗的历史已经超过 200 年。从我国目前生产疫苗的技术来看,使用正规渠道的疫苗几乎是没有风险的,99%以上的疫苗产品都是非常安全的生物制品。然而,2016 年 3 月,山东警方查处的这案值超过 5.7 亿元的非法经营疫苗案,则确实暴露了我国疫苗管控法律与条例的一些漏洞。

在中国,现有施行的关于疫苗管理的法律条文是在 2005 年 6 月 1 日正式实施的《疫苗流通和接种预防管理条例》。条例中指出:"疫苗生产企业可以向疾病预防控制机构、接种单位、疫苗批发企业销售本企业生产的第二类疫苗;疫苗批发企业可以向疾病预防控制机构、接种单位、其他疫苗批发企业销售第二类疫苗。"

条例中对第二类疫苗流通环节的一种变向开放,让一些不法商贩看到了这漏洞中的商机。从此次事件可以看出,中国正处于快速的经济发展与社会转型之中,原有的制度、法律、管理难免会滞后于经济社会发展,而出现一些问题。近几年,不少"钻法律空子"的事件不停被曝光,尤其以在食品健康安全方面的事件突出。

这次非法疫苗事件由于涉及问题药品数量之大,覆盖地区之广,令全国哗然。纵观整个事件发酵的过程,可以发现,引起公众真正恐慌的原因可能并非那流窜全国的问题疫苗,而是相关专业监察机构与民众之间的不信任机制。

虽然在过去很多年间,有关部门在处理相关类似事件时做出的反应,几乎漠视了许多可以派得上用场的危机公关原则,但是,相比在朋友圈与各类社交媒体传播带有恐吓与恐慌性质的信息,人们更应该看到的其实是在这些事件发生后,党和政府无一例外地迅速展开行动,从法律、行政、社会、舆论各方面积极推动这一事件的解决。除了在第一时间查处与批捕处罚各地线上线下非法疫苗的涉案人员之外,在李克强总理做出的批示中,直接点名三个部门:食药监总局、卫生计生委、公安部,要求这三方就此事件中对疫苗流通的监管与控制的权力与责任的分配问题进行检讨与调整。

在此案曝光后的不久,最高人民检察院就将该非法经营疫苗系列案件作为挂牌督办案件,并专门下发通知,要求各级检察机关侦查监督部门切实做好这一系列案件的办理工作。

通知指出,涉案地区各级检察机关侦查监督部门要高度重视,加强与当地食药监部门、公安机关的工作衔接和密切配合,全面、深入了解非法经营疫苗的流入、案发等信息,完善线索通报、案件移送、信息共享等机制。

通知强调,涉案地检察机关侦查监督部门要充分发挥检察职能,主动介入侦查,引导公安机关围绕定罪的关键环节,依法全面客观收集固定证据,符合逮捕条件的要及时批准逮捕,并做好捕诉衔接工作。要发挥检察一体化优势,结合危害食品药品安全犯罪专项立案监督活动,依法严厉打击危害食品药品安全犯罪。各省级检察院侦查监督部门要加强对下指导,深入研究案件法律适用问题,严把证据关、事实关,切实保障人民群众生命健康。

而与此同时,世界卫生组织驻华代表处也同时发布通报称,已了解到中国近日的疫苗事件,世界卫生组织将等待调查结果的公布,时刻准备为中国卫生部门提供支持。世卫组织同时通报指出,正规疫苗如果不进行正确的储存和管理,将会失去效力或降低效力。但必须注意的是,不正确储存或过期的疫苗几乎不会引起毒性反应,因此在本事件中,疫苗安全风险非常低,儿童面临的风险在于缺乏对疾病的预防能力。

通报说,在事件发生后,世卫组织经过了解,确认中国扩大免疫规划使用的疫苗是安全有效的,且通过接种疫苗已经消灭了脊髓灰质炎和新生儿破伤风,已经使中国的疫苗可预防疾病处于一个较低的水平。世卫组织同时鼓励中国的父母继续通过常规的预防接种来保护儿童免受疫苗可预防疾病的伤害。[1]

此外,国务院还要求,要尽快完成对涉案疫苗接种人群的健康风险评估,并及时向全社会公开监测结果,妥善做好事件的后续处理,尽快完善与加强食品药品的监管体制。

在这次事件中,最终有 297 人因非法疫苗案遭批捕制裁,68 人被起诉,立案侦查涉及的职务犯罪者达 100 人;另有 357 名公职人员接受被问责、予以撤职或降级等处分。

国家为了进一步强化对疫苗流通领域和预防接种的管理,也就是补上之前的"条例漏洞",新修订的《疫苗流通和预防接种管理条例》也于 2016 年 4 月 25 日正式实施。其中明确提出,严格疫苗流通管理,将自愿接种的第二类疫苗比照国家免疫规划用的第一类疫苗,全部纳入省级公共资源交易平台集中采购,不再允许药品批发企业经营疫苗,坚决制止通过借用资质和票据进行非法经营的行为。

---

[1] 袁端端、吴靖:《"信心是我们今天很重要的关键词" 5.7 亿非法疫苗案后,世卫组织回应质疑》,2016 年 3 月 31 日,http://www.infzm.com/content/116194。

可以看到,新条例的出台重新建立了疫苗从生产到使用的全程追溯制度。针对山东"非法疫苗"案件暴露出的疫苗在储存、运输过程中影响有效性的问题,新条例就此进一步强化了疫苗全程冷链储存、运输等许多相关的管理制度,明确要求说明,第二类疫苗应由生产企业直接配送给县级疾病预防控制机构,或者由其委托具备冷链储存、运输条件的企业配送。

除此之外,新条例还加大了处罚及问责力度,大大提高了对非法销售、购买、未按规定储存与运输疫苗等违法行为的处罚金额,增设对责任人员的禁业处罚,严格属地监管职责,增加地方政府及监管部门主要负责人引咎辞职的规定。

针对此次非法疫苗事件,既要看到过去法律、制度、规章有漏洞的一面,也要看到党和国家对于事件处理应对的更加迅速、更加完善也更加人性化的一面。公众在面对这类事件的发生时,既不能对这类违法侵害社会公众生命健康安全的事件进行包容,也不能盲目听信各路恐吓性谣言,应该冷静接收各方的讯息,仔细分辨真正的新闻讯息公告与恶意传播,也应该更积极、更正面地响应相关部门的调查,从根本上一起推动改善监管应急制度,从而使社会发展更顺畅、人民生活更安全、制度设置更完善。

7. 中国主导的亚洲基础设施投资银行真的能让老百姓受益吗?

李晨:常说"大河涨水小河满"。中国主导设立亚洲基础设施投资银行(以下简称"亚投行"),首先是基于中国的国家利益。2013 年 10 月 2 日,习近平主席提出筹建倡议。2014年10月24日,包括中国、印度、新加坡等在内21个首批意向创始成员国的财政部部长和授权代表在北京签约,共同决定成立投行。2015年12月25日,亚投行正式成立。2016年1月16日至18日,亚投行开业仪式暨理事会和董事会成立大会在北京举行。

亚投行的建立是为了重点支持基础设施建设,成立宗旨是为了促进亚洲区域的建设互联互通化和经济一体化的进程,并且加强中国及其他亚洲国家和地区的合作,是首个由中国倡议设立的多边金融机构。可以看到,随着中国经济的快速增长,需要更大的空间与市场,才能获得进一步的发展。

从2015年12月成立至2017年,亚投行第二届年会使亚投行的投资总额达到了25亿美元,新的投资区域包括印度、格鲁吉亚和塔吉克斯坦。亚投行目前有97个成员,投资项目从阿塞拜疆的输气管道延伸至印度的发电厂。而这个机构的建立,实际上正是在挑战美国霸主秩序下的亚洲开发银行(亚开行)和世界银行。而就在2017年6月16日至18日,亚洲基础设施投资银行第二届理事会年会在韩国济州岛举行。"亚投行的大门将永远开放",亚投行行长金立群在年会期间多次提出的这句话,已经昭示了亚投行始终欢迎世界各国共同合作、共创未来的开放、友好的态度。而与会的各方均表示,亚投行自成立以来,最吸引人的地方就在于其不可限量的发展前景。"看好亚投行"的口号,也正在逐步变成货真价实的收益,从而成为世界各国,尤其是亚非国家之间一个坚定不移的共识了。

从成员数量来看,亚投行已成为仅次于世界银行的多边金融机构。此外,亚投行还先后与世界银行、亚洲开发银行、欧洲复兴开发银行、欧洲投资银行等签署合作协议。所谓亚投行"朋友圈"的不断扩大,所体现出的不仅有世界各国对亚投行的信心与希望,更有对其已作出成绩的肯定与支持。

驻国际货币基金组织中国执行董事会金中夏曾经评论道:"中国这次抓住了亚投行的主导权,是因为这些年我们通过发展具备了这个实力,在国际上,多边关系的话语权最后还是要看你的实力。"这一句话就已经足够说明中国建立亚投行背后所考虑的更宽广的发展空间与视野。目前,中国GDP总量仅次于美国,而且经济增速始终保持在6%以上。中国庞大的外汇储备是亚投行强大的后盾,亚投行首批注册资本为1 000亿美元。中国出资500亿美元,而

2014年末中国外汇储备余额就已经达到3.84万亿美元。

因此亚洲基础设施投资银行可以带动亚洲乃至全世界的经济发展，为中国提供更大的市场与机遇。而质疑这样的"大手笔"对中国普通民众的好处是没有意义的。目前中国乃至亚洲的经济都是全球经济的火车头，亚洲占全球经济25%的比重，人口50%以上，仅就亚投行最大的两个创始成员国——中国和印度，就是当今世界经济增长最快的两个大国。可以看到，在未来，全球的经济中心势必要在人口众多、经济水平又有待提高的亚洲地区，这也是为什么许多国家最后都纷纷加入这个体系的原因。如果它不进入，就没有办法分享整个亚洲经济发展中的机会。

也就是说，只有在国际环境中维持好相对稳定又强劲的经济形势，中国国内的发展才能更快更安全，而主导亚投行这样的行动，也可以为中国在世界范围内建立更良好的形象，营造更公平更有利于促进合作共创未来的国际氛围，从而在以往一直以美欧为霸主的国际环境中，掌握更多的资源，也更具有斡旋谈判的余地与灵活性。比如，在世界银行、国际货币基金组织，美国长期占据优势地位，中国等亚洲发展中国家话语权较弱。而亚投行的主导权则可以扭转中国等亚洲发展中国家在世界经济中话语权的态势。[①]

这样做的好处，虽然不见得会在每一位中国民众的身上体现出很直接的益处，但是，根据过去乃至今天的新闻与报道可以发现，中国公民在世界范围内的话语权越来越主动，越来越积极，也越来越受到重视。而这些已经是既定事实的突出成绩与效果，与我国主导的与世界各国友好联动共同发展的原则与决心，积极寻求合作对话与和平共处的努力，都是密不可分、不应该被忽视的。

自亚投行成立以来，许多发达国家就"醋味儿"浓浓地质疑中国的能力，但是最后许多欧洲国家也搭上加入亚投行的"末班车"，想要从中获益，就可以看出这其中的机遇是足以令许多国家眼红的。比如英国等国家纷纷以几乎"冒犯美国"的姿态加入亚投行，这不仅是对这一个世界经济未来发展的"大蛋糕"的看好，其实也是暗含了对美国的全球经济策略的失望。

[①] 王达、项卫星：《亚投行的全球金融治理意义、挑战与中国的应对》，载《国际观察》，2015年第5期。

成立之后的一段时期,亚投行也交出了一份亮眼的成绩单——共为巴基斯坦、塔吉克斯坦、孟加拉国、印度尼西亚等多个亚洲国家项目提供了超过 20 亿美元的贷款。其中,孟加拉国的配电系统升级改造项目,将会使得该国 1 250 多万农村人口获益;印度尼西亚国家贫民窟升级项目,将使当地 970 万居民受益。2017 年,亚投行董事会又批准了总金额为 3.24 亿美元的 3 个投资项目,其中向印度基础设施基金提供 1.5 亿美元的股权投资,成为亚投行首个股权投资项目。亚投行"高速成长",令人印象深刻,以上这些看似离民众生活非常遥远的数据成绩,也在潜移默化地影响着每一位中国公民的生活。

亚投行夺目的成就背后,闪耀着包容、合作、改革、创新、诚信、务实、精简、高效、绿色的理念和原则。作为倡议国和最大股东,中国一再强调,无论在亚投行的筹建还是在将来的决策、管理运营阶段,都将一以贯之地坚持共商共建共享原则。亚投行是所有成员的,它服务的是亚洲乃至整个世界。亚投行与世界银行等多边金融机构广泛合作,仅 2016 年的 9 个贷款项目中就有 6 个是联合融资。

因此,不要因为没有对自身切身利益的增加而否定国家所做出的许多有利于本国发展形势的决策与行动,只有国家发展了,大环境更融洽了,个人也才可以获得更多的社会保障与发展机遇。

8. 在互联网时代如何保护公民的信息隐私安全?

孙会岩:2017 年 9 月 16 日至 24 日,以"网络安全为人民,网络安全靠人民"为主题的国家网络安全周在全国范围内举行,呼吁广大民众重视网络安全;期间一部名为《网络安全：第五空间》的专题片更是让民众深知,一组代码就能导致个人倾家荡产、国家基础设施瘫痪。随着网络技术进步及由此引发的信息处理能力的飞速提高,互联网的信息爆炸、去中心化、泛娱乐化及数字鸿沟等特性加剧了信息风险社会的可能生成。从国家政要到研究学者,日益意识到网络执政安全是国家经济社会发展的重要保障,并成为在国家安全非传统领域竞争的热点。

(1) 网络安全已成为保障公民隐私权利的重要内容。

截至 2017 年 6 月,中国网民达到 7.51 亿人,我国已经成为名副其实的网络大国。然而,网络在给民众带来便利的同时,也因其技术本身固有的漏洞把人类带入一个不安全的透明空间,民众的各种数据不断被网络记录,在这里民众本该享有的独处的隐私权变得日益稀缺,中国互联网协会调查显示,有 63.4% 的网民的通话记录、购物记录等信息遭到泄漏。在透明的网络空间中,"安全既包括针对垃圾邮件、病毒、犯罪的斗争,还用于应对网络钓鱼以及实施拒绝服务(DoS)攻击等"[①],而这尤为突出的就是网络病毒和黑客的网络攻击。2015 年,国内知名漏洞报告平台曝光网易用户数据库疑似泄露,数量近 5 亿条;2016 年 4 月,山东省高考网上报名信息体系遭到攻击,导致众多考生被骗,其中包括农村女孩徐玉玉被诈骗而导致心脏骤停死亡。民众的个人隐私信息已经成为黑客和不法企业获利的焦点,习近平"以人民为中心"的网络执政安全观正是在此背景下诞生,正如他强调的"要适应人民期待和需求,加快信息化服务普及"[②],维护公民的个人隐私权利已成为网络执政安全的重要内容。

(2) 保护公民的信息隐私安全的主要路径。

一是确立基于总体国家安全观的网络强国战略。顶层设计是行动的先导,与时俱进的顶层设计才能够有效指导发展实践,才能让网络发展成果惠及

---

① [美]穆勒:《网络与国家：互联网治理的全球政治学》,周程等译,上海：上海交通大学出版社,2015 年版,第 191 页。

② 习近平:《在网络安全和信息化工作座谈会上的讲话》,载《人民日报》,2016 年 4 月 26 日,第 2 版。

14亿人民。我们必须正视中国与发达国家在互联网方面的差距,进而采取有效措施弥补短板,具体包括改善互联网商业和创新环境、夯实网络基础设施、提升网络经济影响力等内容,让亿万人民真正共享网络发展的成果。习近平指出:"互联网技术再发展也不能侵犯他国的信息主权,各国都有权维护自身的信息安全。"[①]把国家安全的关注视野从具体安全领域,提升到包括网络空间的"总体国家安全"的战略层次,在此基础上,国家颁布了《国家网络空间安全战略》等文件,有效实现了传统物理空间和虚拟网络空间的结合,体现了从生存空间安全向发展空间安全的转变。

二是实施以核心技术和人才驱动的创新发展思路。当前中国的网络技术主要集中在客户端、应用软件等易于研发的下游产品中,而对于核心硬件及数据技术的研发和生产能力还不足。因此要加大网络核心技术方面的投入,鼓励网络硬件技术的研发与创新,同时还要推动已成熟的技术尽快转入应用。教育部专门设立了"网络空间安全"一级学科,随后北京邮电大学、上海交通大学等先后开始筹备建设国家网络安全人才培养基地,为培养高级网络安全人才奠定基础。大力培养造就结构合理、素质优良、技术过硬的创新型科技人才,是网络安全的重要支撑。

三是探索中国特色的网络空间治理法治化路径。在互联网治理中,无论存储平台是什么,都需要有力的隐私保护和安全防护制度。当今世界很多国家都已开始建立健全自己的互联网法律,我国也要有一套适应网络时代的保障公民网络安全的宏观法律、制度构想,这样才能得到民众的认同。要推进重点领域的立法,在维护网络空间安全方面,2017年6月1日,《中华人民共和国网络安全法》正式出台,这对网络国防安全、关键基础设施安全保护等方面起了重要作用。要加强网络安全具体制度标准的制定。2017年5月,《关于实施网络内容建设工程的意见》对加强网络内容建设作出了全面系统部署。此外,我国一直在警惕比特币对经济造成的威胁,颁布《关于防范代币发行融资风险的公告》,叫停法定货币和虚拟货币的兑换业务。

---

① 习近平:《弘扬传统友好 共谱合作新篇》,载《人民日报》,2014年7月18日,第3版。

9. 如何解决共享单车由"共享"到"共烦"的管理难题?

孙会岩:当下中国诞生了新四大发明,共享单车是其中一大发明。自2016年产生以来,迅速扩展到全国各个大中城市,赤橙黄绿青蓝紫,可谓异彩纷呈。截至2017年3月,我国共享单车行业总融资额达到了70亿元,已有超过30家的单车品牌,行业竞争愈加激烈,其中摩拜单车和ofo共享单车已宣布完成了C轮融资。共享单车一时间成了当前国内的火爆话题,但在其飞速前进的背后,仍存在多方面的不足。共享单车的大规模投放给城市管理、公众生活带来不便。通常的解释是企业之间的不正当竞争、市场机制以及民众素质等多要素的组合,事实上,共享单车的背后折射出一个很简单的问题,就是公共服务提供之后到底由谁来管。企业的本质是为了盈利,商家在前期投资后就想坐地收钱,既不合理也不可能,有投入就得有管理。笔者的看法很简单,如果确定共享单车这种工具有存在的必要性,那么这种资源必须要由政府严格监管。具体包括以下几个方面:

(1) 政府方面要起引导作用。

政府的宏观调控是规范市场的有力保障,共享单车企业的盲目市场竞争,导致市场机制调节的失灵,对社会治理产生极大的负外部性。政府作为市场经济的"守夜人",为弥补共享单车企业的市场失灵行为,要求政府通过出台相关政策控制共享单车投放数量,以行政力量维持共享单车投放量与城市人口之间的"合理比例";要统一行业标准,提高市场准入门槛,设置退出机制,加强日常检查,提高共享单车的安全性;要加强市场管理,尤其是对共享单车企业通过大量补贴的形式抢占市场行为的制止,通过行业监管,规范共享单车市场,促进企业良性竞争,防止大量社会资源的浪费与闲置。同时,共享单车作为共享经济在公共服务领域的实践,是城市公共出行模式的创新,对解决"最后一公里"的城市难题具有重要的意义。鼓励社会创新,政府要积极与共享单车企业合作,搭建政企结合新模式,建立良好的合作伙伴关系,为共享单车的城市普及营造良好的政治环境。社会层面,政府要改变传统机动车为主的城市交通建设思路,建设自行车专用车道,提高共享单车出行的硬件基础;要规范社会公众行为,倡导社会公众绿色出行,提高共享单车的使用效率。事实上,我们也能看到,近两年来政府出台了一系列相应的规范,如确定了"四定"(即定点、定量、定时、定人)和"三机制"(即会商协调机制、宣传引导机制、优胜劣汰机制)的管理措施,有效解决了共享单车的停放问题。

(2)市场方面要起主导作用。

企业是市场经济的主体,共享单车是基于互联网、移动支付与 GPS 卫星定位等技术提高的共享经济的产物,其发展离不开各个共享单车企业的努力。解决共享单车实践中的问题,共享单车企业要继续发挥模式探索、技术更新、管理改进的主导地位。共享单车的企业要积极与共享经济科研院所、自行车机构以及各个高校积极合作,共同推进共享单车的产学研结合,推动共享单车技术升级,提高为社会公众出行服务的水平。2016 年 10 月 19 日,上海宝山区政府携手摩拜单车达成战略合作,根据双方协议,宝山区政府专门制定了《宝山区支持引导摩拜单车更好为居民出行服务的六条具体措施》,进一步鼓励、支持摩拜单车在宝山开展运营,不断发展。其中,宝山将建立健全慢行交通工作机制,组建由分管副区长牵头,区发改委、区建交委、区商务委、区财政局、区公安分局、区新闻办等部门组成的"慢行交通工作联席会议",针对性解决企业运营过程中遇到的问题。共享单车企业要加强内部管理,规范企业产品内容,建立消费者使用规章,设置用户信用制度,进行技术创新,充分发挥共享平台对用户使用情况的监督管理功能,杜绝共享单车的乱摆乱放与恶意破坏现象。同时,共享单车企业要积极与政府沟通,建立协调合作机制,将共享平台中社会公众数据进行政企共享,推动政府对社会公众的共享单车出行情况进行数据开发,提高各个辖区的出行质量,为社会公众营造良好的出行环境,推动共享单车健康发展。

(3) 广大民众要有序参与其中。

共享经济的最终目标是实现全民参与,共享经济发展成果。共享单车规模经济的形成同样依赖于社会公众的积极参与。社会公众不仅仅是共享单车的消费者,更是共享单车社会福利的享受者。目前,暴露在许多城市中的个人上私锁,将共享单车据为己有,乱摆乱放,恶意损坏等行为,不仅不利于共享单车的长期发展,更加是一种不道德、不文明的社会行为。公众积极参与一方面强调社会公众共享互联网技术发展成果,享受便捷、绿色的出行,另一方面要求社会公众加强自身道德修养,坚决抵制对共享单车的违规使用行为。同时,可以呼吁政府将居民区列入负面清单实行禁停管理,同时在居民区周围施划停车定位,并通过电子围栏技术来规范停车管理。社会公众作为城市出行需求者和接受供给的主体,共享单车服务的优化升级将直接影响其所享受的社会福利。因此,社会公众更应该主动参与政府共享单车政策的制定过程,积极反映权益诉求、提供相关建议,举报共享单车违规使用行为,推动共享单车服务升级,享受共享经济社会成果。

10. 如何解决老百姓"看病贵、看病难"的问题?

孙会岩:党的十八届三中全会通过的《中共中央关于全面深化改革若干重大问题的决定》指出:"实现发展成果更多更公平惠及全体人民,必须加快社会事业的改革,解决好人民最关心最直接最现实的利益问题,努力为社会提供多样化服务,更好满足人民需求。"①从现在到 2020 年,既是我国全面建设小康社会的关键时期,也是科学构建医疗卫生体系的关键阶段。中华人民共和国成立以来,特别是改革开放以来,医药卫生事业取得了显著成就,尤其是"非典"之后,公共卫生、农村医疗卫生和城市社区卫生的发展较快,近年来连续实现大灾之后无大疫,这些都为卫生事业的发展打下了良好基础。如何进一步改革医疗保障,是当下的一个重要话题。尽管中国医改存在着种种现实的困难与问题,但是,医改依然在不断的探索之中,以人人享有健康为目标,要从国民经济和社会发展总体战略高度制定保障国民健康的基本制度,建立符合国情的全民医疗卫生保障体系和有利于人民健康的经济社会发展体系,建立全民参与、全民享有的健康保障体系,让各个社会阶层包括弱势群体都能分享到医疗改革的成果。

(1) 当前我国"看病贵、看病难"的现状。

一是卫生资源分布不均衡,目前,我国部分地区医疗资源的严重缺乏和分布不均在一定程度上导致了"看病难",我国城市的医疗资源和农村医疗资源百分比分别为 80% 和 20%,地处大中型城市的各类医院以良好的工作环境、优厚的工资收入以及更为广阔的发展空间吸引了大批的优秀医疗人才集中于此;二是不断攀升的医药费用,各医药厂商的激烈竞争,推动了药品价格不断攀高,药费占医疗费用的比例不断增加,一些高额的药品回扣和药品提成现象,败坏了医院和医生的形象,也导致了患者治疗费用的居高不下;三是公立医院改革进展缓慢,随着新医改的深入和发展,公立医院的改革现已成为重要的课题之一,由于公立医院改革进展的缓慢,"看病贵、看病难"的现象在相当长一段时期内仍会存在。

(2) 解决"看病贵、看病难"的对策。

首先,在合理配置卫生资源上下功夫。党的十八届三中全会强调:"统筹推进医疗保障、医疗服务、公共卫生、药品供应、监管体制综合改革。深化基层医疗卫生机构综合改革,健全网络化城乡基层医疗卫生服务运行机制。"②政府

---

① 《中共中央关于全面深化改革若干重大问题的决定》,2013 年 11 月 15 日,http://cpc.people.com.cn/n/2013/1115/c64094-23559163-13.html。
② 《中共中央关于全面深化改革若干重大问题的决定》,2013 年 11 月 15 日,http://cpc.people.com.cn/n/2013/1115/c64094-23559163-13.html。

应改变目前的医疗资源分布不均现象,通过属地化管理、多点执业等进行政策上的资源调节。尽快对卫生资源调控和管理作出法律依据和政策制定,逐步将优秀的医疗资源向匮乏的地区和医院进行有计划地转移,加强高等级医院与低等级医院的合作与交流,提升基层医疗机构的技术水平和服务。让患者可以就近享受到大医院先进的治疗技术、优质的医疗服务和合理的治疗费用等等,彻底改变大医院和小医院都存在的"看病贵、看病难"现象。一要突破原有的卫生资源调整和配置方式,改变对原有医疗资源和新增医疗资源控制不利的局面;二要加快完善卫生资源统一调控和管理的政策依据和方针指导,为合理配置的具体操作保驾护航;三要加强新增卫生资源向基层社区和偏远农村的转移,尽快提升基层医疗机构的技术水平,尽快增加针对常见疾病的基本诊疗设备,以廉价、优质的医疗服务缓解因医疗资源分布不均衡而造成的"看病贵、看病难"现象。

其次,构建多层次的医疗卫生覆盖体系。中共中央关于制定国民经济和社会发展第十三个五年规划的建议指出:"促进医疗资源向基层、农村流动,推进全科医生、家庭医生、急需领域医疗服务能力提高、电子健康档案等工作。鼓励社会力量兴办健康服务业,推进非营利性民营医院和公立医院同等待遇。"[①]要想让公立医院恢复公益性以及改变目前"以药养医"的局面,政府有关部门就要从改变现有支付方式入手,加大对公立医院等医疗机构的政策扶持,增加其补贴标准,降低医疗总费用。通过科学地考察,改革公立医院的收费方式,真正调动全体医务工作者控制医疗费用的主动性,真正发挥政府对医疗市场的调控和指导作用。政府还应从公立医院的预算管理方面给予一定的支持,让公立医院在基建建设等重大投入上免除后顾之忧,全身心地投入到高质量的医疗服务工作中。此外,要按照新医改的要求,逐步建立能够覆盖城乡全体居民的医疗保障制度。由政府和个人共同承担整个医疗费用的总支出,其中政府应发挥其统筹医疗保险资金主导作用,个人则应发挥其辅助作用,从实际出发,进一步构建"四位一体"的医疗保障体系,合力逐步解决"看病贵、看病难"问题。

---

① 《中共中央关于制定国民经济和社会发展第十三个五年规划的建议》,2015 年 11 月 3 日,http://news.xinhuanet.com/fortune/2015-11/03/c_1117027676_2.htm。

第三,实行"医药分开",改变"以药养医"。国务院办公厅《关于印发2011年公立医院改革试点工作安排的通知》中,就缓解看病贵的根本措施提出:"探索多种基本医疗保障付费方式改革,大力推行按人头付费、按病种付费、总额付费等多种支付方式。"政府应规范药品生产流通过程,加强药价管理,实行"医药分开",改变"以药养医"局面,从而真正解决"看病贵"的问题。要真正考虑从根本上压低不断虚高的药品价格,就要将改革重点转移到医疗服务人员的价值观上,通过合理调整医疗服务价格体系,遵循医疗技术服务规律,合理增加诊疗价格,这样才能从根本上解决"以药养医"的问题。如取消药品加成,逐步完善政府对公立医院的补偿机制,加大卫生监督力度,促进合理用药,真正实现药品价格的合理化,逐步走出医院药价高,患者"看病贵"的困境。

中国的医改以人人享有健康为目标,要从国民经济和社会发展总体战略高度制定保障国民健康的基本制度,建立符合国情的全民医疗卫生保障体系和有利于人民健康的经济社会发展体系,建立全民参与、全民享有的健康保障体系,让各个社会阶层包括弱势群体都能分享到医疗改革的成果。

生态文明建设篇

1. 什么样的社会才是生态社会？

戴益斌："生态社会"一词由"生态"和"社会"两个词语构成，它的落脚点是"社会"，但它的关键点是"生态"。因此，了解生态社会的关键是了解什么是"生态"。"生态"一词有百年的历史，它最初是作为生物学的一个分支用来处理生物物种之间的相互联系以及它们与非生物环境之间的关系。当人类参与进来之后，"生态"一词的使用范围也得以扩展，它不但包括生物的生存状态，生物之间的相互关系，以及它们和环境之间的关系，也包括人类的生存状态，人与人之间的社会关系，以及人与环境之间的关系。从这个定义来看，"生态"其实只是一个中性词，指的是生物的生存状态。但是当人类与环境之间的关系危机逐渐浮现之后，"生态"一词慢慢被人们用来修饰美好的事物，比如健康的、美的、和谐的事物都可以用"生态"来修饰。"生态社会"利用的也是"生态"一词的积极含义，而不是它的中性含义。

那么什么是生态社会呢？不同的学者对它的含义有不同的理解，比如袁记平、潘赞平等人从社会学的角度把生态社会定义为社会组织的生态化，包括社会的政治、经济、文化的生态化以及社会组织、社会管理等的生态化；有的学者比如姚裕群等人则认为生态社会是人类的社会系统与自然系统的辩证统一；还有学者如丁宪浩等人认为生态社会是以自然和谐为表征的一种高级社会形态。综合学者们的观点，我们认为，生态社会是指以人与自然和谐共处为理念，以尊重自然、顺应自然和保护自然为要求，以相应的政策、制度和法律为保障，不断促进社会组织、社会生活和谐发展和实现生态、经济、文化、社会协调可持续发展为目标的一种新型的社会形态。它具有以下几个方面的特征：

(1) 人与自然之间的矛盾逐渐消解。自工业革命以来,在人类中心主义思想的影响下,人类将自己视为自然的主人,对自然进行无休止的掠夺,试图征服自然,成为自然的主宰,最终却引起了一系列的生态危机,比如环境污染、温室效应加剧、沙漠化蔓延、耕地缩小等等。在这一过程中,我们可以发现,人类中心主义思想影响下的人类与自然之间的关系一直处于紧张状态。人类妄图成为自然的征服者,而自然也以强有力的手段挑战人类的权威。人与自然之间的相互对立使得人类不可能融入自然之中,自然也无法接纳傲慢的人类。要想打破这种局面,我们必须摒弃人类中心主义的观念,重新思考人类与自然之间的关系。生态社会主义者认为:自然界是一个彼此关联、相互影响的生态系统,系统中的成员拥有平等的内在价值;人类是自然界的成员之一,与其他的成员一样具有同等的权利与价值;因此,我们不应该将人类置于自然之上,而是应该将人类社会纳入整个生态系统之中,形成一个完整的生态共同体;在这一过程中,人与自然之间的关系不再相互对立,而是相互关联、相互共生。人与自然之间的关系不再相互冲突,而是和谐相处,共存共荣。

(2) 生态环境健康、优美。自然环境是人类赖以生存和发展的基础,而健康、优美的自然环境是生态社会运行的物质基础。工业社会的发展,对自然环境的危害日益威胁着人类自身的生存和发展。据有关数据显示,全球超过一半的陆地淡水资源缺乏,25%的物种已经消失,还有20%—30%的物种处于灭绝的边缘。而生态社会则以尊重自然、顺应自然和保护自然的自然观为支撑,有效地减少人类的社会活动所带来的生态破坏和环境污染,保护生物多样性和增强自然界自我修复能力,从而为人类提供健康、优美的生态环境,也为其他生物提供富足、舒适的生存空间,最终让人类与所有生物都能安然地栖居在地球上。

(3) 经济、社会和生态可持续发展。工业社会奉行的发展观高度关注经济总量的增加和经济发展速度的提升,极少考虑甚至刻意忽视人们对良好生态环境的真正需求。其结果是严重的环境问题和难以消除的生态危机,并最终使经济、社会陷入不可持续的泥潭之中。而生态社会奉行可持续发展的观念,追求既满足当代人的需求,又不对后代满足其需要的能力构成危害的发展。在社会、经济与生态的可持续发展过程中,生态的可持续发展是其先决条件。在生态发展的前提下,通过发展生态型经济实现经济的可持续发展,进而实现社会整体的可持续发展。只有生态、经济和社会的可持续发展,才能最终迎来生态社会的和谐局面。

(4) 政策、制度与法律的完善。工业社会的制度并不完善,政策不稳定,法律不健全,这导致社会在发展过程中总是忽视社会发展对环境造成的影响,容易形成无法可依、无政策可循的局面。即使造成环境污染的现象,也不会受到法律或政策的约束或惩罚。在生态社会中,这些现象不会出现。生态社会中,关于人与环境之间关系的制度完善、法律健全。每一项人类发展与环境之间的关系都得到一定的规范、指导与约束,每一次破坏环境的行为都会受到法律的制裁,这为人与环境之间的和谐关系提供了保障。

(5) 在生态社会中,人与人之间的关系也同样处于和谐、自由、平等的关系之中。人与人之间的关系深刻影响人与环境之间的关系。紧张的人际关系会导致人与环境之间的关系处于严重的冲突之中。由人与人之间的冲突关系导致的环境恶化、社会动乱现象比比皆是。在生态社会中,这一现象将得到有效的遏制,人与人之间相亲相爱、自由、平等、和谐相处。

2. 中国古代的生态观念对现代社会生态文明建设有什么启示?

盛宁:儒、释、道三家作为中国文化重要组成部分的观念深入人心。鉴于此,中国古代生态观念对现代社会生态文明建设的启示也可以从这三方面逐一展开。

(1)从儒家的层面说,保护生态,强调人与自然和谐的观念在儒家初起阶段就植根于其理论系统中。作为儒家根本经典的"五经":《易》《书》《诗》《礼》《春秋》即从本体论、宇宙论与人生论诸角度对人的本原、天人关系、人生境界等作出阐发,着力强调人道与万物皆禀受于天地之道,故"万物一体",而基于代表天地之生生之德的"仁"被内化为人之德性根本,儒家提出"民胞物与""参赞天地"的思想,即个体既要扩充胸怀,将他人、事物纳入到自己的价值与实践观照之下,寻求和谐共生,同时也可借此参与天地秩序的建构,进而实现人与天地、自然之和谐共生的终极状态——"天人合一"。可以看到儒家的生态思想涉及当时政治、社会、伦理生活诸领域。其中,从政治上说,儒家生态思想对现代社会生态文明建设的启示主要体现在资源立法和制度建设上。《尚书》《周礼》《礼记》《孟子》《荀子》《论语》中就保存了丰富的与治国方略相统一的节约资源、合理利用资源以及保护环境的思想,并逐步为被官方确定为国家管理的重要制度性内容,如《尚书·周书》中有"春三月,山林不登斧,以成草木之长。夏三月,川泽不入网",湖北云梦睡虎地出土的秦简有"春天二月,不准到山林中砍伐木材,不准采取刚发芽的植物,或捉取幼兽、鸟卵和幼鸟"(译文)等。对不遵守律法规定的行为,亦有相应的制裁措施。生态的保护事实上是在儒家那里是被作为一项长期的治国方略而纳入"圣王之制"的思想。儒家充分意识到,要调动人的积极性,将之内化为自觉的意识并付诸行动,政治往往是最直接有效的引导方式。而目前,习近平总书记提出的"五位一体"战略,将生态文明建设纳入其中,倡导加快生态文明体制改革,建设美丽中国必须注重推进绿色发展,改革生态环境监管体制可以说是与儒家生态思想中发挥政治的引导与监督、治理作用一脉相承。

从社会的角度说,儒家提倡的人道源于天道,人类社会秩序即是对天道秩序的效法,故万物一体,人类社会与自然界并非完全割裂,相反,人类社会秩序的自然延伸必然会导向自然界,同时,自然界的秩序化、生态化是人类社会秩序化的重要保障。现今发生在自然领域的生态灾难往往引发人类社会的动荡,而生态观念的推展能影响人类社会的生产与生活方式也证明了这一点。因此,我们需要革新之前主客观思想引申出的二元对立的观念,并从极端人类中心主义的窠臼中挣脱出来,在坚持以人为本的同时,将自然秩序与社会秩序协调起来,这就需要不仅是作为社会前进动力的生产方式绿色化,即要求企业能够承担其环境保护的责任与义务,将自身行为严格限制在环境法规和生态伦理允许的范围内,同时亦要求整个社会,尤其是社会中的每一位成员能够自觉承担其环境保护的责任,将生态保护纳入社会观念中并付诸行动,不仅仅是监管,还需要对已经造成破坏的环境予以治理。

从伦理生活层面看,儒家建构的以仁为核心的伦理价值系统其最终的目标是要通过人对本于天之仁的内在自觉,去行仁,成己成物,从而实现天人合一的境界,也就是天道价值与人道价值的合一。这就启示我们现代生态文明建设应对自然与人之间的平等而一体的关系有充分自觉,其趋向是合而非分,并且这种一体的关系最理想的实现状态是天人共生共荣,和谐统一。同时,伦理生活除了观念的规范,更为重要的是将之付诸实践,而儒家生态伦理中基于资源有限性提出的节用厚生、饮食因地制宜的思想则启示我们建设现代生态文明应该从每个人做起,从当前消费主义泥潭中抽身出来,抵制盲目高消费和铺张浪费的行为,从而谋求满足人们需要与生态环境保护之间的平衡。

(2) 从道家的层面说,它亦主张生态保护,并且程度上较之儒家更为彻底。因其思想基础乃是建立在唯一至极之"道"上。道家提出:人法地,地法天,天法道,道法自然。在"道"的关照下,万物平等,人的存在性较之其他生类而言并不具有先在性,从而在很大程度上打破了人类中心主义的传统。较之儒家,道教生态思想的特殊性即在此。由此展开的天人合一、物无贵贱、自然无为、少私寡欲等思想对现代生态文明建设的启示主要是:

第一,整个宇宙是一个共同体,人与万物皆产生于此,亦复归于此,基于道基础上的天人合一、物我合一并非是化于物,而是在自然之道的指引下尊重各自的存在性,不仅如此,人作为能动的一方,应以自然为友,与自然共存。道家认为人因受后天伦理道德的约束,社会化后较之自然界其他生类反而离道更远,因此极为强调人应当从伦理的束缚中摆脱出来,以个体的方式去拥抱生命的本根,有一种复归的倾向,那么联系到现代生态文明建设,打破伦理道德无疑会造成社会秩序的混乱,但其复归于道的讲法则提示我们应当将自然与生活密切地结合起来,使生活能够渗透进生态的气息,具体的内容可以是生活观念的宁静淡然,亦可以是生活方式的简省化。

第二，道家主张物无贵贱、万物一齐的平等思想，尤其珍视万物存在的作用与价值，提出"普天之下有形之物各有其功，各有其能，各有其才，各有其用，万物一齐，孰短孰长"(《庄子·秋水》)。据此，在现代生态文明建设中，需要明确人与自然之和谐相处首先是要以尊重自然、敬畏自然为前提。而尊重敬畏的现实表现即遵循自然规律，不将人类的主观意志强加到自然之上，克制对自然的过度索取。而资源的保护观念则能进一步催生出现代生产方式的变革，从原本的只追求经济利益最大化向利益、高效与生态一体化方向发展。

第三，道家主张自然无为、少私寡欲、慈、俭的实践观，这启示我们在现代生产生活中应当建立与自然相互依存的观念，遵循自然规律，认识到自然规律的不可逆性，从而顺应自然。同时，基于自然资源的有限性，从社会个体成员角度说，应限制极端、奢侈的欲望，降低过分消费，减少铺张浪费，坚持不攀比、不炫富、不盲从的绿色消费观。从社会群体的角度说，要树立起节约自然资源的意识，从政策法规到舆论宣传再到生产主体联动成绿色生产、绿色经营的有机整体，将生产与环境保护、生态和谐相结合。诚如十九大报告中倡导的，推进绿色发展，建立健全绿色低碳循环发展经济体系，构建市场导向的绿色技术创新体系，建立市场化、多元化的生态补偿机制，将市场、生产与生活有机地统一起来。

(3) 从佛教层面说，与生态思想直接相关的核心理论在佛教中是缘起论和基于佛性思想之下的平等论。佛教认为，世间一切现象，一切存在都不是孤立的存在，相反从产生到消亡都处在一种与他者的关系之中，以他者为条件，所谓"诸法因缘生，诸法因缘灭""此有故彼有，此无故彼无"。由此因缘所构成的重重网络使得一切存在都成为不可分割的整体，此与现代的蝴蝶效应理论有着逻辑的一致性。据此，佛教更进一步提出诸法互相涉入，即一微尘中包含宇宙全部信息的说法。在此整体观的影响下，直接引导出佛教慈悲为怀的伦理观与众生一体的宇宙观。这启示我们在现代生态文明建设中应看到人类的存在离不开万物，离不开宇宙，生态系统作为一整体是包含人的，因此人类需要预见生态系统的变化，而对生态系统的保护、生态平衡的维持肩负责任。而基于佛性思想下的平等论昭示众生虽有不同，但本质都是一致的，是平等的，故可以交渗互具。联系到现代生态文明建设我们可以得到的启示是一切生物或非生物都有存在的权利,这既是一种自然权利,也是一种生态权利,需要予以尊重,而尊重的保障则是生态平衡。同时宇宙间一切万物都有自我调节、自我更新的能力,但这种能力是有限度的,因此人类不仅要保持尊重自然、敬畏自然、感恩自然的意识,对自然的索取需要与自然的回馈保持平衡,同时更为重要的是需借由平等引发出同情、爱护、慈悲保护其他生物,尤其是珍稀动植物,提升生态建设的层次。

3. 除了中国以外,东方诸国中对生态文明有独特认识的国家还有哪些?

盛宁:一般来说,东方与西方的划分依据主要有三个标准:地理位置、文化背景和政治体制。因中国本身的农业文明,促使其很早就建构了一套生态保护的思想,并借由制度的方式付诸实践。但中国并非是唯一有生态关怀的国家,在东方诸国中,无论是建基于农业文明,还是游牧文明抑或渔猎文明,只要其生产生活与自然密切相关,对生态都有其独特的认识。其中,最具代表性的是印度、日本与蒙古,分别代表农业、渔猎与游牧三种生产方式影响下的文明形态。

(1)印度是一个有着浓厚哲学与宗教氛围的国家,探讨印度的生态思想必须要与其宗教、哲学思想相结合。作为国教的印度教主张世界上所有物质都是神创造的,世上万物皆具灵性。如此,人与其他生物便被置于同等地位,都源于造物主,故其存在应该受到平等的对待与保护,而任何伤害动物的行为都是犯罪,都要受到命运的制裁。在印度,经常能看到人与动物共用器具,共用自然资源的奇特景象。并且,被视为具有灵性的自然物往往因其特殊的能力而被印度人进一步神化,被赋予神圣的价值。它们尽管在现象与功能上各有区别,但按照印度教的观点,它们都是由梵天所创造,同时,印度教的化身思想,又使不同事物具有同一个神圣来源,是唯一之毗湿奴的化身,由此而具有你中有我、我中有你的内在统一性与含射性,在其中,不仅植物可以生下人类,人亦能与神通婚,形成一个浑沦圆融的宇宙。通过印度的文学、哲学以及宗教作品可以看到,自然在印度人眼中不仅是神圣的,更是美的。在自然面前,人的地位并不具有特殊性,而是平等的、一体的,人不仅应当尊重自然、善待自然,与之和谐相处,更应感恩自然、拥抱自然。可以看到,印度文明中,对人与自然的关系的认识不仅是其哲学、宗教建立的基础,同时也成为哲学或者宗教思想的重要内涵,依托哲学、宗教对人们意识的影响而弥漫在现实生活中。自然与人的不相分、不可分是印度生态文明的一大特点。而印度人对生态的认识实际上也就是对人与自然关系的认识,主要表现为三个特点:① 印度人始终与大自然保持着和谐统一的关系,印度人生存于自然,依靠自然;② 印度人将自然界的万事万物都看作是有生命、有感情、有精神的,人与自然界事物在精神上是相通的,人与自然是可以交流和沟通的;③ 在人类与自然的关系中,人并不是自然的主体,而是作为自然的一部分。而基于此,人与自然的相处,除了前面述及的尊重、保护、敬畏、感恩自然外,更需要借由对自然的体悟而实现超自然的提升。

(2) 日本作为深受中国儒家思想与佛教思想影响的东亚国家之一,其文明带有一种浓厚的借鉴意味。但不能忽略的是,日本文明对他者的容受乃建立在本身神道思想的基础上。而日本神道教中有很多涉及生态的思想,并因此影响到其处理自身与自然关系的态度。具体来说包括以下几个方面:

第一,神道教是多神教,认为自然神、社会神和人格神并存,且都是由最初的代表自然的主神所生,故主张自然崇拜,其中包括自然现象和自然物,前者被看作是神的行为,而后者则被认为是神的行为,都具有神圣性,都值得崇拜,不能冒犯。这一点能够从日本的神社建造以及神山、森林信仰中获得依据,即日本绝大部分的神社都与山、海、河、森林等自然环境有关,而神山与被认为有神灵居住的森林则定期有民众去祭祀,若无必要则不许随便进入。

第二，神道教认为神、人、自然万物三者中，神是创造者、决定者，其具象或者化身则是自然万物，而人则是神的子孙，由此形成相互联系、和谐一体的关系。人的任何活动都会影响神灵与自然万物，而神则借由自然万物与人相感来监督警示人类，换言之人类行为所产生的效果最后还是会返回到人类身上，这就为人之尊重自然、保护自然确立了宗教与现实的法度。

第三，神道教认为人死后的灵魂所居之地正是自然之中，譬如高原、海洋、森林等，因此出于保护神灵或祖灵的目的，禁止破坏被认为有神灵栖居之地，并予以世代保护。

基于上述思想，再加上日本国土资源的有限性，儒家的人之道义责任、佛教的业报轮回等思想的传播，使得生态环境保护的意识深植于日本文化、经济、社会乃至政治当中，并由古代延续到现代，借助现代科技而表现为全民性、产业性、文化性的实践特色。其所衍生出的现实形态包括生态产业、生态文化、生态生活等，由政府、企业、学术团体、民众共同构筑起"四位一体"的生态文明建设模式。

（3）畜牧是蒙古的主要生产方式，与印度和日本一样，与自然特殊而密切的联系造就了神灵信仰在蒙古文化中的根本地位，并由此进一步影响到人对自身位置及其与自然关系的看法。蒙古宗教文化以萨满教为核心。"萨满"意为智者、晓彻等意，后逐渐转变为人神之中间人，即萨满师的代称，后者能够"有意地改变意识状态，以接触或进入另一个实在，由此而获得力量及知识。任务完成后，萨满师从萨满旅程回到原本世界，以其力量或知识帮助自己或他人"，而以此建立的信仰文化即萨满教。蒙古作为萨满教流行的区域，认为宇宙最初是由各种物质共同组成的混沌状态，后经由不断运动分化而形成自然万物，换言之，万物即成一不可分割之宇宙。同时，萨满教以"腾格里"为其主神，即苍天，认为世间一切皆由"腾格里"所创造、赋予、决定，包括人在内，他是草原世界观的轴心和至高无上的本源，因此，人和自然是同源、同构、同律的，二者是内在有机、共振共鸣的统一体。鉴于蒙古的生产方式对自然的依赖性，强调顺应自然、依赖自然、师法自然即成为蒙古生态实践观的题中之意。草原环境的变换、环境灾难的频发等现实因素与宗教因素一道使蒙古人意识到生存与发展必须依赖自然内在本性与规律。其中，牧草的生长周期要求蒙古人必须以动来顺应草原的变，由此达成双方关系的平衡和谐，同时，草原对环境灾难修复能力的有限性也促使蒙古人倡导简约实用、节俭的生活方式。

　　蒙古人信奉的是万物有灵论，因此除了天之外，一切自然物包括山、水、火、树、动物、祖先等皆有神性，而草木丰茂、河湖丰盈、五畜繁盛皆有赖神灵的庇佑，这就赋予自然万物以价值，使得人与自然万物是平等的。基于对天地作为生命本源的体认以及现实生存，蒙古人坚持人对自然生态的维护与调节之责，并且这种责任是建立在敬畏自然、崇拜天地的基础之上。其中所反映出的消解人类中心主义是蒙古生态思想的重要的面向，人类价值与自然价值在蒙古生态思想中是互为借景、圆融统一的。

　　基于神圣维度所建构的人与自然、人与天地之关系的认识，蒙古人的现实生活崇尚简约实用，主张对自然索取要适度。任何物品都极尽其用，基本或很少产生废料。同时，蒙古人以肉食与奶制品为主，少谷物与蔬菜，食物的加工方式非常天然。他们提倡节约食物，认为浪费是一种罪恶。食肉在蒙古人生活中有很多节制，而野生动物更是很少被猎杀。以上种种皆体现蒙古文化中对自然的热爱与感恩。

4. 东西方对人与自然关系的认识有什么异同？

　　戴益斌：人与自然的关系问题一直是学者们讨论的重点。东西方思想家对这一关系的认识采取了不同的思维进路，并因此形成了不同的理论观念。

　　东方文化中，人与自然的关系通常被描述为"天人合一"，认为人是自然的一部分,而自然则被视为一个有机联系的整体。《周易·乾卦·文言》有言:"大人者,与天地合其德,与日月合其明,与四时合其序,与鬼神合凶吉,先天而天弗违,后天而奉天时。"这也就是说,大人具有天德,而基于德产生的思想、意识、行为可以与天地、鬼神相合。这体现的恰恰是"天人合一"的思想,也是人生的理想追求。"天人合一"的自然观非常明显地体现在道家思想中。老子曾说:"道生一,一生二,二生三,三生万物。万物负阴而抱阳,冲气以为和。"这里的"一"即太极或者元气,而"万物"则包括人。老子还说道:"人法地,地法天,天法道,道法自然。"也就是说,人不要违背自然,而是需要效法自然。这表明了老子对自然和物的怜悯和尊重之情。在主张人应顺从自然这方面,庄子走得更远,他说道:"天地与我并生,而万物与我为一。"(《庄子·齐物论》)庄子这句话的意思是说,我们应顺应自然,免除物我之别而融于天地万物之间。此外庄子还曾说过:"夫至德之世,同与禽兽居,族与万物并。"以上老庄的谈论都表明,道家思想中"天人合一"的主张非常明确,以至于儒家荀子认为老庄"蔽于天而不知人"(《荀子·解蔽》)。除道家外,对东方文化影响最大的儒家思想也崇尚"天人合一",只是在"合一"的程度上与道家有别。有人认为,道家的天人合一说完全取消了人的能动性,顺自然无所为,而儒家的"天人合一"说虽然也以天为本,却不否定人的独立存在,而是主张积极有为,比如儒家主张"天行健,君子自强不息",以积极的入世态度来追索天与人的相通之处,以求天人之间的协调、和谐与一致。中国墨家虽然提倡"非命"和"尚力",但是也主张"兼爱"和"非攻",而"兼爱"就是爱自然、爱人、爱物,"非攻"则是崇尚和平,反对征服行为。这表明,虽然墨家一方面反对宿命论而看重人类自身的力量,但并不强调"人定胜天",因为墨家思想还有"兼相爱""交相利"和"非攻"等主张在约束着人力的滥用。此外,东方文化中的佛家思想也体现了"天人合一"的主张,例如佛家主张慈悲为怀,将杀生定为一大戒律,追求"梵我一如"的人生境界。这些思想都表达了人与自然和谐相处的愿望。

综上可见,道、儒、墨、佛等各哲学流派都涉及人与自然关系的思索,虽然在"天人合一"的度和途径上有所差异,但是在主张人与自然和谐相处的内涵上并无违背。

西方世界从一开始就在自然观念上坚持世界的统一性,试图为世界寻找一个统一的基质,以便在整体上理解世界。无论是从泰勒斯的"水是万物的始基",还是赫拉克利特的"火是世界的本原"等,都体现了整体自然观的建构。在人与自然的关系上,西方世界采纳了与东方世界"天人合一"完全不同的观念,他们主张"天人相分"。西方人认为,人是能动的,自然是被动的,人高于自然,能认识、控制和征服自然。

从历史上说,"天人相分"的自然观,是西方传统自然观的基本精神。早在古希腊时期,普罗泰戈拉提出了一个著名的哲学命题,即"人是万物的尺度"。这个命题说的是,人是判断事情是的尺度,也是判断事物不是的尺度。这也就是说,人是自然界的判断标准。这毫无疑问突出了人相对于自然的主体性特征。虽然中世纪时期,人受到神的压制,上帝是唯一的主宰,但文艺复兴之后,人逃脱了神的掌控,人从上帝那里被解放出来,人的地位得到了显著的提升。培根在他的哲学著作中,阐发了天人对立的自然观和"人战胜自然"的思想,论证了人的认识能力,指出人能借助技艺和科学实施对自然万物的统治。他的口号"知识就是力量"是这一思想的集中体现,也是那个时代的一个缩影。至德国古典主义时代,康德通过哲学界中的哥白尼革命,提出"人为自然立法"的观点,再一次确立了人在自然界的主体地位,主张人类可以通过自己的知性能力和理性能力,规范自然界,为自然界立法。现代社会,随着科学技术的日益进步,人类通过利用科学技术的力量构建自己的世界,更进一步体现了人类改造自然、征服自然,甚至控制自然的企图。不论这种改造自然、征服自然、控制自然的企图能否成功,都体现出了西方天人相分的思想观念。

西方世界中"天人相分"的自然观典型地体现着他们主客二分的思维模式。他们将人类看作是主体,把自然看成是客体;把自然界看成是被动的、被占有的对象,认为人类可以借助自己的主体意识,利用自我创造的优势,认识自然、征服自然,以体现人类的本质力量。

需要注意的是,由于当今世界发生了众多全球性环境污染事件,如水污染、空气污染、土地沙漠化、淡水减少、耕地面积萎缩等,当代西方思想家开始重新思考人与自然的关系,并逐渐认识到人不可能征服自然、控制自然,人类对自然的所谓胜利都会得到自然对我们的报复。在这种背景下,西方学者将目光转向了东方,认为西方文化之病,其拯救在东方,主张以"天人合一"的思想弥补天人相分之弊。也就是说,在当今时代,西方思想家与东方思想家关于人与自然关系问题的思考趋于相同。

5. 社会主义运动存在哪些生态认识上的不足?

彭学农:关于早期社会主义运动所存在的生态认识上的不足可以从国家建设与理论探索两方面深入。

首先,在国家建设层面,马克思主义发展史是对社会基本矛盾理论,即生产力和生产关系、经济基础和上层建筑的矛盾运动的理论的理解和运用的历史。由于社会主义革命和建设主要是在经济发展落后的第三世界国家进行的,故而,以中国、古巴等第三世界的社会主义国家在理解和运用社会基本矛盾理论方面既有贡献,也有局限性。其贡献毋庸置疑,简单地说,开创了一条不同于资本主义生产方式的具有各民族特色的社会主义道路;局限性则在于,这些国家都没有经历过资本主义卡夫丁峡谷的磨难,对资本主义生产方式的生态后果缺乏应有的认识。简言之,对历史唯物主义的基本范畴,即劳动、生产力、生产关系的理解都比较狭隘,没有充任认识到人与自然的物质变换这一意义,没有理解自然生产力,没有理解生产关系的自然限度。由于这些国家的不发达,因而为了在短时期内赶超资本主义国家,就产生了过分强调经济的、生产力的、科技的问题,有的时候竟然产生了人定胜天的观念,这就在社会的各个层面造成了一些生态问题,包括生态破坏、环境污染、资源滥用、生物多样性减少。以苏联为例,其所开创的生产模式长期推行以军事工业为先导,优先发展重工业,过度开采自然资源的经济增长方式,决定了苏联采取的是一种生态破坏大、环境污染重、资源消耗高的发展模式,必然带来严重的环境问题。苏联模式的形成一方面有其赶超西方敌对阵营国家,以谋求自身和平稳定发展的强烈现实政治诉求,另一方面则受其极权思维主导下的政治体制对环境保护的漠视以及环境保护制度不健全影响。十月革命后,列宁特别重视环境保护,设立了33个自然保护区,然而现实的政治、经济压力迫使苏联无暇平衡现实发展与环境保护的关系,转而投向高投入、高消耗、低效益的短期经济高速发展模式当中。不仅造成大量自然资源的浪费,同时自然资源的短缺还造成严重的环境问题。正如萨拉·萨卡所说,苏联模式"社会主义"失败的原因是增长的极限与生态恶化。

其次,除了现实实践外,社会主义运动从广义的角度说还应包括社会主义理论的探索,而将生态学与马克思主义相结合,挖掘马克思主义中的生态学思想成为解决现实生态问题的根本出路。关于这方面,西方学界因资本主义带来的冲击反应得更为迅速,进言之,资本主义发展带来的现实生态问题威胁到了人们的生存,然而,资本主义社会下的生态学不可能推动以生态文明为不可分割的组成部分的经济社会建设。生态文明顶多是资本主义的点缀。因此,为了改变这种状况,从20世纪70年代开始,以亚当·沙夫、鲁道夫·巴罗为代表的一批共产党人加入绿色运动之中,成为"生态学马克思主义者"。

亚当·沙夫是真正意义上的第一个生态学马克思主义者,他以一个共产党人和马克思主义者的身份参加了罗马俱乐部的工作。民主德国共产党人巴罗则最早谋求红色与绿色的结合。在此之前,对生态学马克思主义作出决定性贡献的是马尔库塞。马尔库塞详细地研究了《1844年经济学哲学手稿》中的关于人与自然相互关系的思想。1962年,施密特所著的《马克思的自然概念》所阐述的马克思的自然观,系统而全面地研究了马克思的唯物主义与自然及与社会的关系,施密特的研究对当前美国生态马克思主义的最新进展有重大启示作用。20世纪80年代,以马克思主义理论解释当代生态问题,为克服人类生存危机寻找一条通向新社会的现实出路。这一时期使生态学马克思主义理论化的是两部分人,一部分是来自加拿大学者阿格尔的《西方马克思主义概论》和美国学者威廉·莱斯的《自然的控制》《满足的极限》；另一部分是来自欧洲的阿什顿、博克金、哈维、高兹。20世纪90年代以后，生态学马克思主义进入一个飞速发展的阶段。生态学马克思主义成了西方马克思主义中最有影响的一个派别，在生态哲学领域，大有后来居上的趋势，例如，奥康纳的《自然的理由》，佩珀的《生态社会主义：从深生态学到社会正义》，福斯特的《马克思的生态学》，伯克特的《马克思与自然》等。

　　上述马克思主义生态学理论发展主要依托于学者之间批判性的继承，其中批判部分即体现为早期社会主义运动理论发展的局限性。以加拿大马克思主义学者阿格尔为例，他是生态学马克思主义的代表人物，他在1979年出版的《西方马克思主义概论》中第一次提出了生态学马克思主义的概念。阿格尔在那个年代试图解答为什么资本主义能够保持长期发展而不倒的问题。他认为是马克思的资本主义生产力与生产关系必然发生矛盾所引发的经济危机已经为异化消费所消解，而异化消费是指人们为补偿自己那种单调乏味的、非创造性的且常常是报酬不足的劳动而致力于获得商品的一种现象，它以消费者的虚假需要为出发点，以炫耀性消费、面子消费等为形式。由于异化消费，经济危机的主要原因即生产出来的产品卖不出去的问题就得到了解决，因为人们的需求已经没有了限制，成了无穷无尽的了。而此异化消费正是导致过度生产带来生态危机的根源。对阿格尔的理论，美国垄断学派的马克思主义者奥康纳批判过度消费并不能规避经济危机，并且也未揭示生态危机的根本原因。因此他认为需要建构出一种资本主义理论，使之能帮助我们清晰地思考全球环境被破坏的问题。他认为马克思的"资本主义第二重矛盾理论也许是很关键性的一种理论思路"。奥康纳的两重矛盾理论认为，当今资本主义同时包含着第一重矛盾和第二重矛盾，前者指生产力与生产关系的矛盾，后者指生产与生产条件的矛盾，且第二重矛盾较第一重矛盾更为根本。资本主义的生命力，在很大程度上是由于资本把生态成本转化为社会成本得以维持的。当生态成本转化超过其自身复原的极限即爆发一系列生态危机。

　　另外，苏联本身在20世纪二三十年代即开始有学者展开专门考察。B.H.维尔纳达斯基的《生物圈》提出地球上生命层是一个有机整体的理路，并开创与全球生态对象相适应的系统研究方法。什瓦尔茨则提出生态进化规律理论。另外,像费多谢耶夫、C·海因曼则着力表达生态学研究之于人类未来发展的重要性以及全球生态危机的紧迫性,并追溯了生态危机产生的根源。然而,从以上所列苏联学者对生态的思考可以看到,其对生态问题有充分的意识,但研究尚不够深入,很多时候停留于现象的分析与口号式的呼吁上,并未能真正从马克思主义思想本身去反思本国以及全球的生态问题。由此带来的生态理论的薄弱性则导致在前期社会主义运动以及国家建设时很难扭转短期利益导向而有的生态学边缘化问题。由此造成的苏联模式后期困境是值得每一位社会主义建设者予以深刻反思的。

6. 我国社会主义生态文明产生的历史背景如何?

彭学农:"生态文明绝不是将外部资源机械地引入到中国的,也不是将历史资源简单地延伸到现实的,而是在建设中国特色社会主义伟大实践中形成的一个创新成果。"[①]中国社会主义生态文明建设的提出是有其历史与现实的必然性,亦有文化与政治理论的支撑,二者共同构筑我国社会主义生态文明建设思想与实践展开的历史背景。

(1) 为什么说注重人与自然和谐发展是我国社会主义现代化建设的优良传统?

我国的社会主义现代化建设之路,从一开始,就特别注重国情,注重人口、

---

① 张云飞:《唯物史观视野中的生态文明》,北京:中国人民大学出版社,2014年,第49—50页。

资源和环境的关系问题,特别是自然生态国情。在人口问题上,20世纪50年代的设想是:"政府可能要设一个部门,或者设一个节育委员会,作为政府的机关。人民团体也可以组织一个。"①同时又主张"计划生育,也来个十年规划"②。党的十一届三中全会以后,我国明确地把计划生育作为基本国策。在资源问题上,我们对人口与土地之间的矛盾有着清晰的意识,因此,一贯注重生产和生活中推行节约原则,"节约是社会主义经济的基本原则之一"③。在生态问题上,我们一贯强调森林是宝贵的资源,极为重视水土保持,20世纪50年代就提出了水土保持的问题:"短距离的开荒,有条件的地方都可以这样做。但是必须注意水土保持工作,决不可以因为开荒造成下游地区的水灾。"④改革开放以后则明确提出要"植树造林,绿化祖国,造福后代"⑤。在环境问题上,我们在20世纪六七十年代就对西方先污染后治理的模式有所警觉,提出了经济建设、城乡建设、环境建设同步规划、同步实施、同步发展的"三同步"方针。1972年,我国参加了联合国人类环境会议,参与了《只有一个地球》报告制定的有关工作。总之,"无疑我们是在没有外部压力的情况下主动开始人口控制、资源节约、环境保护和生态建设的"⑥。

(2) 为什么说可持续发展是我国社会主义现代化建设的重大发展战略?

可持续发展是贯穿我国社会主义现代化建设过程的一个主题。在积极参与联合国环境与发展大会的基础上,我国于1994年颁布了世界上第一个国家级的《21世纪议程》,明确地将可持续发展作为我国的发展战略。1996年全国第八届人民代表大会第四次会议把实施可持续发展作为现代化建设的一项重大战略。十五大报告中提出:"我国是人口众多、资源相对不足的国家,在现代化建设中必须实施可持续发展战略。坚持计划生育和保护环境的基本国策,正确处理经济发展同人口、资源、环境的关系。"这一报告把可持续发展和科教兴国一同确立为现代化的重大战略。2002年11月召开的党的十六大将"可持

---

① 中共中央文献研究室:《毛泽东著作专题摘编》(上),北京:中央文献出版社,2003年,第970页。
② 中共中央文献研究室:《毛泽东文集》第7卷,北京:人民出版社,1999年,第308页。
③ 中共中央文献研究室:《毛泽东文集》第6卷,北京:人民出版社,1999年,第447页。
④ 中共中央文献研究室:《毛泽东文集》第6卷,北京:人民出版社,1999年,第466页。
⑤ 中共中央文献编辑委员会:《邓小平文选》第3卷,北京:人民出版社,1993年,第21页。
⑥ 张云飞:《唯物史观视野中的生态文明》,北京:中国人民大学出版社,2014年,第51页。

续发展能力不断增强,生态环境得到改善,资源利用效率显著提高,促进人与自然的和谐,推动整个社会走上生产发展、生活富裕、生态良好的文明发展道路"作为全面建设小康社会的基本目标之一,这就揭示出了可持续发展和生态文明的内在关联。

(3) 为什么说生态文明是我国社会主义现代化建设奋斗目标的新要求和新境界?

在全面建设小康社会的征程中,我国实现了发展观上的革命变革,提出了科学发展观。科学发展观是指导社会发展的世界观和方法论的集中体现。生态文明就是科学发展观的基本要求和重大成果。2003年,党的十六届三中全会第一次提出以经济建设为中心,以人为本、全面协调可持续的科学发展观。2004年3月10日,在中央人口资源环境工作座谈会上,我们进一步阐述了科学发展观的精神实质,将统筹人与自然的和谐发展、贯穿和落实可持续发展战略、建设生态文明作为一个科学的整体。并将之作为构建社会主义和谐社会的基本要求,是全面建设小康社会奋斗目标的新要求。2005年召开的人口资源环境工作座谈会上,胡锦涛提出,我国当前环境工作的重点之一便是"完善促进生态建设的法律和政策体系,制定全国生态保护规划,在全社会大力进行生态文明教育",在党的文件中首次出现"生态文明"。当年年底出台的《国务院关于落实科学发展观加强环境保护的决定》也明确要求:环境保护工作应该在科学发展观的统领下,"依靠科技进步,发展循环经济,倡导生态文明,强化环境法治,完善监管体制,建立长效机制"。2007年党的十七大正式提出"建设生态文明"的战略目标,作为全面建设小康社会的新要求。"建设生态文明,基本形成节约能源资源和保护生态环境的产业结构、增长方式、消费模式。循环经济形成较大规模,可再生能源比重显著上升。主要污染物排放得到有效控制,生态环境质量明显改善。生态文明观念在全社会牢固树立。"2008年1月29日,胡锦涛在中共中央政治局第三次集体学习时明确强调:"贯彻落实实现全面建设小康社会奋斗目标的新要求,必须全面推进经济建设、政治建设、文化建设、社会建设以及生态文明建设,促进现代化建设各个环节、各个方面相协调,促进生产关系与生产力、上层建筑与经济基础相协调。"生态文明建设成为社会主义总布局的构成部分。

（4）为什么说生态文明是中国特色社会主义的创新成果？

人类文明史蕴含着丰富的生态文明思想,但只有科学发展观才第一次明确地突出了生态文明的概念。"尽管前苏联有关研究社会主义文明、全球性问题的理论文章运用过生态文明的概念,在我国学术界从20世纪80年代开始也一直在探讨这个问题,但是,只有科学发展观才第一个把生态文明上升到了国家意志的高度。显然,生态文明是作为中国特色社会主义理论体系构成部分的科学发展观的重大创新成果。"[①]在实践上,生态文明进一步拓展了中国特色社会主义道路,即这是一条五位一体的道路;在理论上,生态文明进一步扩展了中国特色社会主义理论,事实上,"将生态文明第一次明确地写进作为执政党的共产党的政治报告中,本身就是对整个人类文明的重大贡献"[②]。它表明,只有中国特色的社会主义,才能开辟人与人的关系和人与自然的关系的新天地。

马克思、恩格斯的历史唯物主义从劳动实践的角度确定了人类史和自然史的辩证关系在人类历史发展过程中的基础性地位,也就是说,历史唯物主义和生态文明是内在统一的,但马克思、恩格斯不可能为社会主义建设提供系统的生态文明的制度和理论的体系。西方生态学马克思主义一方面对资本主义生产方式在近一两百年来的经济政治文化和社会后果进行了分析和批判,也对其生态后果进行了概括和批判。同时,还对资本主义国家的一些追求更加公正的社会的活动人士的生态型生产方式进行了追踪和总结,从而形成了一些基本的生态文明理论。这体现在世界观、人生观、价值观以及生产方式、劳动方式等方面。在资本主义生产方式下生活的生态学马克思主义者也不能提供有深刻的实践基础的生态文明理论。中国特色的社会主义理论则把生态文明理论与中国特色社会主义道路中的经济建设、政治建设、社会建设、生态文明建设具体地、活生生地统一起来,这无疑标志着马克思主义新时代的来临。

[①] 张云飞：《唯物史观视野中的生态文明》,北京：中国人民大学出版社,2014年,第55页。
[②] 张云飞：《唯物史观视野中的生态文明》,北京：中国人民大学出版社,2014年,第56页。

7. 生态观念的确立对人们日常生活方式产生哪些影响？

盛宁："生态"概言之，指的是生物的生存状态，而生物乃包括一切有机的生命存在形式，因此可以看到，生态的指涉对象除了一般理解的自然环境，同时也包括以人为代表的动物。同时，它不仅仅涵盖生物的生存状态，生物之间的相互关系，以及它们与环境之间的关系都是生态所关注的内容。而生态观念指的就是基于对生态内容理解所建构的观念。不同的生态观念自然会引导出不同生活方式。

生态作为对生命生存状态以及环境关系的正面表述，在人类文明史上出现得很早，包括东西方在内的思想中都蕴含着丰富的生态观念与生态理想，而这些生态观念与理想因其依据不同的自然环境而各有侧重，故所塑造的生活方式也是形形色色。反过来，不同的生活亦会更为深刻地影响生态环境，二者联结一体、交互作用。

人类日常生活受到生态观念的影响按照生态观念的发展经历了早期生产力较为低下的农业、畜牧业时期强调人与自然和谐相处，人与自然平等，人要尊重自然，保护自然，故在生产上应当注意对自然资源的因时因地的合理利用，生活上亦强调简与俭，即简单与节俭，提倡生活的精神层面，反对过度与奢靡。应该说，自然主义与主智主义是古代文明中人类生态生活最主要的两种取向，而最具代表性的在东方是中国与印度，在西方则是古希腊的哲学家们，像亚里士多德、斯多葛学派等。其中，中国主张人作为天地的产物，应当在日常生活中效法天地之道。此"道"在儒家处是"仁"，在道家处是"自然"，在佛教处是"佛性",从而由此引申出"天人合一""万物一体""民胞物与""至简至朴""自然无为""慈悲平等"的生活态度与生活理想,并进一步生发出节用利生、爱惜物命、回归山林的生活方式。而印度则基于万物有灵、自然神化、梵我合一等思想确立起对自然敬畏、尊重、感恩、保护的态度,在与自然的和谐相处中力图实现自身内在灵性的超升。古希腊的哲学家大多倡导人与宇宙应当保持协调统一,生活应遵循自然法则。什么是好的生活是他们经常谈论的话题。斯多葛学派推崇"按自然生活",强调对普遍法则或者说宇宙理性的遵循。任何存在都在宇宙精神的统辖下,人也不例外,因此在现实生活中,人应当学会接受自身的命运,学会理解智性的自然,并过一种高尚的神圣生活。而亚里士多德创立的逍遥学派则主张理想的生活应是追求智力的生活、反思的生活,物质享受从来不占有什么崇高的地位,寻求在自然中沉思。关于自然,亚氏认为包含生长着的东西的生成、生命之本质与动力、实体、质料、目的等内涵。其中,生成的内涵提示人们这个宇宙是不断生发的,万物有灵且从未停止搏动,因此人类应当放弃自我中心,并像对待自身一样与万物平等共处,顺其灵性,精心呵护,促其成长。而自实体的内涵则意味着自然并不从属任何存在,相反具有独立存在的主体资格,并且无论从时间还是空间上说都是第一存在。自然作为具有本体性意义的实体乃生命之源、存在之基,不仅高贵、至尊,更是神圣,因此人们必须要尊重、敬畏自然。至于自然作为目的也就意味着它本身乃是一有机整体,其自在自为即是目的,即是自身的善,那么以追求至善为生命目标的人便没有理由将之作为手段、工具去任意驱使、奴役。需要注意的是,自然并非自然物,而是类似于道家之"道""自然",而非一切自然物。其所确立的自然目的论进一步强化了希腊人固有的自然有机论和自然整体论。

然而随着工业革命的到来,人们开始从对自然环境的全然依赖中摆脱出来,机器替代了原先的手工业生产,生产力飞跃式发展,人们对理想生活的期许不再是满足基本的生活需要,而是对物质享受以及名利财富抱有极大的期待,而获得后的巨大快感让人进一步深陷其中,原本的生活消费转变成了欲求消费。人类不断膨胀的欲望开始扭曲人与自然的关系,生态平衡被打破,生态危机日益严重,并转而威胁到人类自身的生存。自此,人类开始意识到保护生态环境的重要性,并由此进入生态文明复兴时期。以蕾切尔·卡逊所著的《寂静的春天》为代表的一系列倡导环境保护、警示生态危机的书敲响了人们要保护生态、合理利用自然资源的警钟，并进一步拓展到文化、政治、经济、社会诸领域。现代人开始更多追求与自然一体的生活观念，寻求一种极简的生活之美以及与自然美的融合，并进一步由对外在物质的追逐转向内在心灵的探求，由此兴起了绿色出行、节能环保、绿色消费、志愿服务、返归自然、断舍离甚至隐逸山林的生活方式。在这一过程中，西方发达国家较早迈出了这一步，因此有很多经验值得我们借鉴，包括像废物利用，节能环保汽车的发展，自行车或公共交通的发展，建筑中环保材料的应用等等。

应该看到，人们日常生活方式，除了狭义的衣食住行之外，还包括广义的劳动方式、精神文化生活方式、社会交往方式以及家庭生活方式等，是贯穿于人类一切活动的方方面面。因此生态观念的倡导对人们生活方式的影响除了可见的物质层面外，也包括不可见的精神层面，即生活观念的改变以及生活环境的更新。以上种种与具体个人的生活共同组成了现代社会新的生活观与幸福观。

8. 我国高校生态文明教育发展情况如何？面对哪些困境？出路何在？

盛宁：在十九大报告中，习近平总书记明确提出未来五年建设中国特色社会主义的其中一项原则是坚持人与自然和谐共生，具体包括必须树立和践行绿水青山就是金山银山的理念，坚持节约资源和保护环境的基本国策，像对待生命一样对待生态环境，统筹山水林田湖草系统治理，实行最严格的生态环境保护制度，形成绿色发展方式和生活方式，坚定走生产发展、生活富裕、生态良好的文明发展道路,建设美丽中国,为人民创造良好生产生活环境,为全球生态安全作出贡献。作为一项系统工程,生态文明的建设不可能一蹴而就,必须依赖几代人乃至几十代人的不懈努力,而大学生作为我国未来发展的中坚力量,对其加强生态文明教育就显得尤为必要和迫切。

当前,我国高校生态文明教育的阵地主要是在思想政治课程及环境保护、农林等专业,从内容上说,已涉及生态环境现状教育、生态科学基本知识教育、生态文明观教育以及生态环境法制教育等方面,基本构建了一套生态文明教育的知识体系。其中,生态环境现状教育是目前高校生态文明教育的首要内容,主要关注全球的生态危机及因应之道;生态科学基本知识则着重于生态系统结构与功能、物质循环及能量流动规律、生态平衡基本规律等。生态文明观以及生态环境法制教育是生态文明教育另两项重要内容,生态文明观主要关注人类认识人、自然和社会三者联系的基本观点与态度,如何协调人与自然关系是我国生态文明观教育的重点;而生态环境法制教育则被分置于《思想道德修养与法律基础》中的"爱国主义教育""科学对待人生环境""公共生活中的相关法律规范"和"掌握国家安全法律知识"中。从内容的呈现上,我国高校生态文明教育整体初具知识系统性。借助知识的讲授,当今大学生对环境保护的重要性及必要性有充分的意识,普遍认同自然资源的有限性、生态危机的严重性、环境污染的危害性亟须解决。从教学路径上,目前高校生态文明教育除了单向的知识输出外,还充分结合社会实践、公益活动、网络等新媒体技术,将生态文明教育从课堂延伸到课下,在激活课堂知识的同时,丰富了学生的生态实践能力。同时,部分高校成立了专门的生态教育管理部门,以统筹生态文明教育的各项事务,包括联系图书馆、团委等部分联合举办生态教育展,部分高校定期举行植物花卉展、绿色校园行动等。另外,目前科研资助亦有部分向生态保护倾斜,包括河道整治、物种收集与保护、资源的集约利用、绿色农业、循环经济的发展等等,其中不少成果转化为实际应用,并获得良好的市场反馈,在一定程度上实现了以科研助推高校生态教育的目的。

对生态文明的注重,将之提升到国家发展战略的地位是最近十年的事,因此,高校生态文明教育体系若要与建设美丽中国的目标相适应还有许多方面需要完善。

（1）生态文明教育资源亟待丰富和完善。目前大学生的生态文明教育在高等教育体系中表现得相对缺失，包括生态现状知识陈旧，生态科学基本知识不足、生态文明观教育零散，生态法制教育不够完整，不够与时俱进，并以课程设置的薄弱以及人才培养方案的僵化为集中表现。目前我国高校生态文明课程体系的普及程度远未达到欧美国家水平。只有少数高校，特别是以农林专业为优势的大学开设了一系列生态文明通识教育课程，形成了相对完善的生态文明课程体系，其他大部分院校在通识教育中并未就生态文明教育内容作系统连贯深度的规划，由此造成大学生生态意识淡薄、生态保护能力不足的困境。至于人才培养方案，我国高校目前尚未能对国家生态文明发展重大战略部署作出积极响应，人才培养的总体指导思想与基本原则部分缺少生态道德与生态素质的参与，与国际前沿的生态文明教育理念、职业发展方向和现实生活指导亦有脱节。生态文明教育资源的不足反映的是从政府到社会、到高校对生态文明的重视程度不够，大部分时候仅停留在环保法规和知识宣传上，这是目前高校生态文明教育相对薄弱的核心因素。

（2）市场取向与科技理性共同导致的大学生生态意识薄弱，认识存在局限。当今社会是以市场经济为基础建构起来的，因此，市场对利益的追求，市场本身的运作机制在不断改写大学教育、科研、社会服务的实践原则的同时，其延伸出的消费主义、拜金主义、功利主义等副产品也严重削弱了大学生的生态保护意识。而科技理性的大行其道，在挤压人文教育的发展空间的同时，也潜移默化地使人产生人是地球主宰的错觉。而过度实验科学教育容易使大学生陷入主客对立的二元认识框架中，将自然视为与人心相疏离的机械物，直观自然的情感体验与审美体验被消解，由此，所谓的生态保护、可持续发展仅仅作为概念存在于大学生脑中，被作为一种需要记忆的知识，而市场主导、科技繁荣的现实又加速其对作为概念存在的生态的抛弃。

（3）消费主义、价值虚无主义在大学生中蔓延。马克思所谓的"人的异化"在当今社会的一个表现是陷入"赚钱——消费——赚钱"的循环模式，成为金钱的奴仆而不自知。除了金钱、消费，不关心其他，一切以金钱为衡量标准，一切皆可化约为利益，价值成为一种摆设，成为一场幻梦。消费主义与价值虚无主义在大学生中流行，并与网络文化，尤其是追星、网游等相结合造成大学生面向现实时采取逃避或过于现实的倾向。由此带来的结果是,漠视生态问题,对学校生态教育无所谓,同时也无意于提升自身生态素质,回避作为现代公民所应承担的生态责任。

无疑,加强高校生态文明建设具有重要意义。从政治的角度说是符合中国特色社会主义建设理论,顺应我国总体发展方向,符合我国总体发展构想与发展策略;从社会的角度说,则是时代发展的客观需要,是扭转社会风气的必然要求;从经济的角度说,有利于推动我国经济结构的产业升级,助推绿色发展的全面实现;从文化的角度说,是与我国以及世界优秀文化所倡导的人与自然和谐相处、天人合一的理念一脉相承的。鉴于目前我国高校生态文明教育的现状及困境,可以从以下几个方面予以改进和完善:

第一,构建高校生态文明教育体系。鉴于目前高校生态文明教育无组织,系统性不强,深度不够,未能与国家发展战略充分适应的问题,高校应引起重视,并成立专门的教育部门予以统筹规划,重点从课程设置、高校师资队伍、绿色校园等生态实践活动出发,全面推进高校的生态文明教育。同时教育部、教育厅等国家行政部门也应做好相应的指导工作,包括教材的编写、专项课题经费投入的增加等等,在为高校生态教育提供资源支持的同时,唤起高校师生对生态教育的重视。

第二,发挥思政教育的主渠道作用,增加生态文明教育在思政教育中的比重。思想政治理论课原本涉及部分生态文明教育的内容,但仍不够深入,因此需要将思政教育与生态文明教育结合起来,贯穿到大学生世界观、人生观、价值观的教育中。其中,《思想道德修养与法律基础》需要将中外文明中涉及生态的内容加入进来,帮助学生从历史和文化两个角度理解生态文明建设的必要性与重要性,同时,对国外所展开的生态文明建设的现状也应有适当介绍,使学生从全球的视角下来理解中国加强生态文明建设的特色与意义,激发其作为人类一员需要承担相应的责任的使命感。另外,需要丰富生态文明法制以及相关政策的内容,使学生明确生态文明建设是有制度保障,有法可依的,以增强他们今后生态实践的意识与自信。更为重要的,需要从生态美学和生态道德两个层面着重展开对大学生的教育,在拉近生态与大学生生活之间距离的同时,使之将尊重自然、保护自然、与自然和谐相处的意识作自觉内化。

《中国近现代史纲要》则需要补充生态环境史的内容，尤其是我党对生态环境的认识与建设所经过的历程。《马克思主义基本原理概论》则需要从哲学理论的高度补充马克思原著以及西方马克思主义生态学中涉及生态文明建设的资源，包括马克思的科学实践观、人与世界的关系、对立统一规律等。《毛泽东思想与中国特色社会主义理论概论》则需要引导学生充分系统地认识中国特色社会主义理论中涉及生态文明的内容，重点突出科学发展观、全面建设小康社会、构建和谐社会、美丽中国、两山理论等内容。

第三，将生态文明教育与校园建设、社会实践活动相结合，提升大学的生态实践能力，要使得他们从做中学，由学而行，知行合一。学校环境在很大程度上能够影响学生对生态的观感，因此建设生态文明的校园，让高校成为生态文明建设的先行者与示范者，使生态文化渗透到学生心里是最切近的提升高校生态文明教育的途径。具体可以在绿色校园、文化校园、安全校园等活动中渗透生态文明教育，推广节能环保的绿色生活方式，提升校园整体环境。社会实践活动是高校生态文明教育开展的第二课堂，学校尤其是党委、团委、学生组织可以开展丰富多样的生态实践形式，包括参观走访生态企业、绿色社区，开展植树、垃圾分类等活动，同时，社会也需要给予充分的支持，包括与高校展开广泛的生态产业与生态文化合作，建造一批标准的大学生生态文明基地等。

9. 如何从制度上保障生态文明建设的展开？

孙会岩：生态文明建设是每一个国家在发展过程中无法回避和必须重视

的问题,我们国家也把它放在重要位置上。党的十八大以来出台了一系列措施,2015年,中共中央、国务院下发了《关于加快推进生态文明建设的意见》,指出要"健全生态文明制度体系",要求"加快建立系统完整的生态文明制度体系,引导、规范和约束各类开发、利用、保护自然资源的行为,用制度保护生态环境",提出了健全法律法规、完善标准体系等十条要求。梳理近年来关于生态文明建设的措施可知,党中央把健全生态文明制度体系作为重点,凸显了建立长效机制在推进生态文明建设中的基础地位。生态文明建设是理念、制度和行动的综合,它通过科学理念指引制度设计,通过制度规范和引导行动,从而构成一个完整的体系。

(1)党中央对生态文明建设提出了明确的战略。

自党的十八大以来,我国生态文明建设的总体战略构想从"五位一体"逐渐发展为"五大发展理念",从对社会发展布局的一个重要组成部分上升到了贯穿整个社会、融入亿万民众心中的一种发展理念,全党全国人民对这个问题的认识和重视程度不断加深。习近平总书记曾指出:"要正确处理好经济发展同生态环境保护的关系,牢固树立保护生态环境就是保护生产力、改善生态环境就是发展生产力的理念,更加自觉地推动绿色发展、循环发展、低碳发展,决不以牺牲环境为代价去换取一时的经济增长。"[1]"良好的生态环境是最公平的公共产品,是最普惠的民生福祉,加强生态文明建设是民意所在;从老百姓满意不满意、答应不答应出发,生态环境非常重要;从改善民生的着力点看,这点也很重要。"[2]这标志着党中央将生态文明建设从五位一体格局的一部分,放到了中国梦的宏伟蓝图中,也标志着中国共产党在发展中更加以人为本,更加注重老百姓生活水平的提高,更加着力为人民创造一个良好的环境。

改革开放以来,我国实行环境保护基本国策,制定了以环境保护法为主体的一系列法律制度,出台了环保目标责任制、环境影响评价等基本制度。但这些制度安排的作用并没有充分发挥出来,为了实现经济的快速发展,唯GDP、漠视环保法律、执法不严等现象屡见不鲜,健全生态文明制度体系的紧迫性日

---

[1] 习近平:《习近平谈治国理政》,北京:外文出版社,2014年,第209页。
[2] 《论生态文明建设:良好生态环境是最普惠的民生福祉》,载《光明日报》,2014年11月7日,第1版。

益增强。全面建成小康社会是我国第一个"一百年目标",要求我们优先健全生态文明制度体系,为实现"蓝天、碧水、净土"目标奠定基础。党的十八届三中全会《决定》提出,到 2020 年形成系统完备、科学规范、运行有效的制度体系,其中就包括健全生态文明制度体系。生态文明制度建设和治理改革的任务已经非常紧迫,不仅构建生态环境法律体系的任务非常繁重,而且从目前分散的部门管理走向统一监管、统筹协调的管理体制和完善治理结构也面临许多障碍。因此,合理运用每一次法律修改、制度出台、机构调整和实践探索的机会至关重要。

(2) 从制度设计上保障生态文明建设顺利前行。

如果说战略构想是国家宏观层面的总体规划,那么制度政策设计就是具体执行过程中的依据和准绳。任何一项战略设计,都要依赖制度才可以落到实处,生态文明建设也不例外。从党的十八大将生态文明放进"五位一体"的格局中,到提出了"五大发展理念"全面指导小康社会建设,党中央一直在探索如何构筑一个完整的生态文明建设的制度体系和完善的政策措施,具体主要包括以下三个方面:

第一,建立生态文明的监管制度。搞好生态环境的保护工作必须要建立健全一个强有力的监督管理机制。2015 年 9 月,中共中央、国务院印发的《生态文明体制改革总体方案》,明确提出必须完善自然资源监管体制,使国有自然资源"资产所有权人"和"国家自然资源管理者"相互独立、相互配合、相互监督,统一行使全国 960 万平方公里陆地国土空间和所有海域国土空间的用途管制职责,对各类自然生态空间进行统一的用途管制制度,对"山水林田湖"进行统一的系统性修复。① 例如对水流、森林、山岭、草原、荒地、滩涂等自然生态空间进行统一确权登记,形成归属清晰、权责明确、监管有效的制度,还有建立国家自然资源管理体制、生态损害责任终身追究制及损害罚款制等相关制度。

第二,健全保护生态文明的法律制度。生态文明建设需要立法和严格执法律作为基本保证。从党的十八大以来我国相关立法来看,2013 年 10 月第十二届全国人大常委会公布的立法规划,其中明确的 68 件立法项目中,有修改

---

① 中共中央、国务院印发《生态文明体制改革总体方案》,2015 年 9 月 21 日,http://www.xinhuanet.com/politics/2015-09/21/c_1116632159.htm。

土地管理法、环境保护法、大气污染防治法、水污染防治法、土壤污染防治法、核安全法等11项法律涉及生态文明建设问题。党的十八届四中全会上,再次提出用严格的法律制度保护生态环境的一些具体措施。会议指出:"要加快建立有效约束开发行为和促进绿色发展、循环发展、低碳发展的生态文明法律制度,强化生产者环境保护的法律责任,大幅度提高违法成本。建立健全自然资源产权法律制度,完善国土空间开发保护方面的法律制度,制定完善生态补偿和土壤、水、大气污染防治及海洋生态环境保护等法律法规,促进生态文明建设。"①

第三,探索生态文明建设的民众参与制度。这一制度主要解决的是生态文明建设的参与主体问题,为构建一个全社会共同参与建设的局面服务。"公民参与是信息时代政治社会生活不可或缺的一部分,是政府和公共管理者必须面对的环境和情形。"②鼓励、引导公众有序参与国家治理,提升公众参与国家治理的能力是国家治理现代化的体现与要求,也是一个国家民主政治发展与进步的表现。因此要及时准确披露各类环境信息,扩大公开范围,保障公众知情权,维护公众环境权益。健全举报、听证、舆论和公众监督等制度,构建全民参与的社会行动体系。近年来政府在建设项目立项、实施、后评价等环节,有序增加了公众参与程度,正在引导生态文明建设领域各类社会组织健康有序发展,努力发挥出民间组织和志愿者的积极作用。

总之,生态文明建设是我国当今和未来社会面对的一个重要问题,必须给予高度重视。党的十八大以来,从"五位一体"格局的构建到十八届五中全会"五大发展理念"的提出,标志着在生态文明建设上,全党认识的不断提高和重视程度的日益增加。在党中央的领导下,我国的生态文明建设理念不断更新,环境保护制度不断完善。我们相信只要紧跟党中央的战略部署努力前行,未来我们一定会建设成一个经济高度发展、社会高度文明、生态环境优良、绿色共享的美好社会,最终实现中华民族复兴的伟大梦想。

---

① 《中共中央关于全面推进依法治国若干重大问题的决定》,载《人民日报》,2014年10月29日,第1版。
② [美]托马斯:《公共决策中的公民参与》,孙柏瑛等译,北京:中国人民大学出版社,2010年,第3页。

10. 生态文明建设与"一带一路"倡议的关系？

孙会岩：中国实施"一带一路"倡议绝不是输出落后过剩产能，也绝不是把本国的环境污染转移到别国，而是输出先进优势产能和搭建环保合作平台，自愿接受全面监督，自愿引领绿色发展，着力构建绿色丝绸之路。[①] 因此，"一带一路"倡议和生态文明建设是紧密联系在一起的。

（1）生态文明建设与"一带一路"倡议是不可分割的。

首先，我们可以从陆上丝绸之路和海上丝绸之路两个方面分析"一带一路"倡议背景下生态文明的现状：陆上方面主要指古老的"丝绸之路"所经过的地域，包括中国西北地域，中亚西亚以及欧洲的部分国家，该地地貌特征以中国黄土地貌以及中亚地区沙漠草原为主的地貌形态最为显著，是全球生态环境问题较为突出的地区之一。海洋方面主要指海上丝绸之路沿线的东南亚地域，包括中国的东南沿海城市以及东南亚各国。该地处亚欧板块、太平洋板块和印度洋板块的交界，地质构造极不稳定，地震海啸等自然灾害频繁发生。近年来，随着工业化、城镇化的飞速发展致使该地区衍生出了一系列的生态环境问题，如：资源过度开发、热带雨林面积锐减以及生物种类减少等。

其次，生态文明建设在"一带一路"倡议落实发展过程中发挥着巨大作用。一方面，生态文明建设能够为"一带一路"倡议提供理论支撑。党中央的这一倡议不仅让古老的丝绸之路"旧瓶装新酒"重新焕发勃勃生机，更是将亚欧非

[①] 杨宜勇：《打造绿色"一带一路"应把握三个关键问题》，载《区域经济评论》，2017年第6期。

各国之间互利互鉴,合作共赢的局面推向更高的历史维度。持续高效的共生发展关系需要生态文明建设这个强大保障,而"一带一路"倡议作为我国在生态文明建设方面的具体实践,理应用生态文明建设加以引导。另一方面,生态文明建设是"一带一路"建设的重要动力。要深入研究各国在能源资源开发利用以及在应对生态环境保护等方面的规章制度,并将其与中国在该方面所积累的经验教训相结合,努力把生态文明建设融入以经济合作为主的重点合作项目的各个方面乃至全过程,为"一带一路"的建设落实提供不竭的动力支持。

(2) 在实施"一带一路"倡议中要融入生态文明理念。

国际社会对中国的"一带一路"倡议也存有一些疑虑,他们质疑,未来中国是否会通过"一带一路"建设进行污染转移?是否会把高投入、高耗能、高污染产业转移出去?是否会把供给侧结构性改革过程中淘汰的过剩落后产能转移出去?这些疑虑并非空穴来风,因为"一带一路"横跨亚欧非大陆,沿线国家和地区生态环境复杂多样,东端是经济快速发展的东亚经济圈,西端是经济发达的欧洲经济圈,中间是资源丰富但生态相对敏感、脆弱的广大腹地国家,容易出现污染物跨境传输的现象。"一带一路"沿线国家和地区面临共同应对全球气候变暖、治理跨境污染、防治土地荒漠化、缓解淡水资源危机、消除贫困等重大难题。因此,我们要在顶层设计中倡导绿色发展理念,杜绝"先破坏再保护、先污染再治理、先排放后减排"现象的发生,避免工程项目建设对生态环境造成破坏。2017年5月,环境保护部、外交部、国家发展和改革委员会、商务部联合发布了《关于推进绿色"一带一路"建设的指导意见》,明确提出要将生态环保融入"一带一路"建设的各个方面,分享中国生态文明建设的成功经验,不断提高沿线国家生态环境保护和防范生态环境风险的能力,促进经济社会发展和生态环境保护双赢,共同实现2030年可持续发展目标。这不仅标志着中国在顶层设计中主动将生态文明理念融入"一带一路"建设,而且有力地回应了国际社会的误解和质疑,明确了在"一带一路"建设中推进生态文明的思路。

(3) 通过构建科学的生态安全体系推动"一带一路"发展。

当前主要面临着空气跨国污染、水资源破坏、生物多样性锐减等生态问题,这些问题严重制约"一带一路"沿线国家和地区的可持续发展。因此,在"一带一路"建设过程中,构建完整的科学合理的生态环境保护服务、支撑和保障体系是十分必要的。制度保障是"一带一路"沿线国家和地区构筑科学合理的生态安全体系的基本前提,在推进"一带一路"建设过程中,制定区域环保引导性政策和相关的行动指南是促进环境保护与经济社会协调发展必不可少的重要工作。构建科学合理的生态安全体系要求"一带一路"沿线国家和地区做到以下几点:首先,加强沿线各国环境保护专家的培训交流。定期组织沿线各国的环境保护专家进行培训交流,积极宣传国际上成功的生态文明建设和生态文明实践经验,让各国正确认识自己在环境保护工作上的不足,从而有针对性地设计一套"一带一路"沿线国家政府部门、科研机构与环境保护社会组织等共同参与的生态环境保护交流合作体系。其次,加快信息服务平台建设。信息服务平台、法律法规创新与科技进步是"一带一路"建设顺利实施的重要保障。"一带一路"沿线各国应加强合作,以上海合作组织环保信息平台为支撑,收集"一带一路"沿线生态环境与资源要素、生物多样性等与生态相关的信息,搭建"一带一路"环保信息共享平台,促进各国间的环保信息交流,共享基础数据的研究与分析,为构建科学合理的生态安全体系提供大数据支撑。再次,识别沿线各国的优势与诉求。清晰认识沿线各国在"一带一路"生态环保建设中的主要挑战与合作诉求,在此基础上对接沿线其他国家的生态环保国际合作战略,积极进行项目合作,提高项目设计和资源投入的精准度。最后,不同国家生态安全体系建设要差异化推进。沿线各国在设计生态安全体系时,要结合本国国情与双边甚至多边关系的不同,充分考虑各国在节能、生物多样性保护、生态补偿、节水、湿地保护、土壤环境保护、应对气候变化等方面的法律法规,探索生态环境保护服务、支撑和保障的新模式、新体系。同时,积极推广中国在生态文明建设中积累的创新成果。

党的建设篇

1. 中国共产党为什么能带领全国各族人民从站起来、富起来到强起来？

邱仁富：从站起来、富起来到强起来这一问题的由来主要是基于党的十九大报告的重要判断，即中国特色社会主义进入了新时代，这个新时代"意味着近代以来久经磨难的中华民族迎来了从站起来、富起来到强起来的伟大飞跃，迎来了实现中华民族伟大复兴的光明前景"①。这一判断全面阐释了近代以来中华民族发展的三个重要阶段：中华民族如何从在帝国主义入侵殖民的苦难中站起来，即追求中华民族的独立解放的阶段；中华民族如何通过改革开放、独立自主自力更生，摆脱千百年来贫困缠绕，逐步从小康社会到全面小康社会的阶段，即从贫困走向富裕的阶段；中华民族站在新的历史起点上如何建设社会主义现代化强国的阶段。从这三个阶段来看中国共产党的领导地位和领导作用，可以较好地理解中国共产党为什么能带领全国各族人民从站起来、富起来到强起来的问题。

中国共产党敢为人先、敢于牺牲，带领中国人民进行伟大斗争，取得伟大胜利。近代以来，中华民族饱受西方列强的侵略和欺辱。鸦片战争之后，中国从原来的世界强国逐渐走向半殖民地半封建社会的国家，国家主权完整逐渐被西方列强铁蹄践踏，中国人民被帝国主义所奴役的漫长岁月却拉开了序幕，中华民族的主要矛盾发生改变。矛盾是社会发展的根本动力，正是因为主要矛盾的改变，拯救中华民族于危难，追求中华民族之独立解放，

---

① 习近平：《决胜全面建成小康社会 夺取新时代中国特色社会主义伟大胜利》，北京：人民出版社，2017年，第10页。

则是中华儿女肩负的历史使命和责任。在中国共产党成立以前,有不少仁人志士进行了艰辛的救国图强的探索,付出了沉重的代价,无论是变法救国,还是实业救国,最终都没有解决这个问题。中国共产党成立,在事实上肩负了中华民族独立、解放的重任。中国共产党带领中国人民经历了艰苦卓绝的斗争,推翻了压在中国人民的三座大山,并于1949年实现了中华民族的独立和解放,从而摆脱了近代以来的中华民族的屈辱史、苦难史。彰显了中华儿女不畏牺牲、敢为人先的奋斗史、抗争史,谱写了中华民族历史的新篇章。中华民族之所以能够取得独立和解放,最根本的在于中国共产党的领导,在于中国共产党团结各族人民的不懈奋斗。因此,中华民族的独立解放,核心在于中国共产党的领导。历史证明了中国共产党的领导是历史的选择、人民的选择。

中国共产党勇于探索、开拓进取,带领中国人民坚持和发展中国特色社会主义,从贫困到小康,再到全面小康,人民丰衣足食,精神世界不断得到丰富发展。中华人民共和国成立以来,一方面要巩固新生政权,另一方面是百废待兴,重建一个新中国。这两个方面都决定了中国探索社会主义道路的成败,但这两者之间又相互联系起来,随着国际斗争形势的复杂性,影响了国内经济建设的重大战略判断,也使从学苏联的模式逐渐探索到独立自主的轨道上来。简言之,不管当时国际国内形势如何变化,以及在社会主义探索过程中走了弯路、犯了错误,但是,其主线始终是一以贯之的,即坚定不移地走社会主义发展道路、坚定不移地坚持和发展中国特色社会主义,不断满足人民日益增长的物质文化需要,不断丰富和发展人民对美好生活的需要,在全面消除贫困,全面建成小康社会的康庄大道上不断让人民过上好日子。改革开放以来,坚持以经济建设为中心,不断解放和发展生产力,推动计划经济和市场经济发展,最终确立了市场经济在资源配置中的决定性地位,从而极大地调动了人民的积极性和创造力,中国经济社会快速发展,取得了历史性成就,发生了历史性变革。改革开放以来之所以能够取得巨大成就,最根本的原因在于中国共产党的坚强领导,在于中国共产党勇于开拓社会主义道路,不断丰富和发展了中国特色社会主义。中国共产党的领导是中国特色社会主义的最大优势,是中国特色社会主义事业的领导核心。因此,新中国成立以来特别是改革开放以来中国特色社会主义之所以能够取得历史性成就,核心在于中国共产党的领导。历史再次证明了中国共产党的领导是正确的、可行的。

中国共产党励精图治、图强圆梦,带领中国人民进行具有许多新的历史特点的伟大斗争、伟大工程、伟大事业、伟大梦想,展现新气象、彰显新作为。进入新时代,正如党的十九大报告判断的那样,中国越来越走近世界舞台的中央,中国于2020年全面建成小康社会之后,将为社会主义现代化强国建设大阔步前进,在新的历史伟大斗争中,唯有坚持中国共产党的领导,真心拥护党的领导才能实现这一宏伟目标,完成这一历史使命。因此,中国特色社会主义进入了新的历史时代,唯有不断加强党的领导才能使中国真正强大起来,建设社会主义现代化强国,实现中华民族伟大复兴。

从以上三个方面来看,中国共产党是中国人民、中华民族、中国特色社会主义事业的领导核心,中国共产党之所以能够带领全国各族人民从站起来、富起来到强起来,其奥秘在于以下几个方面:

(1) 指导思想,坚持理想信念。中国共产党之所以能够带领全国各族人民从站起来、富起来到强起来,根本在于始终坚持马克思主义的指导思想,在于始终坚持共产主义理想信念。无论在革命时期、建设时期,还是改革开放时期,坚持马克思主义是党的最根本遵循,也是中国共产党人的最鲜亮的理论底色,这是最重要的前提条件。中国共产党是一个有理想信仰的创业团队,不管处在顺境还是逆境,因为坚持理想信念,才能在党和国家生死攸关的危难时期,引导和带领中国人民攻坚克难。设想,一个没有理想没有信仰的组织是难以承担历史使命的。

(2) 不忘初心,牢记使命。中国共产党之所以能够带领全国各族人民从站起来、富起来到强起来,根本在于不忘初心、牢记使命。十九大报告强调:"中国共产党人的初心和使命,就是为中国人民谋幸福,为中华民族谋复兴。这个初心和使命是激励中国共产党人不断前进的根本动力。"[①]不忘初心是中国共产党人从哪里来,要到哪里去的政治底色。不忘初心,就是要告诫中国共产党人要明确我们的使命和担当,不能忘记为人民服务的宗旨,坚持人民至

---

① 习近平:《决胜全面建成小康社会 夺取新时代中国特色社会主义伟大胜利》,北京:人民出版社,2017年,第1页。

上,敢于为民谋利,善于为民谋利,勤于为民谋利,不断为人民过上更加美好的生活而奋斗,为人类的利益去奋斗。自中国共产党成立以来,就树立了为人民、为民族的基本政治立场,坚持以人民为中心的价值立场,这是能够赢得人民群众支持和拥护的根本原因。

(3) 敢为人先,战略布局。中国共产党之所以能够带领全国各族人民从站起来、富起来到强起来,根本在于能够敢为人先,从战略上思考问题,增强主动性和主导性。中国共产党的成立是一件开天辟地的大事,决定了中国共产党人要干前人没有干过的事情,创前人未有之伟业。敢为人先,能够带领人民群众进行伟大斗争,赢得中华民族独立解放,敢于率先推动改革开放,建设社会主义市场经济,实现两种经济体制(计划和市场)并存且相互补充,推动市场在资源配置中起决定性作用,实现两种政治制度(社会主义制度和资本主义制度)并存,推动香港、澳门与大陆协调发展、共生共赢发展,这些都是具有里程碑意义的大事情,开创了中国特色社会主义事业新篇章。战略布局,不管在革命战争年代,还是在和平发展年代,中国共产党都高瞻远瞩,审时度势,坚持战略思维、战略定力、战略耐心,切实维护国家的利益和人类和平发展利益。得道者多助,这种战略布局,有利于人民,有利于人类进步事业。

(4) 自我革命,提升能力。中国共产党之所以能够带领全国各族人民从站起来、富起来到强起来,根本在于勇于自我革命,不断增强共产党人的执政能力和水平,增强治国理政的能力。中国共产党勇于自我革命,这是获得人民群众支持和拥护的底气;善于提升能力,这是获得人民群众拥护和支持的本领。具体来说,中国共产党自成立起,就重视党内自身的建设,敢于同各种腐朽势力做斗争,特别是党的十八大以来,以习近平同志为核心的党中央,重拳反腐,清除党内毒瘤以及各种疾病,不断净化党内政治生态,增强了党的自身免疫力和战斗力。因此,勇于自我革命是中国共产党发展壮大的重要法宝。打铁还须自身硬,只有全面从严治党,才能赢得人民群众的支持和拥护,才能提升党的执政能力和水平。善于提升能力这是最关键的一招,唯有不断提高执政能力,提高服务人民的水平才能得到人民的支持和拥护,才能带领人民从富起来向强起来迈进。

2. 为什么中国共产党 90 多年来始终保持生机与活力？

梁艳：2018 年是中国共产党成立 97 周年。97 年来，中国革命、建设、改革的实践已经证明并且还将继续证明：中国共产党是中国特色社会主义事业和中华民族伟大复兴事业的坚强领导核心，是全国各族人民的主心骨。中国共产党 90 多年来虽历经坎坷，但始终坚持不懈向着既定的目标前进，且所取得的成就令世界瞩目。中国共产党为什么能始终充满生机活力？

(1) 实事求是是中国共产党始终保持生机与活力的思想基础。

中国共产党在革命战争年代树立起了实事求是的思想路线，中国革命从此走上了一条符合中国实际的正确道路，从而实现了彻底、辉煌的胜利。在社会主义建设年代中国共产党重新坚持实事求是的思想路线，走上了一条符合中国实际的中国特色社会主义建设道路，取得了巨大成就。但中国共产党在思想路线上也曾出现过曲折，一度出现违背实事求是的思想路线。因此从党的历史看，什么时候偏离了党的实事求是的思想路线，党的事业就遭受挫折甚至失败；什么时候坚持了党的实事求是的思想路线，党的事业就顺利发展、胜利前进。党的思想路线始终是党的政治路线的先导和思想保证。历史的经验教训告诉我们，中国共产党只有始终坚持实事求是的思想路线，才能不断实现由必然王国向自由王国的飞跃，不断提高执政能力和领导水平。

(2) 勇于创新是中国共产党始终保持生机与活力的不竭动力。

中国共产党在革命、建设和改革的进程中，坚持以马克思主义基本原理为指导，遵循着"实践探索——总结经验——理论创造——新的实践"的正确的认识路线不断前进,在坚持中发展,在继承中创新;把坚持、继承作为发展、创新的基础,又以发展、创新保证坚持和继承的实现;既勇于探索和创新,又在重大问题上慎之又慎,强调科学性、全面性,防止简单化、片面性。比如在新民主主义革命期间,中国共产党在同党内教条主义的斗争中创造性地提出了农村包围城市,武装夺取政权的理论,并且用了短短的 14 年就取得了新民主主义革命的胜利。又比如在 20 世纪 80 年代末 90 年代初,在苏联和东欧社会主义国家纷纷变质,走向资本主义的大环境下,中国又一次面临"向何处去"的重要历史关头,总结历史经验教训,创造性地提出了社会主义本质理论、社会主义市场经济理论等,在新理论的指导下中国特色社会主义焕发了勃勃生机。因此中国共产党敢于在实践上大胆探索、勇于在理论上不断创新,是中国共产党始终保持生机与活力的动力之所在。

(3) 密切联系群众是中国共产党始终保持生机与活力的力量源泉。

尽管历史上许多政党和政治势力都标榜自己是为人民大众的,但是由于历史和阶级的局限性,都没有真正做到这一点,或者理论与实践相脱节,或者始行而终弃。毛泽东曾经深刻指出:"剥削阶级讲爱民,同爱牛差不多,为的是用牛耕田,从牛身上挤奶。我们不同,我们自己就是人民的一部分,我们党是人民的代表,要使人民觉悟起来,为自己的利益奋斗。"中国共产党就是在人民群众中生长和发展壮大起来的,人民群众是我们党的力量源泉和胜利之本。我们党作为中国工人阶级的先锋队和中国人民、中华民族的先锋队,代表了中国先进生产力的发展要求、中国先进文化的前进方向、中国最广大人民的根本利益。大量事实反复证明,党同人民群众的关系,是少数和大多数的关系,但又绝不仅仅是简单的数量关系,大多数人民群众的意志、利益和要求,影响和决定历史发展的走向。执政党的最大危险,是失去人民群众的信任和拥护。一个马克思主义执政党,越是长期执政,越要注意体察民情;越是事业顺利发展,越要注意了解民意;越是历史转折关头,越要注意把握民心。我们一定要以苏联为鉴,把密切联系群众作为中国共产党始终保持生机与活力的力量源泉。

(4) 自我纠错和更新是中国共产党始终充满生机和活力的内在原因。

长期执政具有双重效应:一方面是党的队伍的扩大、执政经验的丰富;

另一方面是问题和矛盾的逐步积累,犯错误的机会增加。更严重的是,一般性失误不会立即威胁党的生存和执政地位;相反,错误可以依靠政权的力量贯彻下去,所以执政党有了犯错误的"资格",并有可能产生骄傲情绪和惰性,满足于成就和"太平盛世",忽视潜在危险,甚至面对危机麻木不仁。中国共产党90多年以来经历过多次失败,有过深刻的教训,但每一次都依靠自己从人民利益出发,纠正错误,实现新的质的飞跃。1981年十一届六中全会通过的《关于建国以来党的若干历史问题的决议》,科学地评价了毛泽东的历史功绩和毛泽东思想,在关键时刻凝聚了党心民心,成功走出"文革"的阴影,走上了改革开放的阳光大道;另一方面中国共产党始终具有强烈的忧患意识,并把忧党之心变为兴党之责、化为建党之举。十七届四中全会指出党的先进性和执政地位不是一劳永逸的。从20世纪90年代以来,我们党针对党内存在的问题,连续不断地采取一系列措施:"三讲"是着重加强领导干部、领导班子的思想政治建设;保持共产党员先进性教育活动是在全党范围内解决少数党员先进性弱化的问题;学习、实践科学发展观活动把自身建设与完成党的中心任务密切结合,使党组织和党员在促进改革发展中更好地发挥战斗堡垒作用和先锋模范作用;创先争优活动是通过教育、激励等举措培育、激发基层党组织党员的内在动力,形成党组织和党员保持先进的长效机制。

(5) 全面从严治党是中国共产党始终保持生机与活力的重要保证。

治国必先治党,治党务必从严。全面从严治党,关键在严,要害在治。一部中国共产党的发展史就是一部通过从严治党获得生机活力,从而使党不断发展壮大的历史。民主革命时期,我们党之所以能赢得广泛的政治认同、能赢得建立新中国的伟大胜利,与从严加强党的思想、组织、作风、廉政、制度建设密切关联。1942年开展的延安整风运动就是一次着重从思想上加强党的建设的成功实践、伟大创举。中华人民共和国成立以后,党的新历史使命客观上更需要从严治党,通过一系列从严治党的实践举措,激发了党的创造力和战斗力,为党的执政奠定了坚实基础。在社会主义建设时期,通过持续不断从严治党,我们党的生机活力再一次得到充分激发,为创建与完善社会主义基本制度、开辟中国特色社会主义道路提供了根本保障。习近平总书记一再警示全党:"我们党作为执政党,面临的最大威胁就是腐败。"因此,我们要以顽强的意志品质,坚持零容忍的态度不变,做到有案必查,有腐必惩,让腐败分子在党内没有任何藏身之地!近年来我党有效地清除了体内的毒瘤,增强了党自身的免疫力,从而确保中国共产党能始终保持生机与活力。

3. 为什么说党的基本路线是党和国家的生命线、人民的幸福线?

邹汉阳:《中国共产党章程》中明确写道:"中国共产党在社会主义初级阶段的基本路线是:领导和团结全国各族人民,以经济建设为中心,坚持四项基本原则,坚持改革开放,自力更生,艰苦创业,为把我国建设成为富强民主文明和谐美丽的社会主义现代化强国而奋斗。"[①]习近平总书记在《在庆祝中国共产党成立95周年大会上的讲话》中指出:"党的基本路线是国家的生命线、人民的幸福线,我们要坚持把以经济建设为中心作为兴国之要、把四项基本原则作为立国之本、把改革开放作为强国之路,不能有丝毫动摇。"[②]党的十八届六中全会通过的《关于新形势下党内政治生活的若干准则》[③]中也提到:"党在社会

[①]《中国共产党章程》,2017年10月24日,http://www.qstheory.cn/llqikan/2017-12/03/c_1122049483.htm。

[②] 习近平:《在庆祝中国共产党成立95周年大会上的讲话》,载《人民日报》,2016年7月2日,第1版。

[③]《关于新形势下党内政治生活的若干准则(2016年10月27日)》,2016年11月2日,http://www.xinhuanet.com/politics/2016-11/02/c_1119838382.htm。

主义初级阶段的基本路线是党和国家的生命线、人民的幸福线,也是党内政治生活正常开展的根本保证。"为什么说党的基本路线是党和国家的生命线、人民的幸福线呢? 这主要有以下几个方面的原因:

(1) 之所以说党的基本路线是党和国家的生命线、人民的幸福线,这是总结我们党推进社会主义革命、改革、建设事业正反两方面经验的结果。早在革命年代,我们党通过遵义会议和延安整风清除来自或左或右的干扰,科学制定了党的新民主主义革命总路线,指明了新民主主义革命的方向和前途,带领全国人民建立新中国;新中国成立之初,我们党正确制定了过渡时期总路线,推进"三大改造",带领全国人民建立了社会主义基本制度;党的十一届三中全会以来,我们党正确制定了社会主义初级阶段的基本路线,明确了推进社会主义事业的一个中心和两个基本点,在苏联解体、东欧剧变、世界社会主义事业陷入低谷的时期带领全国人民从站起来、富起来迈向强起来的新时代,取得了一系列丰功伟绩。但也应该看到,我们党在八大之后的一系列决策和举措偏离了八大确立的正确路线,也偏离了我国社会主义实践的具体实际,盲目追求社会主义建设的速度,坚持"以阶级斗争为纲"的错误路线,客观上导致了"大跃进"的重大失误和"文化大革命"的重大错误。总结正反两方面的历史经验,足以说明党的基本路线关乎党举什么旗、走什么路的根本问题,关乎一定历史时期内党如何推进社会主义事业的全局性问题,关乎党和国家的前途命运和人民的幸福,必须高度重视。

(2) 之所以说党的基本路线是党和国家的生命线、人民的幸福线,这是科学总结社会基本矛盾运动规律的结果。历史唯物主义认为,社会的发展是由生产力与生产关系、经济基础与上层建筑的矛盾推动的。这其中生产力与生产关系的矛盾是起决定性作用的,实现社会解放、人民幸福的基本动力就在于不断变革生产关系以适应生产力的发展。同时,生产力与生产关系的矛盾在不同的历史时期有着不同的具体表现,如果不能对所处历史阶段的基本情况有着准确的了解,如果不能对所处历史时期的社会主要矛盾有着科学的研判,就不可能担负好带领人民解放发展生产力的政党使命,就会丧失党的生命力。党的基本路线不同于党的各项具体的工作路线和政策,是建立在对党所处的一定历史时期的基本情况和社会主要矛盾的判断之上的指导全局的总路线、总方针、总政策的集中概括,其中既包含着变革生产关系解放发展生产力的根本导向,也蕴含着立足具体实际合理谋划阶段性蓝图的政党智慧,符合社会基本矛盾运动规律,对党和国家的事业、人民的幸福起着十分重要的作用。

(3)之所以说党的基本路线是党和国家的生命线、人民的幸福线,这是因为它有着十分显著的现实意义。毛泽东曾经指出:"政策和策略是党的生命。"[1]中国特色社会主义事业步入新时代,我们党作出了我国仍处于并将长期处于社会主义初级阶段的判断,并指明我国社会主要矛盾已经转化为人民日益增长的美好生活需要和不平衡不充分的发展之间的矛盾。在新时代,党的基本路线有两大鲜明的现实意义。第一,党的基本路线是新时代推动社会全面进步的根本指南。主要矛盾的转换更加凸显推动社会全面进步的重要性,克服不平衡不充分的发展首先就要求全面呼应社会各方面的诉求,既要协调不同地区之间的发展态势,也要统筹经济建设、政治建设、文化建设、社会建设、生态文明建设等不同领域的事业。越是要全面呼应社会诉求,就越是需要一个全面的指导路线。党的基本路线包含"一个中心、两个基本点",其中既突出了重点,又指明了方向,更划定了边界,有力防止在克服不平衡不充分发展的过程中陷入或左或右的判断失误,保证中国特色社会主义事业的方向。第二,坚持党的基本路线是党内政治生活正常开展的根本保证。当前我们党正在推动最为广泛的社会革命,正在进行最为深刻的自我革命,正在开展许多具有新的历史特点的伟大斗争。如何建设一支能够担负实现中华民族伟大复兴使命、对党和人民忠诚、廉洁奉公的高素质干部队伍;如何继续坚持和发扬我们党一切从实际出发,理论联系实际,实事求是,在实践中检验真理和发展真理的思想路线;如何在广大党员中清除来自形形色色错误思潮的干扰,这一切都需要在党内政治生活中全面、正确、积极地贯彻执行党的基本路线。

---

[1] 毛泽东:《毛泽东选集》第4卷,北京:人民出版社,1991年,第1316—1317页。

4. 如何理解"全面从严治党永远在路上"?

邱仁富：中国共产党高度重视党的自身建设，并通过党内建设推动社会建设。党要管党必须从严治党。党的十九大报告指出："坚持全面从严治党。勇于自我革命，从严管党治党，是我们党最鲜明的品格。必须以党章为根本遵循，把党的政治建设摆在首位，思想建党和制度治党同向发力，统筹推进党的各项建设，抓住'关键少数'，坚持'三严三实'，坚持民主集中制，严肃党内政治生活，严明党的纪律，强化党内监督，发展积极健康的党内政治文化，全面净化党内政治生态，坚决纠正各种不正之风，以零容忍态度惩治腐败，不断增强党自我净化、自我完善、自我革新、自我提高的能力，始终保持党同人民群众的血肉联系。"[①]党的报告对如何全面从严治党提出了一系列重大战略举措，推动全面从严治党持续化、长期化开展。全面从严治党为什么永远在路上？主要有以下几个因素：

（1）党的建设是一个过程，而不是一种结果。党的建设不是一劳永逸的事情，而是持之以恒的事情。党的建设贯穿中国共产党革命、建设、改革等全过程。中国共产党从小到大，由弱到强，对自身的建设高度重视，这是一以贯之的。中国共产党自成立开始就非常重视党的自身建设，这是我们党形成的优良传统，早在革命时期就提出了武装斗争、统一战线、党的建设。把党的建设上升到法宝的高度。为此，从严治党是中国共产党的优良传统，这一点在任

---

① 习近平：《决胜全面建成小康社会　夺取新时代中国特色社会主义伟大胜利》，北京：人民出版社，2017年，第26页。

何时候都不会发生改变。这就是说,党的建设只存在进行时,没有完成时。

(2)从党要管党、从严治党到全面从严治党是一个长期的认识过程。党成立伊始,尽管党非常重视自身的建设,但是,如何建设,还是一个长期的探索过程。党的建设并非一开始就提出全面从严治党,而是随着中国革命斗争形势的发展,在革命胜利中总结经验,在错误和曲折中吸取教训,如在反左倾、反右倾的斗争中不断总结经验教训,推动党的自身建设和完善。从严格治党到全面治党的改变,表明中国共产党逐渐探索党的建设规律取得重大进展,随着执政越长久,党的建设规律也要不断探索,这需要一个长期的过程。而且,全面从严治党的内涵随着时代的发展也不断得到丰富和发展,党的十八大以来,在全面从严治党方面取得历史性成就,创造性地发展全面从严治党的内涵。正如十九大报告指出:"全面加强党的领导和党的建设,坚决改变管党治党宽松软状况。推动全党尊崇党章,增强政治意识、大局意识、核心意识、看齐意识,坚决维护党中央权威和集中统一领导,严明党的政治纪律和政治规矩,层层落实管党治党政治责任。坚持照镜子、正衣冠、洗洗澡、治治病的要求,开展党的群众路线教育实践活动和'三严三实'专题教育,推进'两学一做'学习教育常态化制度化,全党理想信念更加坚定、党性更加坚强。贯彻新时期好干部标准,选人用人状况和风气明显好转。党的建设制度改革深入推进,党内法规制度体系不断完善。把纪律挺在前面,着力解决人民群众反映最强烈、对党的执政基础威胁最大的突出问题。出台中央八项规定,严厉整治形式主义、官僚主义、享乐主义和奢靡之风,坚决反对特权。巡视利剑作用彰显,实现中央和省级党委巡视全覆盖。坚持反腐败无禁区、全覆盖、零容忍,坚定不移'打虎''拍蝇''猎狐',不敢腐的目标初步实现,不能腐的笼子越扎越牢,不想腐的堤坝正在构筑,反腐败斗争压倒性态势已经形成并巩固发展。"[①]党的十大以来,中央先后推动一系列的重大战略举措,在政治层面、制度层面、思想层面、纪律层面不断开拓进取,不断创新全面从严治党的治理方式和路径,推动全面从严治党永远在路上。

(3)打造世界最强大的政党必须坚持全面从严治党永远在路上。纵观党的

---

① 习近平:《决胜全面建成小康社会 夺取新时代中国特色社会主义伟大胜利》,北京:人民出版社,2017年,第8页。

发展历史,如何把党建好建强,这是关乎党的兴衰和中华民族兴衰的大事情。要管理好这个队伍须全面从严治党,坚持不懈、持之以恒。从思想建党、组织建党、制度建党,再到政治建党,根据不同时代的历史特点和党面临的新的历史伟大斗争,不同时期针对党员素质、党员建设面临的突出问题采取的侧重点也不相同。毛泽东非常强调思想建党,首先强调要思想先入党,然后组织上入党;邓小平强调制度建党,强调通过制度建设来加强党的建设;习近平强调政治建党,把党的政治建设摆在首位,指出"党的政治建设是党的根本性建设,决定党的建设方向和效果"[①]。从思想建党到政治建党,表明党的建设重点随着时代和形势的变化而不断发生改变,与时俱进,不可能是一劳永逸的。因此,新时代建设世界强大政党,必须要推动党的政治建设,不断以党的政治建设来推动其他领域的建设,强化党的战斗力,增强的领导能力和驾驭国际风险的能力。

因此,必须要充分意识到党的建设的长期性和曲折性,意识到全面从严治党的长期性、艰巨性。面对党员人数巨大、执政挑战严峻、责任使命艰巨、国际国内形势复杂多变的情况,必须要坚定不移地把党建好,更要建强。因此,全面从严治党必须要长期抓、一直抓下去,任何时候、任何条件下都不能懈怠。

5. 党的十八大以来,全面从严治党有哪些新举措?

许静仪:党的十八大以来,以习近平为核心的党中央创新发展马克思主

---

① 习近平:《决胜全面建成小康社会 夺取新时代中国特色社会主义伟大胜利》,北京:人民出版社,2017年,第62页。

义党建理论,用新的举措坚定不移地推进全面从严治党,取得历史性重大成果,党风政风发生极大改变,党心民心振奋不已。

(1) 强调党的政治建设是党的根本性建设。

党的十九大报告明确指出,要把党的政治建设摆在首位。这既是党的建设理论的重大创新,也是对党的十八大以来全面从严治党成功经验的总结。十八大以来,以习近平为核心的党中央旗帜鲜明地讲政治,把党的政治建设作为党的根本性建设,全面加强党的领导和党的建设,使管党治党宽松软的状况得到坚决改变;增强全党同志尤其是领导干部的政治意识、大局意识、核心意识、看齐意识,使党中央的权威和集中统一领导得到有效维护。同时,推动全党尊崇党章,加强党内教育,严明党的政治纪律和政治规矩;坚持民主集中制等各项制度,不断完善党内法规体系;落实新时期好干部标准,抓好"关键少数";强化党内监督、作风建设,使反腐败斗争形成压倒性态势;等等。

正是因为着眼于党的政治建设,采取了一系列力度空前的重大举措,才使党内存在的突出矛盾和问题得以解决,消除了重大政治隐患,营造出风清气正的政治生态,对党的其他建设起到纲举目张的作用,使全面从严治党取得卓著成效。

(2) 坚持思想建党和制度治党紧密结合。

思想建设是党的基础性建设,而坚定理想信念则是党的思想建设的首要任务。只有补足精神上的"钙",理想信念坚定,才能抵御名利诱惑,不至信仰迷茫、政治变质、经济贪婪、腐化堕落,从而为制度治党确立正确方向、提供思想保证。

俗话说,没有规矩,不成方圆。党的制度就是具有硬约束的规矩。制度治党是思想建党的根本保障,只有科学合理、严密有效的制度体系才能保证思想建党的持续和深化。

党的十八大以来,始终坚持思想建党和制度治党紧密结合、同向同时发力,对实现全面从严治党起到重要作用。

(3) 从严肃党内政治生活入手抓全面从严治党。

党的十八届六中全会紧紧围绕全面从严治党这一主题,通过了《关于新形势下党内政治生活的若干准则》(以下简称《准则》),为加强和规范党内政治生活、不断净化党内政治生态提供了行动指南。《准则》明确指出:办好中国的事情,关键在党,关键在党要管党、从严治党。党要管党必须从党内政治生活管起,从严治党必须从党内政治生活严起。从严肃党内政治生活入手抓全面从严治党,真正抓住了管党治党的关键和要害,充分展现了我们党的勇气和自信。

《准则》提出12个方面的规定和要求,可以说字字是铮言,句句硬约束,为党内政治生活提供了基本规范和标准尺度。正是由于严格党内政治生活,才使领导干部的政治操守得以严明,广大党员的基本行为得以规范,加强了党的创造力、凝聚力、战斗力,纯洁党风、净化政治生态,推动了党和国家事业蓬勃发展。

(4) 加强组织建设、纪律建设和作风建设。

党的十八大以来,锲而不舍地加强组织、纪律和作风建设,不断推进全面从严治党。

加强组织建设。首先,坚持民主集中制原则。民主集中制是党的根本组织制度、领导制度,其科学性和重要性经受了无数的历史考验和实践检验,成为党内政治生活正常健康开展的重要制度保障。其次,把"信念坚定、为民服务、勤政务实、敢于担当、清正廉洁"的好干部标准落到实处,努力建设高素质专业化干部队伍。此外,特别重视党的基层组织建设,全体党员遵循"两学一做"的要求,深入领会党治国理政新理念新思想新战略,做合格党员;不断加强基层党组织的战斗力、凝聚力,充分发挥其坚强战斗堡垒作用。

加强纪律建设。首先,严明政治纪律。做到自觉坚持党的领导,自觉维护党中央的权威,在思想上、行动上自觉与党中央保持高度一致,从根本上保证党的团结统一,确保党始终成为中国特色社会主义事业的坚强领导核心。其次,严明组织纪律、廉洁纪律、群众纪律、工作纪律、生活纪律,使管党治党落到实处。

加强作风建设。党的作风是党的形象,关系人心向背,关系党的生死存亡。作风建设的核心是保持党同人民群众的血肉联系,关键是形成"头雁效应"。首先,牢固树立群众观点、切实解决群众困难、提高服务群众的本领,团结带领广大人民群众跟党走。其次,持之以恒地反对"四风"。按照"作风建设永远在路上"的理念,制度化、规范化、常态化地进一步加强作风建设,把作风建设落实落细,真正打赢关乎党的生死存亡的作风建设攻坚战、持久战,从而凝聚人心、凝聚力量,巩固了党的执政基础。

(5) 通过加强党内监督推进全面从严治党。

党的十八届六中全会通过了新修订的《中国共产党党内监督条例》(以下简称《条例》),《条例》指出:加强党内监督,是新形势下加强党的建设十分重要的课题,也是我们推进全面从严治党的重要抓手。《条例》明确党内监督的任务是:确保党章党规党纪在全党有效执行,维护党的团结统一,重点解决党的领导弱化、党的建设缺失、全面从严治党不力,党的观念淡漠、组织涣散、纪律松弛,管党治党宽松软问题,保证全体党员发挥先锋模范作用,保证党的领导干部忠诚干净担当。

通过加强党内监督,建立健全集中统一、权威高效的党内监督体系,使"不能腐"的制度体系逐步构筑,为全面从严治党提供了坚实的全方位保障。

(6) 持之以恒地加强廉政建设和反腐败斗争。

加强廉政建设和反腐败斗争,是全面从严治党的重中之重。党的十八大以来,"坚持反腐败无禁区、全覆盖、零容忍,坚定不移'打虎'、'拍蝇'、'猎狐',不敢腐的目标初步实现,不能腐的笼子越扎越牢,不想腐的堤坝正在构筑,反腐败斗争压倒性态势已经形成并巩固发展"①。反腐倡廉一靠思想教育,二靠严格制度。通过改革完善党的纪律检查体制,加强反腐败工作体制机制创新,建立健全监督体系,不断改进巡视制度,加强国际追逃追赃,"不敢腐、不能腐、不想腐"的有效机制作用彰显。

党的十八大以来,把反腐倡廉作为党的建设的生命工程,持之以恒地加以推进,坚持有腐必反、除恶务尽,健全惩治和预防腐败体系,以清正廉洁的政治本色和反腐败的显著成效赢得了人民群众的信任和拥护,使"两个一百年"奋斗目标的顺利实现获得了可靠的群众基础和力量源泉。

---

① 习近平:《决胜全面建成小康社会 争取新时代中国特色社会主义伟大胜利——在中国共产党第十九次全国代表大会上的报告(2017年10月18日)》,北京:人民出版社,2017年,第8页。

6. 如何理解中国共产党人的初心和使命?

邹汉阳:党的十九大报告鲜明地提出:"不忘初心,方得始终。中国共产党人的初心和使命,就是为中国人民谋幸福,为中华民族谋复兴。这个初心和使命是激励中国共产党人不断前进的根本动力。"①党的十九大把初心和使命作为大会主题,用其总揽党的辉煌历史,诠释党的性质宗旨,宣示党和国家事业的光辉未来,这是中国共产党走向高度成熟的思想界碑,是党由简到巨而又化巨为简的历史宣言,深刻诠释了中国共产党是谁、从哪里来、到哪里去的根本问题,回答了党在新时代"以什么样的精神状态、担负什么样的历史使命"的重大命题。步入新时代,我们要开启中国特色社会主义的崭新篇章,就要不忘初心,牢记使命,不断奋斗,把中华民族千秋伟业推向前进。

(1)"为中国人民谋幸福,为中华民族谋复兴",是中国共产党将马克思主义中国化的必然结果。初心的形成,使命的定位,也许是历史的一瞬间,但却具有历史的必然性。它是先进理论的逻辑必然,是由马克思主义政党学说和科学社会主义的理论立场、理路逻辑决定的,它所呼应的是马克思主义理论的"人民性";它也是先进政党的实践必然,是由中国共产党的性质和宗旨决定的,它所呼应的是中国共产党代表最广大中国人民利益的政党性质和全心全意为人民服务的政党宗旨;它也是先进运动的历史必然,是由共产主义作为现

---

① 习近平:《决胜全面建成小康社会 夺取新时代中国特色社会主义伟大胜利——在中国共产党第十九次全国代表大会上的报告(2017年10月18日)》,2017年10月27日,http://www.xinhuanet.com/politics/19cpcnc/2017-10/27/c_1121867529.htm。

实运动的历史逻辑决定的,它所呼应的是共产主义运动拒绝一切空想,深入到所处社会最为基础的生产关系中寻求革命性因素的现实性。先进理论的逻辑必然、先进政党的实践必然、先进运动的历史必然三者互相呼应、紧密相联,而这种必然性一经和近代中国积贫积弱的基本国情相结合,就把马克思主义理论的初心、共产党的初心、共产主义运动的初心具体化为中国共产党人的初心和使命,也就是"为中国人民谋幸福,为中华民族谋复兴"。是以,马克思主义学说虽然是以国际主义为指向的,但却成了许多被剥削被压迫国家的福音;共产主义革命运动虽然是以消灭资本主义私有制为核心,但却为许多前资本主义国家的人民指引着最为高度的幸福。这种先进性与现实性的紧密统一,鲜明地写在了党的二大关于最高纲领和最低纲领的论述当中,更深深地印刻在中国共产党人的初心和使命之中。

(2)"为中国人民谋幸福,为中华民族谋复兴",激励着中国共产党人不断推进社会革命和自我革命的历史进程,推动中国特色社会主义迈入新时代。中国共产党人所领导的伟大社会革命,不同于以往的以某种阶级统治形式取代另一种阶级统治形式的传统革命,而是以取消一切阶级统治和阶级压迫为最终目标的彻底革命。伟大社会革命的深入推进,不仅有赖于革命者激昂的革命精神和革命斗志,更取决于革命主体能否始终摒弃一切特殊利益。革命主体如果还拥有任何自身的特殊利益,最后必将丧失革命的初心,将革命沦落为维护自身利益的另一种专制统治。而以实现共产主义为导向的伟大社会革命,正是基于无产阶级"一无所有"的重要品质,他们只有实现全人类的共同利益才能实现自身的利益,他们除了全人类的共同利益没有任何特殊的阶级利益。正是基于无产阶级这样一种特殊的主体性质,恩格斯强调:"被剥削被压迫的阶级(无产阶级),如果不同时使整个社会一劳永逸地摆脱一切剥削、压迫以及阶级差别和阶级斗争,就不能使自己从进行剥削和统治的那个阶级(资产阶级)的奴役下解放出来。"①马克思也认为:"推翻统治阶级的那个阶级,只有

---

① 马克思、恩格斯:《马克思恩格斯选集》第1卷,中央编译局编译,北京:人民出版社,2012年,第385页。

在革命中才能抛掉自己身上的一切陈旧的肮脏东西,才能胜任重建社会的工作。"① 因此,伟大的社会革命呼唤着伟大的自我革命,不勇于抛掉自身的特殊利益就没有资格成为共产主义革命的坚强主体。而要抛掉无产阶级身上的一切肮脏东西,就必须首先抛掉无产阶级先锋队组织身上的一切肮脏东西,不断深化自我革命。

  社会革命因其牵动社会利益的重新分配往往举步维艰,自我革命因其触及内部利益更是难上加难。没有伟大的精神力量,就难以冲破利益的藩篱;没有坚定的政治信念,就难以始终保持革命初期那种高昂的精神状态。初心和使命正是这样一种精神之根、信念之魂,激励着中国共产党人始终以马克思主义政党的自我定位推动自我革命,不断克服各种影响党的先进性、弱化党的纯洁性的因素,以刮骨疗伤、壮士断腕的巨大勇气摒弃一切特殊利益,坚决防止党内形成利益集团;激励着中国共产党人始终从社会革命的客观需要出发推动自我革命,防止在各种艰巨任务面前畏首畏尾,避免在各种艰难斗争面前迷失方向,确保我们党永葆旺盛生命力和强大战斗力。没有初心的坚定,就没有自我革命的决绝和勇气;没有使命的引领,就没有自我革命的深入和清醒。而随着自我革命的不断深化,中国共产党也不断走向成熟,成为推进伟大社会革命的"主心骨"。具体而言,不断深化自我革命,提升了中国共产党的政治领导力,改进了党的领导能力和执政本领,强化了统揽全局、协调各方的领导作用,推动中国共产党走向高度的政治成熟;提升了中国共产党的思想引领力,不断开创马克思主义中国化新境界,赋予了中国特色社会主义以无与伦比的真理力量,推动中国共产党走向高度的理论成熟;提升了中国共产党的群众号召力,将一盘散沙的中国国民凝聚成为坚强有力的中国人民,领导中国人民从精神上由被动转为主动,推动中国共产党走向高度的组织成熟;提升了中国共产党的社会号召力,用先进文化筑牢广大人民的精神世界,用社会主义核心价值观汇聚复兴伟力,牢固树立四个自信推动中国共产党走向高度的文化成熟。

---

  ① 马克思、恩格斯:《马克思恩格斯文集》第 1 卷,中央编译局编译,北京:人民出版社,2009 年,第 543 页。

7. 为什么作风建设关系到党的生死存亡？

许静仪：习近平总书记指出："我们党作为马克思主义执政党，不但要有强大的真理力量，而且要有强大的人格力量。真理力量集中体现为我们党的正确理论，人格力量集中体现为我们党的优良作风。"党的作风就是党的形象，关系人心向背，关系党的生死存亡。我们党作为一个在中国长期执政的马克思主义政党，对作风问题任何时候都不能掉以轻心。[①]

作风建设的核心是保持党同人民群众的血肉联系。古希腊神话故事"安泰之死"告诫人们：任何英雄，一旦离开后盾和支撑，一样会变得不堪一击。党和人民群众的关系就如安泰和大地母亲的关系一样不能分开。一个政权也好，一个政党也好，其前途与命运最终取决于人心向背，不能赢得最广大群众的支持，就必"离心离德"和"人心相背"。为什么苏联在"十月革命"胜利70多年后，革命果实在一夜之间一无所有、消失殆尽，革命政权在顷刻之间土崩瓦解、荡然无存，苏联党员很快就四分五裂、两极分化甚至失去生活保障和人身自由？是因为苏联的一些党员领导干部由"人民公仆"蜕变成"人民的主人"，逐渐走向个人专制和破坏社会主义法制，严重损害了人民当家做主的权力。官员腐败、政权腐败和社会腐败问题盛行，而且非常普遍，不少领导干部在上面说的一套，在下面做的另一套，空喊理论是一回儿事，实际做法是另一回事。领导干部具有特殊利益，变成特殊群体和特权阶层，形成既得利益集团，却与

[①] 中共中央宣传部：《习近平新时代中国特色社会主义思想三十讲》，北京：学习出版社，2018年，第317—318页。

广大群众越来越疏远，党群关系、干群关系越来越紧张，矛盾激化和冲突激烈，使苏联渐失人心，甚至群情激愤，一触即发。

历史和现实都表明，决定一个政党、一个政权兴亡的根本性因素是人心向背；得民心者得天下，失民心者失天下。这是对中外政党特别是共产党执政的兴亡规律的一个重要经验总结。党的最大政治优势是密切联系群众，而党执政后的最大危险是脱离群众。党在长期执政条件下最容易犯的错误是以权谋私、与民争利，最容易失去民心的是腐败堕落，以致产生所谓"既得利益集团"。执政党不脱离群众，才能"如鱼得水"，一旦脱离人民群众，就"如鱼离水"。苏联共产党亡党解体的教训十分深刻，苏共在只有20万名党员时，因为有人民群众的倾力支持，与人民群众团结一心夺取了胜利；却在拥有近2 000万名党员时，因为与人民群众离心离德，最终被人民抛弃，失去人民群众的支持而失去政权。因此，只有牢记全心全意为人民服务的宗旨，才能始终拥有力量源泉，才能始终稳固执政地位。

党的十八届六中全会通过的《准则》指出："党的各级组织、全体党员特别是各级领导机关和领导干部要贯彻党的群众路线，做到一切为了群众，一切依靠群众，从群众中来，到群众中去，为群众办实事、解难事，当好人民公仆。"这就深刻诠释了"为了谁""依靠谁""我是谁"的问题，强调了党对人民群众的无限依赖性。密切联系群众是我们党在长期的革命、建设、改革实践中形成的最大的政治优势，在党长期执政的条件下仍应得到更充分的发挥。

加强作风建设才能牢固树立群众观点、切实解决群众困难、提高服务群众的本领，团结带领广大人民群众跟党走。加强作风建设才能持之以恒地反对"四风"。形式主义、官僚主义、享乐主义和奢靡之风违背党的宗旨，是人民群众深恶痛绝的，必须坚持不懈地加以整顿。党的十八大以来，中央制定的《关于改进工作作风、密切联系群众的八项规定》对加强作风建设起了十分积极的推动作用。通过坚持和发扬艰苦奋斗精神，积极开展批评和自我批评，严格遵守有关廉洁自律的相关规定，党的作风有了深入持续的改进。接下来，要按照"作风建设永远在路上"的理念，制度化、规范化、常态化地进一步加强作风建设，把作风建设落实落细，真正打赢关乎党的生死存亡的作风建设攻坚战、持久战，从而凝聚人心、凝聚力量，巩固党的执政基础。

作风问题本质上是党性问题。作风建设的核心问题是党和人民群众的关系问题，反映在党员干部身上就是对待人民群众的态度问题，就是党性问题。我们党的党性是人民性和阶级性的高度统一，集中体现为党的宗旨。违反中央八项规定精神和"四风"是违背我们党的性质和宗旨的，是当前群众深恶痛绝、反映最强烈的问题，也是损害党群干群关系的重要根源。优良作风不可能一劳永逸，克服不良作风也不可能一蹴而就，作风建设永远在路上，必须坚持"抓常、抓细、抓长"。抓常，就是经常抓、不停歇、见常态。抓细，就是深入抓、敢较真、见实招。抓长，就是建机制、持久抓、见长效。要经常抓、深入抓、持久抓，在坚持中深化、在深化中坚持。作风建设就要发扬钉钉子精神，一锤接着一锤敲，打赢作风建设持久战，不能让享乐主义和奢靡之风卷土重来，就要以更大力度整治形式主义和官僚主义，督促党员干部求真务实、埋头苦干，不浮躁、不浮夸，追求实实在在的工作业绩，以艰苦奋斗、崇尚实干的工作作风，以勤俭节约、崇尚清廉的家风，带动民风社风向善向上。

只有不断加强党的作风建设，始终保持党同人民群众的血肉联系，才能把人民群众的智慧和力量凝聚到新时代中国特色社会主义事业建设中来，凝聚到实现中华民族伟大复兴的伟大实践中来，才能使党真正始终立于不败之地。

8. 腐败的产生究竟是制度不完善，还是官员自身素质不高？

申小翠：这个问题是长期以来大家争论不休的问题。

认为腐败问题是制度不完善者的理由是：腐败是官员通过权力对公共资源的非法占取，包括利用公共资源为家人或者利益相关者获得精神的、物质的甚至是生理欲望的满足。而这种行为必然直接或间接地损害了他人利益和公共利益。而要维护公共利益，必须用社会制度来保证。如果制度缺失或制度不完善，没有一种有效的约束机制，仅仅依靠官员的人性自觉、信仰自觉，这是违反客观规律的，也等于是为腐败滋生提供了滋养的温床。

认为腐败问题是官员素质不高者从哲学的内外因理论分析，内因是关键，决定事物发展的方向；个人品质是根源，决定行为方式。在同样的社会制度下，为什么有官员能廉洁务实，有些官员就贪污腐败呢？

这两种观点都有道理。这恰恰证明了腐败问题的产生不是一个单向度的问题，而是制度不完善和官员自身素质不高等多种因素综合而成的。

因此，我们反腐工作既要抓制度建设又要抓思想建设。正如习近平指出："思想教育要结合落实制度规定来进行，要使加强制度治党的过程成为加强思想建党的过程，也要使加强思想建党的过程成为加强制度治党的过程。"[1]党的十八大以后，新一届中央领导集体提出了坚持思想建党与制度治党相结合，利用各自的特点和优势，全面推进从严治党。

在中国共产党加强自身建设的历史进程中，思想建党和制度治党从来都不是孤立进行的，将思想建党和制度治党紧密结合，是中国共产党自身建设的显著特点和特有优势。思想建设是党的各项建设包括制度建设的基础。只有加强思想建党，坚定理想信念，才能保证制度建设的方向，才能为制定科学合理、严密有效的制度体系提供思想保证。制度治党是思想建党的有力保障，思想建党的成果不断凝结和形成制度，思想建党的不断深化和持续进行也需要依靠制度来保障和维护。思想建党打造的是从严治党的思想防线，制度建党打造的是从严治党的制度防线。思想建党和制度治党不可偏废，相得益彰，相互促进。[2]

官员自身素质的提高重在通过加强官员的思想建设，坚定理想信念。理想犹如一面旗帜，指引人生方向，信念决定事业成败。共产党人的理想信念是什么？习近平总书记指出："对马克思主义的信仰，对社会主义和共产主义的

---

[1] 习近平：《在党的群众路线教育实践活动总结大会上的讲话》，载《人民日报》，2014年10月9日，第2版。

[2] 本书编写组：《毛泽东思想和中国特色社会主义理论体系概论》，北京：高等教育出版社，2015年，第291—292页。

信念,是共产主义的政治灵魂,是共产党人经受住任何考验的精神支柱。"①对理想信念的重要性,习近平总书记有个形象的比喻:"理想信念就是共产党人精神上的'钙',没有理想信念,理想信念不坚定,精神上就会'缺钙',就会得'软骨病'。"②就可能导致政治上变质、经济上贪婪、道德上堕落、生活上腐化。崇高的信仰,坚定的信念不会自发产生,为了帮助广大党员干部树立起坚定的理想信念,防止理想信念动摇,一是要加强马克思主义理论学习,坚持学习不走过场,不搞形式主义,系统扎实地掌握马克思主义的基本原理,把理想信念建立在科学理论的理性认同上,做到真学真懂真信真用,自觉地运用马克思主义的立场、观点、方法观察和解决实践问题,"不断筑牢理想信念,做到虔诚而执着、至信而深厚,让理想信念的明灯永远在心中闪亮"③。二是加强立党为公、执政为民执政理念教育。马克思主义政党区别于其他政党之处在于:"过去的一切运动都是少数人的,或者是为少数人谋利益的运动。无产阶级的运动是绝大多数人的,为绝大多数人谋利益的独立的运动。"④三是"加强警示教育,让广大党员干部受警醒、明底线、知敬畏,主动在思想上划出红线、在行为上明确界限,真正敬法畏纪、遵规守矩。"⑤

克服腐败,必须加强制度建设,制度治党是全面从严治党的根本之道。早在 2009 年,习近平总书记就强调过党的制度建设的重要性:"最根本的是要严格遵循执政党建设规律进行制度建设,不断增强党内生活和党的建设制度的严密性和科学性,既要有实体性制度又要有程序性制度,既要有明确规定应该怎么办又要明确规定违反规定怎么处理,减少制度执行的自由裁量空间,推进党的建设的科学化、制度化、规范化。"⑥十八大以来,加大了制度治党的步伐,相继制定并颁发实施了一系列党内基础性法规制度,如为了加强党内监督,规范巡视工作,2015 年 8 月 3 日起施行《中国共产党巡视工作条例(试行)》;2015

---

① 中共中央宣传部:《习近平总书记系列重要讲话读本》,北京:学习出版社、人民出版社,2016年,第 107 页。
② 《十八大以来重要文献选编》(上),北京:中央文献出版社,2014 年,第 80 页。
③ 中共中央宣传部:《习近平总书记系列重要讲话读本》,北京:学习出版社、人民出版社,2016年,第 109 页。
④ 《马克思恩格斯选集》第 1 卷,北京:人民出版社,2012 年,第 411 页。
⑤ 本书编写组:《毛泽东思想和中国特色社会主义理论体系概论》,北京:高等教育出版社,2015年,第 292—293 页。
⑥ 习近平:《加强和改进新形势下党的建设的纲领性文献》,载《新长征(党建版)》,2009 年第 11 期。

年 10 月 18 日,中共中央印发了《中国共产党廉洁自律准则》和《中国共产党纪律处分条例》。为规范和强化党的问责工作,2016 年 7 月 8 日起施行《中国共产党问责条例》,使全面从严治党,做到有权必有责、有责要担当、失责必追究,落实党组织管党治党政治责任,督促党的领导干部践行忠诚干净担当。2016 年 10 月 27 日中国共产党第十八届中央委员会第六次全体会议专门讨论并审议通过了《关于新形势下党内政治生活的若干准则》和修订了《中国共产党党内监督条例(试行)》,这在全党上下形成了一种整顿党的作风和队伍、管党治党的强大震撼力、威慑力。这一系列《准则》和《条例》的颁布实施,是在党长期执政和全面依法治国条件下,实现依规管党治党、加强党内监督的重大举措,体现了党的十八大和十八届三中、四中全会精神以及全面从严治党实践成果,旨在严格以制度推动党的自身建设,营造人人遵守制度、敬畏制度、按照制度办事的氛围,使之成为广大党员干部的一种自觉、一种习惯、一种行为方式。

我们相信通过思想建党和制度治党的双管齐下,实现党员领导干部从"不敢腐"到"不能腐""不愿腐"的转变,从而真正推动全面从严治党由外而内、从现象到本质,从"治标"向"治本"的实质性飞跃。①

9. 如何通过学生组织提高大学生党员在学生中的影响力?

聂海岭:影响力包括权力性影响力和非权利性影响力。权力性影响力即

---

① 王虎学:《十八届六中全会精神解读之四:推进全面从严治党"三题"》,2016 年 10 月 31 日,http://www.cntheory.com/zydx/2016-11/ccps1610318O80_1.html。

以组织赋予的权利为载体而形成的影响力,非权利性影响力是由自身因素产生,包括组织成员的品德、才华、知识、气场等方面。大学生党员影响力是指大学生党员在校期间与其他同学交往中,影响和改变他人的心理和行为的能力,它属于非权力性影响力,主要建立在崇敬、信服的基础上,是基于学生党员个人的品格、才能、知识、感情、气质和作风等因素而产生示范作用,是一种自然性影响力。① 根据高校学生党建工作现状,大学生党员群体规模相对较小,党组织职能作用与学生生活关联度不够紧密,大学生党员主体地位缺失,示范作用不强,其在学生群体中的影响力较弱。非权力性影响力受主体影响较大,参差不齐,难以寻求统一的制衡点,所以,本文不对非权力性影响力本身讨论,而主要讨论如何通过权力性影响力促使非权力性影响力的提升,也就是讨论如何通过权力载体提升大学生党员的影响力。通过高校学生组织提高大学生党员影响力的举措主要包括以下三个方面:

(1)大学生党员在学生组织中要勇于亮明党员身份。党员身份意识是一种身份认同,是党员的社会角色、地位、作用在观念上的反映,体现了党员对于党的基本理论、基本路线、基本纲领、基本经验、基本要求的高度认同,对个体在组织中的责任与义务的准确理解,对党的组织与纪律的绝对服从。在集体活动中是否需要亮明党员身份,要有以下两个方面的认识。一方面,身份意识不等同于身份区别。身份意识体现了身份认同,包括个体认同和集体认同两个方面。个体认同是指大学生党员在多重身份中对自己党员身份的高度重视,集体认同是指大学生党员对党的组织、党的纲领、党员群体的价值认同。对党的身份意识认识不够的学生党员,有些时候往往以较浅薄的认识对待亮明党员身份的问题,有的以亮明身份强调个人重要性,强调自己与其他人的区别,以达到引起旁人重视的目的。我们所说的集体活动中亮明党员身份是指在集体活动中党员要发挥示范引领作用,接受群众监督。比如一些党员示范岗,它的作用一是模范榜样作用,二是这个岗位"亮明了身份"接受群众监督。另一方面,"亮明党员身份"目的在于凝聚共识,团结力量,解决问题。中国共产党的先进性要求中国共产党党员发挥好表率带头作用,吃苦在前,享乐在

---

① 张红君:《高校学生党员影响力的现状与思考》,载《思想政治教育研究》,2007年第6期。

后。在困难面前,在复杂环境下亮明党员身份目的在于更好地解决群众实际问题,帮助群众排难解忧、扶贫济困,发挥党员先锋模范作用。"亮明党员身份"不仅是一种口号,也是一种誓词,一种承诺,有助于广大党员在深入群众、服务群众的实践中增强执政为民观念,加深同人民群众的感情,提高服务群众的本领。同时也让广大群众亲身感受和认同党全心全意为人民服务的宗旨。

(2) 大学生党员发挥好学生组织赋予的专项职能作用。与学生会、社团、班委等学生组织形式相比,高校学生党支部在学生日常管理、校园文化活动中作用发挥的机会空间相对较小。学生会、社团、班委等组织与学生日常学习生活联系紧密,组织形式多样,组织数量较多,成员量大面广,活动形式自由,其中的组织负责人能够通过组织职能较为容易地构建人际关系,传递组织声音,建立组织公信。相比之下,高校学生党支部组织形式单一,组织数量较少,党员数量有限,重要的是,党支部的职能不是学生日常学习生活所必需的。不兼任其他学生组织骨干的学生党员缺少自然服务学生的职能,这是大学生党员影响力欠缺的主要原因。就是说,学生组织的权力性影响力大于党组织的权力性影响力。所以,大学生党员可以通过所在学生组织,发挥好学生组织赋予的职能,认真负责,积极作为,进而扩大党员影响力,也即通过权力性影响力提升非权力性影响力。首先,学生党员注意在学生组织中践行服务宗旨,借助学生组织职能扩大党的宗旨意识宣传,将学生组织服务学生的职能和党的服务宗旨形成合力,把党的服务春风化雨般送到学生身边。其次,在高校学生党建工作体系现状下,高校基层学生党组织在发展学生党员时可以重点考察学生组织负责人,通过发展学生组织负责人,提升党员队伍的质量,借助学生组织平台,扩大学生党员影响力。再次,学生党组织要自觉搭建学生活动平台,通过专项活动,扩大党员影响力。如党组织定期开展志愿服务活动,走进群众,融入群众,获得群众支持,树立良好形象。

(3) 大学生党员在学生组织中要发挥领导力。领导力,本质上是一种影响力,尤其是能够引导人朝着一种正确的方向前进的能力,或者是组织影响人们为实现某种目标的能力。[①] 中国共产党是中国工人阶级的先锋队,同时是中

---

① 奚洁人:《中国大学生领导力教育的战略思考》,载《当代青年研究》,2012年第5期。

国人民和中华民族的先锋队,是中国特色社会主义事业的领导核心,代表中国先进生产力的发展要求,代表中国先进文化的前进方向,代表中国最广大人民的根本利益。党的性质要求广大党员要发挥先锋模范带头作用和党员先进性。先锋模范带头作用和先进性的发挥体现在日常的校园文化活动中。校园文化活动中领导力的发挥一般是指人格魅力、实践能力、组织能力等的发挥。人格魅力是指一个人在性格、气质、能力、道德品质等方面具有的很能吸引人的力量。在学生组织中,学生党员要有意识地积累广博的知识,锻炼文明的谈吐或优雅的举止,沉淀个人人格品质和厚积薄发的综合能力,恪守道德遵从教化,建构个人人格魅力。大学生实践能力主要是指社会实践能力,是相对于认知能力而言的,是运用知识、技能解决实际问题的能力。[①] 这是人的智能结构中的重要组成部分,同时也是人的素质形成的基础。大学生党员可以训练专业知识的实际应用能力和综合知识创新应用能力,来达到实践能力的提高。在校园文化活动中,大学生党员通过在学生组织间开展沟通协调以不断获得组织能力的提高;大学生党员通过人格魅力凝聚学生,通过实践能力服务学生,通过组织能力引领学生,不断构建和完善个人领导力。以领导力服务广大学生,建立学生威望,取得学生信服,进而扩大学生党员在学生组织中的影响力。

10. 如何有效提升大学生党员质量?

聂海岭:大学生党员是大学生群体的优秀分子,在学生集体中发挥着模

[①] 何万国、漆新贵:《大学生实践能力的形成及其培养机制》,载《高等教育研究》,2010年第10期。

范带头、榜样示范作用。互联网时代成长起来的大学生,在文化多样性的影响下,个性较强,公共意识相对弱化。党的十九大报告指出,要增强党员教育管理针对性和有效性。针对新时代背景下成长起来的大学生党员,党组织需要强化入党过程教育,培养正确的入党动机,潜移默化地做好理想信念的教育引导,有效提升大学生党员质量。

过程教育是英国著名数学家、哲学家和教育家怀特海在其过程哲学思想指导下提出的全新的教育理论思想。该理论倡导教育是一个过程,重在过程管理和训练。其主要内容是:教育的主题就是生活的艺术,教育应该包含丰富多彩的生活世界;教育的目的就是培养学生创新的活跃思维,激发和拓展学生的发展空间;教育的过程是一个体验生活乐趣的过程,是对未知世界的探险并获得发现的快乐;教育的节奏应该是人类经验的连续行进,教育应该因人而异。① 入党过程教育是指通过规范的入党流程、科学的教育培训、规范的组织生活等加强入党申请人入党过程的教育管理、对党的创新理论知识学习方法的掌握,提升对中国共产党的认知认同,进而成长为合格的共产党员。具体举措如下:

(1)入党程序要严格规范。严格按照《中国共产党党章》,规范入党程序。《中国共产党党章》第一章明确规定了党员发展原则,对入党申请人、入党介绍人、基层党支部等职责主体提出了明确要求,对入党流程做出明确指导。规范入党程序,主要是指防范无条件突击入党,抵制不合理的入党流程。入党程序有明确的流程图,主要包括提出入党申请、参加党校培训和考试、确定入党积极分子、确定发展对象、确定预备党员、成为正式党员等程序,各个环节之间还有明确的时长规定。在现实生活中,偶有以入党当作鼓励政策的现象存在,如有的高校党组织为了鼓励学生升学,提高升学率,承诺对成功升学的学生突击入党。党组织在不具备环境特殊要求的情况下,一般不采取突击入党的形式。非正常情况下的突击入党,入党申请人不具备党员基本素养,入党动机不单纯,思想不纯洁,为党员队伍发展留下隐患,破坏了党组织公信力,扰乱了入党程序,是党组织不允许和不认可的。严格规范入党程序体现在入党环节的不

---

① 邓汉平:《过程教育理论视野下的大学生思维定势养成路径思考》,载《国家教育行政学院学报》,2015年第9期。

可或缺,不可逆反,不可交替。有的党组织为了便于操作,简化入党流程,人为将入党流程中的某个环节取消,或调整入党培训环节,这都严重破坏了入党流程的规范性和严肃性,破坏了党组织威信,破坏了党员群体形象。严格规范入党流程还体现在流程环节间时间的严格控制。规范的入党流程环节间时间是为了充分培养入党申请人,党组织通过充分的时间对入党申请人进行充分考察、培训、发展,逐渐培养入党申请人正确的入党动机。严格控制入党流程环节间时间主要是指不能人为压缩入党流程环节间时间,或者无故人为延长入党流程环节间时间,在合理的时间范围内,规范发展党员,培养入党申请人严肃的入党态度。

(2) 加强入党申请人的教育培训。过程教育理论强调过程管理和训练的重要性。教育培训是入党申请人全面认识党的重要过程,通过教育培训,入党申请人系统地了解党的历史、宗旨、使命等,科学地认识党、深刻地了解党,进而对照党的要求,反思入党动机,深思个体政治定位和社会责任。高校入党教育培训的组织主要是基层党支部,载体是党校。基层党支部作为党员教育管理的职能机构,是党员教育管理的重要组成部分。基层党支部的有效组织和科学管理直接影响党员对党组织的认识,在教育培训过程中,基层党组织应为党员提供周到的组织服务、完备的信息服务、个性的流程服务,以诚挚的服务态度影响服务对象的认知和成长。党校是教育培训的主要载体,党校教育培训是入党申请人或党员深入认识或了解党的主要途径。党校教育培训应坚持知识教育和责任教育相结合。党的知识教育目标不在于增长人的技能和才干,培养其一技之长,而重在对人心灵的触动,培养人正确的"三观"。党的知识教育要避免走进应试教育的误区,防止片面地提升入党申请人应对党的知识的考试能力,培养入党申请人学习党的知识的积极性,提高党组织的吸引力。[1] 党的责任教育注重培养入党申请人或党员的牺牲奉献精神和责任担当意识,端正其正确的入党动机,培养其自觉的行动力。

(3) 通过开展丰富多样的组织生活提高广大党员的党性意识。组织生活是党的建设的重要组成部分,通过开展组织生活可以进一步提高党员自我学

---

[1] 薛立强:《大学生入党工作中的问题与对策研究——基于天津高校的调查》,载《思想政治教育研究》,2013 年第 3 期。

习和自我教育的水平。在组织生活中,党员批评和自我批评也能使党员的入党动机得以淬炼。2017年2月,教育部制定印发了《普通高等学校学生党建工作标准》(以下简称《标准》),以加强高校基层党建工作、解决学生党建工作中的突出问题,并对党员教育和党员发展做出明确要求。《标准》要求入党积极分子确定程序要规范,党组织收到入党申请书后,应当在一个月内与入党申请人谈话,指派联系人了解入党积极分子思想状况。入党联系人制度是党组织生活的优良传统,入党联系人制度的实施要严格化。入党联系人对发展对象的思想考察要日常化、常态化,不能搞突击考察。入党联系人要如实记录发展对象的思想变化,积极帮助发展对象学习党的知识,端正入党动机,协助思想进步。

国际关系与外交篇

1. 中国国产航母对中国国际地位的影响及对国际形势的影响如何？

刘子杰：航空母舰是远洋海战的制胜利器。现代海战中，没有制空权，就不可能取得胜利，没有航母的海军舰艇一旦走向远洋，从陆地起飞的岸基飞机无法为其提供制空权，就难有胜算。而航空母舰可以把飞机带上随同舰艇一起到远洋作战，这样就为远洋舰队夺取制空权提供了基础。因此，中国如果有多艘国产航母服役并形成战斗力，组建多个航母战斗群编队，就能够使得中国海军的远洋作战能力大大提高，这将奠定我国海洋军事大国的国际地位，可以有效地保护我国的海洋权益。2012年我国第一艘航空母舰"辽宁"号正式服役，第二艘航母2016年下水，2018年海试，这意味着我国自主研发设计航空母舰的技术已经日臻成熟。在不远的将来，中国海军将拥有多艘航母，这首先将使得我国的海洋权益得到有效的维护：一是能够为捍卫我国海洋领土主权提供坚强的军事硬实力基础；二是能够保障我国的海上贸易安全、能源通道安全；三是为我国合理利用公海的海洋资源提供支持。而且，中国的国际地位也会因此而提高。

公元1500年之前，中国是一个海洋强国。郑和下西洋时大明王朝庞大的船队曾令当时的世界瞠目结舌。然而当中国把自己的造船术、航海术、指南针等发明传播给全世界后，自己却闭关锁国，而欧洲诸强却利用航海技术和军事技术在海上纵横驰骋，用武力把别国变为自己的殖民地、原料来源地、产品销售市场。海权论问世后，西方国家更加意识到海洋与大国崛起的直接联系。一个国家对海权的行使，不是仅仅指控制海洋通道，而是一个国家综合运用各种手段来控制海洋的一切资源，包括海上航行、海底资源、海上军事基地等一切可利用的利益，而强大的海上武装力量无疑是控制海权最为有效的硬手段。

一个国家的国际地位在很大程度上与这个国家的军事实力密切相关。外交是以实力为后盾的，一个没有强大的军队、先进的武器装备的国家，不可能拥有很高的国际地位。这一点已经为中国近代以来至今的历史所证实。近代中国军事力量落后，饱受西方列强凌辱，中华人民共和国成立以后，我国建立起了强大的国防力量，有效地保护了国家的利益。然而在很长一段时间内，我国海军力量弱小，没有航母等先进的武器装备，这使得我国在维护海洋权益上常常处于劣势。无论在公海大洋上，还是在发展中国家的海洋权益范围内，常常有美国等海军强国不可一世的狰狞面目。如果以中国为代表的发展中国家没有先进的武器装备、没有强大的海军力量，就只能任其肆意驰骋，国际公法形同虚设。

中国航母服役还会对国际形势产生深远的影响。中国是爱好和平的国家，历来主张用和平方式解决争端，反对某些国家动辄将争端诉诸武力或以武力相威胁。中国发展武装力量是为了遏制战争，为中国以及世界赢得和平的发展环境。因此，中国航母服役后中国海上力量的增强非但不会威胁其他国家的安全，反而能够对某些军事强国肆意以武力威胁其他国家形成一种制衡，从而使得军事强国有所顾忌，不敢肆意妄为。中国的海上军事力量必将为中国的海上丝绸之路等计划提供坚实的保障，使得海上丝绸之路沿线的基础设施建设能够顺利开展，今后的海上贸易、海上往来更加安全稳定，这必将推动世界各国互利共赢，使得世界各国形成共同繁荣的命运共同体。

中国国产航母将极大地提升我国海军的战斗力，我们有理由为国产航母欢呼。但同时我们也不宜盲目乐观，我们应该清醒地认识到争取国际形势好转、推动多极化的发展是一项长期、艰苦的工作，而不应简单地把希望寄托在某种武器上。

2. 关于气候变化的《巴黎协定》的签署有何意义及中国的贡献?

吉征艺:2015 年 12 月 12 日,联合国第 21 届气候峰会在巴黎落幕,世界各国关于应对气候变化的最新条约——《巴黎协定》也在会议的最后一天得到一致通过。史上第一份覆盖 190 多个国家和地区的全球减排协定,标志着全球应对气候变化迈出了历史性的重要一步。

(1) 全球变暖和《京都议定书》。

全球变暖及对环境的影响可能危及人类的生存,日益受到人们的关注。在 1992 年 6 月 3 日里约热内卢举行的联合国环境与发展大会上,各国政府达成共识,需全人类共同努力应对全球变暖问题,160 多个国家签署《联合国气候变化框架公约》,该公约为减缓全球变暖行动制定议事日程。

《京都议定书》是《联合国气候变化框架公约》(以下简称《公约》)补充条款,1997 年 12 月在日本京都由《公约》参加国第三次会议制定的。其目标是"将大气中的温室气体含量稳定在一个适当的水平,进而防止剧烈的气候改变对人类造成伤害"。

《公约》主要是发达国家需要对工业化时代的温室气体排放历史承担主要责任。根据以上标准,随后的《京都议定书》作出了具体要求:从 2008 至 2012 年,所有工业化国家温室气体排放总量必须在 1990 年的基础上减少 5.2%。按照协议,欧盟要在 1990 年的基础上减少 8%,美国减少 7%,日本减少 6%。

欧盟对于《京都议定书》控制温室气体排放一直持支持态度,欧盟当时的 15 个成员国在 2002 年共同签署了该议定书,开始执行控制排放量的任务。欧盟为了实现二氧化碳减少排放的目标,于 2005 年建立了欧盟排放交易体系。

美国曾于 1998 年签署了《京都议定书》。但 2001 年 3 月,布什政府以"减少温室气体排放将会影响美国经济发展"和"发展中国家也应该承担减排和限排温室气体的义务"为借口,宣布拒绝批准《京都议定书》。2011 年 12 月,加拿大宣布退出《京都议定书》,成为继美国之后第二个签署但后又退出的国家。2013 年 1 月 1 日,俄罗斯亦宣布退出《京都议定书》,因为"该协议不包括美国、中国和印度 3 个二氧化碳排放最大的国家"。

(2)《巴黎协定》签署的意义。

原本预计在 2012 年失效的《京都议定书》在该年的卡塔尔气候大会上被同意延长至 2020 年。在《京都议定书》承诺期满后,在全球气候合作生死存亡之际,《巴黎协定》确立了 2020 年后全球应对气候变化的总体框架,其签署无疑具有关键的里程碑意义。

第一,应对气候变化是维护全人类的共同利益。地球是人类共同的家园,我们只有一个地球,我们每一个人都身处其中。人类活动是引起气候变化的重要原因,气候变化对人类社会产生负面影响,而且这种影响在不断增强。如果任其发展,将会对人类和生态系统造成严重的、普遍的和不可逆转的影响。因此,《巴黎协定》的签署有利于环境权利的保护。

第二,《巴黎协定》在签署首日得到 175 国的支持,表明各国在气候变化治理的国际合作方面达成了普遍的共识。尽管各国应对气候变化的诉求大相径庭,并演化成不同的气候利益集团。但各国在遏制全球变暖、控制全球平均气温升幅等方面的目标是共同的。《巴黎协定》作为一份国际条约,其意义在于把各国的共识通过法律的形式明确和固定下来,连同《公约》一起构成后京都时代国际气候变化制度的法律基础。①

第三,《巴黎协定》能够被利益诉求完全不同的各缔约方接受,其中一个重要的原因在于处理各方理解"共同但有区别的责任"的分歧时,既充分考

---

① 唐颖侠:《气候变化〈巴黎协定〉签署的意义及中国贡献》,载《人民日报》,2016 年 4 月 28 日,第 11 版。

虑到了不同发展阶段国家应对气候变化能力水平的不同,也充分意识到了只让发达国家承担责任的"一刀切"行为的不合理性,达成了一种最大限度照顾各方关切的微妙平衡。最终使巴黎气候大会取得了相对公平、平衡、全面的成果。

第四,《巴黎协定》在联合国气候变化框架公约的基础上,确立了一个相对灵活的应对气候变化的国际体系,是在总结公约和《京都议定书》20多年来的经验教训后,国际气候治理体系自然演化的结果,凝聚了无数政治家、谈判代表和一些智库的心血和智慧。《巴黎协定》不仅仅是2020年到2030年全球气候治理机制的代名词,它更重要的启示是,实现全球绿色低碳、气候适应和可持续发展不再是遥远将来的议题,而是当下人类最核心利益之所在。[1]

(3) 中国成为国际气候治理领导者。

中国在构建全球应对气候变化的国际新秩序方面,可谓功不可没。在国际气候谈判舞台上,成为多边气候规则的积极倡导者和制定者,并在国内通过立法和政策积极行动以落实承诺,彰显了负责任大国的软实力和大气度。

首先,作为《公约》首批缔约方和政府间气候变化委员会(IPCC)发起国之一,中国政府一直积极参与和推动着气候变化的国际谈判和《公约》进程。在每一次缔约方大会上,中国一直坚持《公约》所倡导的"共同但有区别"原则,强调发达国家在工业化进程中积累的历史排放和发展中国家面临的经济发展的客观需求。在巴黎气候大会上,中国既坚守原则,又灵活斡旋。在中国的外交努力下,《巴黎协定》最终坚持和重申了"共同但有区别"原则,有力维护了发展中国家的利益。同时,中国本着务实的精神,力主采取根据各自国情做出减排承诺的"国家自主决定贡献"模式,避免了京都机制下强制减排义务分配带来的尖锐矛盾。最终促成了各方都能接受的减排方案,为《巴黎协定》的顺利通过和签署奠定了基础。

其次,中国把生态文明建设作为国家发展的重要战略,并一直把应对气候变化作为环境权保护的重要指标,在中国政府发布的两期《国家人权行动计

---

[1] 杨驿昉、徐博雅:《从〈京都议定书〉到〈巴黎协定〉》,载《第一财经日报》,2015年12月15日,http://finance.eastmoney.com/news/1371,20151215575584749.html。

划》中都规定了环境权利保护的内容,并在首期《国家人权行动计划(2009—2010)》中明确提及,"落实《应对气候变化国家方案》,减缓温室气体排放"。这表明中国政府不仅仅基于国家利益的考量,而且把应对气候变化作为人权保护的立足点和归宿。①

张高丽在《巴黎协定》高级别签署仪式开幕式上指出:做好国内温室气体减排工作。中国明确了二氧化碳排放在2030年左右达到峰值并努力尽早达峰等一系列行动目标,并将行动目标纳入国家整体发展议程。中国"十三五"规划纲要确定,未来五年单位国内生产总值二氧化碳排放量下降18%。我们实行能源消费总量和强度双控制度,实施近零碳排放区示范工程,建设全国碳交易市场,大幅增加森林碳汇,为实现国家自主贡献打下坚实基础。我们建立系统完整的生态文明制度体系,实行严格的生态环境保护责任制,加强环境督察,确保行动目标落到实处②。

2017年6月2日,特朗普正式宣布美国退出《巴黎协定》。国际社会对中国有更多的期待,中国外交部发言人华春莹指出:无论其他国家的立场发生了什么样的变化,中国都将加强国内应对气候变化的行动,认真履行《巴黎协定》。

事实上,中国早已是利用可再生能源的世界纪录保持者。2015年中国风力发电安装量创下全球史上单年的最高纪录——32.5 GW,且中国始终是这项纪录的保持人。2015年中国可再生能源装机容量占全球总量的24%,新增装机占全球增量的42%,已经成为世界节能和利用新能源、可再生能源的第一大国③。到2020年前,将有总额3 210亿欧元(合2.5万亿元人民币)流入到这一领域;到2030年,非化石能源在能源结构中的比重将提升到20%左右。对中国来说,这是新时代的开始。

---

① 唐颖侠:《气候变化〈巴黎协定〉签署的意义及中国贡献》,载《人民日报》,2016年4月28日,第11版。
② 张高丽:《推进落实〈巴黎协定〉 共建人类美好家园》,载《人民日报》,2016年4月24日,第2版,http://env.people.cn/n1/2016/0424/c1010-28300039.html。
③ 林薏茹:《努力摆脱燃煤发电 中国2015年太阳能和风能增长惊人》,2016年3月3日,http://www.solarpwr.cn/m.php? aid=25568。

3. 为什么美欧对待"一带一路"的态度明显不同？

吉征艺：（1）美国对中国的"一带一路"倡议疑虑重重。

在美国看来，出于抗衡美国"亚太再平衡"等一系列考虑，中国提出陆海并进的"一带一路"倡议，一方面在战略空间上可以实现向西拓展，另一方面也能满足中国快速增长的能源资源进口需求及急迫的海上通道安全需求。中国在双边关系、地区及全球事务上拉拢俄罗斯，意在振兴欧亚地缘板块，在政治、经济等诸多方面打造"去美国化"的地区及全球秩序。

美方认为，中国既是陆上大国，也是海上大国。不断崛起的中国势力将加速扩张，必然会将自身力量扩展至全球地缘政治的支点，覆盖整个欧亚大陆。

美方认为，美国推进"亚太再平衡"战略以来，安全上推动与地区盟友及伙伴的军事联盟，政治上靠近和拉拢中国周边国家，经济上打造具排他性质的"跨太平洋伙伴关系协议"（以下简称 TPP），被中国视作全方位遏制和打压中国的战略手段①。

在美国看来，无论是亚投行、金砖国家新开发银行、上合开发银行，都是在世界银行之外另起炉灶，这是对美国主导的世界经济体系的釜底抽薪，是动到了美国人的"奶酪"。

亚投行之所以与亚洲开发银行不同，其中之一就在于亚洲开发银行由日本主导，美国是亚洲开发银行的第二大股东。由于美日的特殊关系，日本主导

---

① 《美国为何对中国的"一带一路"疑虑重重？》，2015 年 1 月 22 日，http://opinion.hexun.com/2015-01-22/172628783.html。

的亚洲开发银行的基本规则实际上照搬世界银行,日本不可能挑战美国在金融领域的一些意识形态和行为准则。IMF、世界银行、亚洲开发银行等国际金融组织,对申请贷款国,往往会提出一些苛刻的贷款条件(符合西方的主流意识)。亚投行服务于"一带一路",指向基础设施投资,附加条件少,使有些落后的发展中国家就更容易获得这些投资。

(2)"一带一路"中欧不谋而合。

中欧地缘政治竞争较小,在全球治理上有很多共同利益的交叉点,因此合作空间十分广泛。在欧债危机阴影尚未完全散去、世界经济增长乏力的当下,欧洲正在试图通过投资计划来挖掘经济的新增长点,欧盟委员会主席容克早在2014年底便提出,由欧盟和欧洲投资银行出资210亿欧元作为种子基金,在未来3年内以15倍的杠杆率撬动来自私营和公共领域约3 150亿欧元的投资。该计划将重点囊括基础设施、新能源、信息技术、航空航天、高端装备制造等领域。

中国充分利用自身生产力积极参与其中,无疑将让双方获得超越对内投资和对外贸易等传统经济发展方式带来的效果。对于中国的积极参与,欧洲也表达了十分明确的欢迎态度。欧盟委员会副主席卡泰宁表示,现在正是投资欧洲的大好时机,很高兴中国愿意参加欧盟的投资计划,相信其他机构投资者一定会跟进。卡泰宁说,欧洲希望通过该投资计划以及"一带一路"倡议,深化与中国的经贸关系,促进欧中互联互通。如今,欧盟是中国最大的贸易伙伴,中国对于欧盟而言,是仅次于美国的第二大贸易伙伴,这样的关系对于欧盟而言更加珍贵。

基于强健的经济关系,中国和欧盟的战略联系也逐渐密切。面对中国的"一带一路"倡议和亚投行建设,欧盟的态度相比美国更加开放。2015年9月中国政府与欧盟委员会签署的"欧盟—中国互联互通平台的谅解备忘录",将促进中国的"一带一路"倡议与欧盟的泛欧交通网络政策等互联互通倡议之间的协作。此平台将推动基础设施、设备、科技与标准等领域的合作,将创造众多商业机遇,拉动相关国家和地区的增长及就业水平[1]。

英国在欧洲一体化进程中扮演了特殊角色。当欧洲一体化符合国家利益时,英国是一个积极的推动者;反之就会成为一个旁观者甚至阻挠者。英国没

---

[1] 王俊岭:《"一带一路"中欧为啥"不谋而合"》,2015年9月30日,http://theory.people.com.cn/n/2015/0930/c40531-27650301.html。

有加入《申根协定》,也不是欧元区成员。2009年爆发的欧债危机改写了英欧关系的外部环境和内部格局,不仅使英国疑欧之心快速发酵,也加快了英国脱欧的脚步。脱欧的同时,英国也积极谋求发展和全球其他经济体的关系,特别是新兴经济体的联系。

中国的发展潜力让英国看到了机遇。中国不但市场潜力空间非常巨大,发展潜力也依然巨大,而且中国还正在发展大金融和大投资市场。金融业对英国来说是支柱产业,作为具有发达金融体系的国家,在中国发展大金融和大资本市场时,英国机会不小。英国成为西方第一个支持亚投行的大国,以及中英过去几年非常密切的金融合作,体现出英国特别想搭乘中国金融崛起、金融扩张的便车。伦敦成为人民币离岸中心之一,建立了人民币清算机制与货币互换。2014年,英国也成为首个发行人民币债券的西方国家。

英国人看到了这些机遇,故转而开始和中国深化战略合作关系。表现出对"一带一路"的浓厚兴趣。英国率先加入亚投行,带动德、法、意直至半数欧盟成员国成为亚投行欧洲创始成员国,欧盟对于"一带一路"的态度可能会变得更积极。

(3) 美日对"一带一路"态度为何悄然转变。

对中国提出的"一带一路"倡议,美国和日本的态度正悄然发生转变。原本颇为纠结的两大全球主要经济体国家最近纷纷公开表态示好。

2017年6月22日,美国总统特朗普在会见首轮中美外交安全对话的中方代表时,首次表达了美国愿意就"一带一路"的基础设施项目与中国合作的态度。这是美国总统首次就"一带一路"表达合作意愿。

无独有偶,在特朗普表态前半个多月,日本首相安倍晋三也公开表示日本有兴趣考虑参加"一带一路"合作。2017年6月5日,安倍出席在东京举行的一次国际交流会议上发表讲话,称赞"一带一路"是"连接东西方和区间不同地区的有潜力的构想",表示"日本也愿意进行合作"。

美日之所以转变对"一带一路"的态度,原因至少有两点:

一是此中有利,不可忽略。"一带一路"倡议的重要抓手是基础设施建设,继而带动贸易、资金、人员流通。目前,全球基础设施建设需求巨大,资金缺口也巨大,这恰好说明这一领域的机遇和潜力巨大。

二是声势已成,不可阻挡。德国驻华大使柯慕贤表示,"一带一路"是中国式的全球化。"一带一路"倡议自2013年提出以来,目前已得到全球100多个国家和国际组织的响应,各方表达了积极的参与意愿,并已经有不少早期收获可观的成果。但是3年多来,作为在"一带一路"沿线国家实际投资最主要的两个国家——美国和日本,却迟迟未就"一带一路"倡议本身做出积极回应。舆论显示,两个国家对这个倡议充满疑虑与焦虑,日本方面纠结于对倡议提条件和要求,美国抱怨透明度问题。随着"一带一路"建设不断推进,各方参与热情越来越高,加上2017年5月在北京举行的国际合作高峰论坛引来"一带一路"各方嘉宾,美国和日本的态度也随之改变。

(4) 美日态度转变有着重要意义。

首先,这预示着"一带一路"合作将进入更深层次。美日领导人的表态说明美国最高决策层已真正认识到这一倡议的重要性与可行性。

其次,从全球经济治理角度看,美日转向从另一个侧面提升中国领导力。试想,如果美日接受了中国的全球化规则,并采取积极合作的态度,那对于中国提倡的全球经济治理改革是多大的认可。①

4. 为什么会产生"中国威胁论"？有什么影响？中国如何应对？

李华：历史上任何大国的崛起都避免不了"威胁论"的鼓噪。关于"中国威胁论"的历史版本也有很多,其背景、目的及结局也各不相同。冷战结束以

---

① 刘丽娜：《美日对"一带一路"态度为何悄然转变》,2017年7月1日,http://opinion.hexun.com/2017-07-01/189860248.html。

来,随着中国经济的迅猛发展,国力的日益增强及国际地位的日益提高,中国逐渐成为世界各国关注的焦点,国际战略形势中的"中国因素"日益上升,"中国崛起"的世界影响成为国际社会议论的中心话题之一。以美国为首的西方社会开始不断"创新"有关中国形象的话语,从"中国威胁论""中国责任论""中国新殖民主义论"到"中国强硬论""中国傲慢论"。其中最引人注目的则是"中国威胁论",包括政治威胁论、经济威胁论、军事威胁论、能源威胁论、环境威胁论、人口威胁论等,鼓吹者们从意识形态、社会制度、军事实力乃至文明角度展开了对"中国威胁论"的具体论证。

当今世界的"中国威胁论"内容庞杂,领域宽泛,涉及的国家较多。但从性质和动机上看并不完全一致,主要有三种情况:一是别有用心的蛊惑宣传,目的是遏制中国发展;二是对"中国崛起"中一些不确定因素的担心和疑虑,目的是评估"中国崛起"可能带来的影响,以便做好同中国打交道的各种准备;三是本国或本集团利益遭受损害后迁怒于中国的怨气或言论,目的是表达某种不满。①

上述三种情况的"中国威胁论"产生的原因各不相同。第一种情况显然是基于所谓"霸权更替规律",即认为历史上任何大国实力的增强都会对现有霸权国构成挑战,甚至导致战争。今天的中国也不例外,所以必须在其崛起过程中对其进行围堵或打压,这是一种典型的冷战思维和霸权逻辑。造成第二种情况的原因比较复杂,一方面反映出一些国家对中国历史、文化缺乏了解,对中国国情和现行国家战略认识不清,但另一方面也同中国处于改革开放的转型时期,各种制度尚不完善,发展过程中存在的许多不稳定、不确定因素有直接关系。第三种情况,主要是随着中国融入经济全球化进程的加快,"中国制造"在国际市场上的份额日益提高,不仅同发达国家、客观上也同一些发展中国家的产品形成了竞争,由此导致利益受损者的怨气或不满。

由此可见,并不能一概地把"中国威胁论"等同于和中国为敌的论调。除了少数居心叵测的反华势力以外,更多的国家是对中国的快速发展不能正确理解,表示出某种疑虑和担心,类似于患上了某种程度的"水土不服"症,即:国际社会对快速发展且影响力不断扩大的中国不大适应。要让世界接受一个

---

① 孟祥青:《中国威胁论不足为怪》,载《环球时报》,2006年12月19日,第11版。

发展的中国尚需时间。

面对形形色色的"中国威胁论",如何以一个大国的平常心态去看待和面对"中国论",既不陶醉于对中国的追捧,又要清醒地认识到自身的实力,特别是要能够正确对待"中国威胁论",这对国人来说是一个值得思考的重要问题。

中西意识形态不同、文明之间存在差异、地缘争夺态势、发展进程矛盾等因素,是"中国威胁论"不时泛滥的大背景和恒定因素。此外,各个时期又有诱发"中国威胁论"的特殊原因。[①] 另外,中外关于"和平崛起"的认知重点不同也是造成"中国威胁论"无法根除的一个重要原因。关于"和平崛起",中国与外界的感受和关注点完全不同。对于中国来说,它强调实现"崛起"(后改称为"发展",但二者实质内涵一样)的方式是和平的,而非战争的,这对于中国来说是顺理成章的事情。而对于外界来说,中国"和平崛起"的关键是崛起,只要是一个大国的崛起,就必然给国际体系带来变化和冲击,这客观上构成了中外对中国崛起的不同认识视角。这表明,西方世界对中国的批评攻击并不仅仅是双方意识形态和政治制度方面的差异所致,而更多源自对中国崛起可能引起的既得利益损失的恐惧。这种心理上的恐惧转化为现实中的批评攻击,引起中国的愤怒。愤怒往往呈现出一种对抗的姿态,急于辩驳。结果,西方越恐惧,对中国外在的批评行为就越多,中国就越愤怒,辩解也越多;而中国越愤怒,相应会加深西方的恐惧,从而陷入"攻击—辩解以及恐惧—愤怒"的恶性循环。因此,如果只看到西方攻击的言语本身,未能进一步看到其背后的恐惧,就不能采取有效的措施从根本上解决问题。中国以愤怒反应,或许可以制止西方表面的攻击行为,但是却不能真正解决西方对利益丧失的恐惧心理,它势必以其他的形式表现出来。

这一事实说明,在争夺国际舆论方面,中国不仅需要继续提升硬实力,更需要建构"中国形象"的软实力。中国和平崛起的最终保障来自自身捍卫和平能力的增长和中国软实力的提升。这需要做到以下三点:① 中国需要从战略高度来把握外交话语权问题,建立系统的外交话语战略;② 中国需要建立社会主义核心价值观,建立逻辑一致的话语体系;③ 中国还需要推动人文社会科学领域的繁荣,为中国外交话语提供知识源泉和更令人信服的系统论证。

---

① 袁鹏:《美国老冒出中国威胁论》,载《环球时报》,2002年8月1日,第3版。

从近年来的情况看,虽然外界的各种疑虑还没有完全消除,但中国在政治、经贸和军事等领域所作出的努力,包括建立互信机制的措施,都大大减少了外界的担心、怀疑,或敌意。对于各类"威胁论"的指责,中国予以有理、有利、有节的驳斥和解释,是完全必要的,但也需要区分是哪一种动机的"威胁论"。对于那些抱有明显政治目的、心怀叵测的反华势力散布的"中国威胁论",无论我们怎样解释、怎样去做都无济于事。对这种"中国威胁论",最好的态度是置之不理,让它自生自灭。这种"中国威胁论"只占少数,即便在美国也不是主流看法。

"中国威胁论"更多的还是对中国的快速发展不理解和误解,以及我们自己在发展过程中存在的一些问题。对此,我们在国际社会有必要做更多更扎实的"释疑解惑"工作。但与此同时,更要在"修炼内功,强心健体""改变自己,影响世界"上狠下功夫,使"中国威胁论"失去存在和泛滥的基础。

近年来,中国政府提出"科学发展观"、中国梦、"一带一路",以及内建"和谐社会"、外促"和谐世界"的主张,表明中国正在探索一条完全不同于历史上大国崛起的新的道路。虽然尚处于实践和探索的初级阶段,但在国际社会已经引起广泛的关注和良好的评价。

总之,应对"中国威胁论",赢得"中国形象"话语权是一个包括心态、战略与行为调整的系统工程,需要长期不懈的努力。

5. 怎样评估中国和日本现今的国际地位?

李华:国际地位是指一个国家在国际体系中所处的位置,是该国在与其他国际行为主体相互联系、相互作用而形成的国际力量对比结构中的状态。美国著名社会学家沃勒斯坦认为,一个国家或社会在世界体系中地位的升降以及何时、如何升降,除自身努力的影响外,主要是由世界体系的发展周期决定的。每到世界经济向上和向下运动交替的时期,边缘、半边缘国家就有了升迁的机会。需要注意的是,世界体系的金字塔型的三极结构是固定的,即一些国家地位的上升必然伴随着另外一些国家地位的下降,所有国家同时发展以及个别国家和社会的单独发展阶段都是不存在的。衡量和评估一个国家在世界体系中的地位主要看两方面因素:一是自身相比于其他国家有多少领先的优势,即国家实力。二是看世界体系处于一个什么样的发展趋势。[①] 国家实力是经济、政治、文化、科技等方面的综合表现和整体反映。当今的国际地位是过去努力发展的结果,也是未来发展的基础。国际地位的提高一方面要不断地增强国家实力,另一方面要顺应世界体系发展的趋势。20 世纪下半叶以来中国的快速发展得益于改革开放政策,得益于国内的不断创新,事实上,也得益于现代世界体系的发展、转型,即中国的快速发展与世界体系的推动是分不开的,二战后世界经济体系的变动给中国等东亚国家提供了难得的升迁机会。

  冷战结束后,世界格局逐渐从两极转向多极。在世界向多极化发展的过程中,中国作为当今世界经济发展最快的国家,其战略地位和国际作用日益凸显。从地缘角度看,中国疆域辽阔,背倚欧亚大陆腹地,面向太平洋,具有广袤的领土和领海;从现有实力和发展潜力上看,中国是正在崛起中的最大的发展中国家,是世界上为数不多的在经济、政治、文化、军事等不同领域具有综合实力或潜力的国家之一。

  冷战结束以来,中国的综合国力虽然取得了举世公认的发展和提高,但中国的综合国力还不足以与美国为首的西方大国相抗衡,在日趋激烈的国际竞争中,中国仍然面临着来自发达国家的诸多压力。另外,在中国实力和国际地位持续上升的同时,由于意识形态、社会制度、价值观等因素,西方国家对中国的消极态度仍然没有改变。中国总体的国际形象和国际声誉在西方主流舆论中没有根本改善。另外,中国自身发展也还面临着诸多内部困难。而如果自

---

① [美]伊曼纽尔·沃勒斯坦:《现代世界体系》第 1 卷,尤来寅、路爱国等译,北京:高等教育出版社,1998 年,第 261 页。

身问题都没有解决好,如何奢谈国际地位的高低?

总体来看,中国正处在从大而弱的国家走向大而强的国家,从地区大国走向世界大国的历史进程之中。当今的中国还不是一个完全意义上的受到广泛尊敬的全球性大国,而是一个具有全球性影响的地区性大国。我们应正确认识自己的国际地位,保持清醒的头脑。既不能妄自菲薄,也不能过高地估计自己的实力。对中国的国际地位,要用一句话概括十分困难,而要综合进行评价:一是最大的发展中国家和社会主义国家。中国通过自身的努力,对人类和平与进步事业做出了巨大贡献。二是具有世界影响的地区大国。亚太地区的所有重大事务,没有中国的积极参与难以获得满意的结果;中国具备了成为世界大国的某些基本条件,这主要表现在政治和经济方面(如联合国安理会常任理事国席位、GDP总额、贸易额、吸引外资额、庞大的制造业等),也部分表现在科技发展方面(中国已成为航天大国之一)。但也必须看到,中国与世界强国在不少方面仍有较大的差距。经济上仍远不及美、日等国;军事上与美、俄的差距更大,在常规军事力量的某些方面甚至不及近邻日本与印度;科技总体水平仍落后于美、日、欧;在软实力方面,特别是在文化、价值观、制度建设的吸引力以及非政府组织(NGO)的发展方面,与美、欧相比,还有很远的路要走。因此我们将中国定位为具有世界性影响的亚太大国。中国的世界定位以地区性为基点,兼具世界性的特征。三是现存国际体系的参与者、维护者和建设者。这三句话都是我们常说的,结合起来评估才比较全面。

日本自明治维新后发展壮大。第二次世界大战以后,在美国的大力援助下,日本迅速完成民主化改造,成为西方资本主义世界经济发展最快的过程之一。1968年,日本超过当时的西德,在资本主义世界中成为仅次于美国的第二大经济大国。20世纪80年代又超越苏联成为世界第二大经济强国。随着苏联解体,日本世界第二经济大国的地位愈加巩固。客观而言,经过战后的多年发展和积累,日本在硬实力和软实力方面都颇有建树。日本的经济发展模式、高科技及现代化管理经验,都在世界范围内堪称榜样。同时,在对外关系方面,日本通过广泛的政府和民间援助,以及开展卓有成效的国际组织外交等方式,日本在国际社会上发挥了积极作用,其国际形象在世界上也一直遥遥领先。但历史认识问题严重损害到了日本的国际地位,这从日本2005年申请入常遭遇失败可见一斑。就内政而言,日本在战后始终未认真反省与清算侵略罪行,没有触动根深蒂固的军国主义思想及其社会基础,其残余势力不时兴风作浪。在对外关系领域,日本同美国结成紧密的政军同盟,甘为美国麾下的小伙计。从建立何种国际秩序到向全球推广"民主",举凡在重大国际和地区问题上,日本几乎都与美国共进退。近年来,美国将其战略重心东移亚太,日本即与之强化安保同盟,无条件予以大力支持与配合。

由此可以看出,日本未来能否进一步提升国际地位的关键不仅在于其经济、军事、科技实力有多强大,能给发展中国家提供多少经济文化援助,更在于能否正确对待历史。因为,一个国家的国际地位不仅取决于硬实力,也取决于其内外政策、国家品格和道义力量等软实力。

6. 中日关系中的钓鱼岛问题是怎么形成的?中国如何应对?

李华:钓鱼岛争端是一个由来已久的历史问题,产生的原因比较复杂,它既是近代以来东亚国际局势变迁的结果,也是相关国家中美日关系发展的历史产物。

1872年日本吞并中国的藩属国琉球,此为钓鱼岛问题产生的远因。直接原因是1894年日本发动甲午战争。1895年甲午中日战争结束后,日本强迫清政府签订《马关条约》,割占中国台湾澎湖,窃取了中国的钓鱼岛及其附属岛屿。

第二次世界大战后,中日之间悬而未决的钓鱼岛主权争议,则是美国一手造成的。1945年日本战败投降后,根据《开罗宣言》《波茨坦公告》的规定,钓鱼岛列屿本应作为台湾的附属岛屿归还中国,但美国根据1951年签订的《旧金山和约》托管琉球,将钓鱼岛列屿划入琉球群岛的经纬线内。1971年5月,美国与日本签署了归还冲绳协定,并于1972年擅自将包括钓鱼岛在内的冲绳行政权"归还"日本。日本政府据此主张该岛属于冲绳县的一部分,对此当时的中国政府(包括台湾当局)都曾提出强烈抗议和反对。为此,当时的美国国务院发言人麦克劳斯基解释道:"在归还冲绳时,美国将包括尖阁列岛在内的施政权归还给日本,但美国认为施政权和主权是两回事。如果在主权问题上产生分歧,应由当事国协商解决。"这表明美国当时交给日本的只是钓鱼岛的行政管辖权,而非钓鱼岛主权。尽管如此,冷战期间,美日私相授受中国钓鱼岛列屿领土的做法,导致现今钓鱼岛列屿被日本非法实际控制的局面,从而衍生出长达40年的中日钓鱼岛列屿领土主权之争。从这一角度看,"钓鱼岛领土争端"是美国基于全球战略在中日两个东亚大国之间留下的"楔子"。①

1972年中日实现邦交正常化时,周恩来总理与田中角荣首相就钓鱼岛问题"留待以后解决"达成共识。1978年中日缔结和平友好条约时,双方就钓鱼岛问题"搁置争议,留待以后解决"达成默契。

但日本1996年加入联合国海洋法公约后开始把钓鱼岛作为确立海上专属经济区的基点,开始拒绝承认中日之间存在领土争议,否认中日两国曾就搁置争议达成政治默契,并首次把钓鱼岛问题与军事战略及日美同盟挂钩。美国则推波助澜,开始把对钓鱼岛的控制权视为应对日益强大起来的中国海军走向太平洋的重要一环。这是导致中日之间钓鱼岛问题陷入恶性循环的起点。最终导致了2012年9月的"购岛"闹剧,这一闹剧使中日关系跌入邦交正常化以来的最低点。

从日本国内政治来看,近年来日本政坛渐趋右倾化,长期以来,日本政府对二战中的侵略罪行拒不认罪,政要屡屡参拜靖国神社。在领土主权问题上,日本故意挑衅激怒中国,借此宣扬"中国威胁"论,为日本重整军备寻找口实。从这一角度看,日本强购钓鱼岛绝非偶然,是日本试图推翻战后国际秩序的关键步骤之一。而缺乏执政经验的民主党野田内阁之所以在钓鱼岛问题上挑衅

---

① 胡宏雁、刘巧玲:《钓鱼岛问题与中日关系》,载《法制博览》,2012年第11期。

中国,很大程度上与其政权遭遇严重困难有关。近年来,由于受金融风暴的影响,加上日本经济长期疲软,失业增多,国内各种矛盾不断尖锐。"购岛"成为转移国内矛盾,摆脱内阁支持率持续低迷困境的重要手段和工具。

日本对钓鱼岛一直抱有觊觎之心的原因还在于钓鱼岛所辐射的专属经济区及潜藏的丰厚资源。根据《联合国海洋法公约》有关规定,岛屿可以划定领海毗连区、专属经济区和大陆架等管辖海域。如果能把位于中国东海大陆架上的钓鱼岛窃为己有,日本便有了分享东海油气资源的借口。所以,日本划出的所谓"中间线"也正是以钓鱼岛为基点,线路直插东海油气资源的富集带。对日本而言,攫取钓鱼岛除了觊觎该海域丰富的石油等海洋资源外,更有深层次的战略考虑,即将钓鱼岛作为实现其"千海里防卫"的据点,监控我国沿海地带。从战略上来看,一旦日本拥有钓鱼岛的行政管辖权,不只是占领钓鱼岛列岛,更是让其领土踏在中国大陆架上。中国军事科学学会副秘书长兼少将罗援指出,根据《国际海洋法公约》,如果钓鱼岛被日本非法占据,中日就得按中间线原则划分大陆架,中国不仅丢失大量的海洋管辖区和海底资源,而且美日对中国的战略封堵线,将从第一岛链又前推到中间线以西。因此,钓鱼岛问题已经成为中日关系中最重要、最敏感的问题之一。

从国际局势来看,2010年以来钓鱼岛问题的凸显具有其必然性。其战略背景之一是美国全球战略东移,而日本是美国东亚地区必须倚重的最重要战略盟友。日本在此背景下挑起钓鱼岛争端这一行动的意图在于,通过策应美国重返亚太为契机,在钓鱼岛单方面加紧挑衅,促使钓鱼岛争端迅速升级,以换取美国尽快给日本松绑,摆脱战败国不得进行武备的规定,加速实现军队的正常化,并进而侵占钓鱼岛。

另外,中日两国力量的世纪性逆转也是两国矛盾凸显的深层原因。目前中日两国正处于力量对比发生逆转后的心理调适期,在政治层面认知上,随着经济和综合国力的发展,中国在显著提高了世界及地缘政治影响力的同时也增加了自信心,日本却在"普通国家"及"入常"的诉求上深受挫败感,当这种反差与中日间的历史认识、领土和领海归属、安全保障等问题纠结在一起时,很容易成为日本狭隘民族主义情绪高涨的助推器。

因此,二战后美国培育的"楔子"——钓鱼岛领土争端在这么多年的酝酿与发酵中,在中国经济持续增长而日本陷入经济困顿的此消彼长窘境的情况下,伴随着日本右翼军国主义分子抬头的形式下,在美国的煽风点火下爆发具有一定必然性。它既是中、美、日三国关系发展的历史产物,也是现实国际局势变迁的结果。

应当认识到,我国与日本在钓鱼岛问题上的斗争和较量将是长期过程,问题的最终解决不可能一蹴而就,需要运用多手段综合施策,争取主动。其中,应特别重视法理斗争手段,重点是针对日本声称拥有钓鱼岛主权的核心观点,广泛利用联合国等国际组织以及有影响力的国际媒体,运用易于被国际社会接受的话语体系,深入研究和阐明钓鱼岛属于中国的法理依据,争取国际社会支持。

同时,我们也应看到,相较于改革开放大环境、国内社会稳定及中日关系等大局,钓鱼岛问题仍然属于局部问题。中国政府在处理钓鱼岛问题上始终坚持有理、有利、有节和"斗而不破"的原则,在与日方的交锋中取得了较好效果,这一原则在今后一个时期处理钓鱼岛问题上仍将发挥重要作用。只要我们有坚定的意志、有力的措施,随着我国综合国力不断壮大,海峡两岸关系不断发展,日本攫取钓鱼岛的图谋就难以得逞。面对历史留给中日两国的悬案,两国有识之士就应该共同思考,尊重历史与法理,拿出诚意与智慧,不使它继续成为可能恶化中日关系的不稳定因素,争取和平地、创造性地解决这一问题。

7. 如何理解美国在钓鱼岛问题上的立场和行为?

李华:近年来,美国多次声称钓鱼岛在"日美安保条约"的适用范围之内,日美两国针对钓鱼岛的防卫甚至进行了大规模军事演习。但是,面对中日钓鱼岛争端,美国的政策却刻意保持模糊立场。美国对钓鱼岛主权归属问题表示不持立场;对于是否介入中日钓鱼岛争端的态度暧昧,一方面承诺钓鱼岛适用"日美安保条约",另一方面却强调用和平的方法解决钓鱼岛主权争端。

美国是钓鱼岛问题的始作俑者,对钓鱼岛问题的产生负有不可推卸的责任。二战末期,美军占领琉球之后,曾于1946年1月29日发布《联合国最高司令部训令第667号》,其中第三项中已明确规定了日本版图所包括的范围,即"日本的四个主要岛屿(北海道、本州、四国、九州)及包括对马诸岛、北纬30°以南的琉球诸岛的约1000个邻近小岛",其中根本不包括钓鱼岛。但随着冷战局面的出现,日美关系发生改变,日本成为美国在西太平洋地区最重要的军事同盟国和美军最重要的前沿部署基地。1951年,在没有中国参与的情况下,日本同美国等国家签订《旧金山和约》,将琉球群岛(即现在的冲绳)交由美国管理。1953年,美国控制下的琉球民政府擅自扩大管辖范围,将中国领土钓鱼岛及其附属岛屿裹挟其中。1953年12月25日,美国发出一份美国民政府第27号令,即关于"琉球列岛地理界线"的布告。该布告将钓鱼岛划给日本的冲绳县。日本政府据此主张该岛属于冲绳县的一部分,并将钓鱼岛及其周围海域划入日本自卫队的"防空识别圈"内。1971年,日美签署《归还冲绳协定》,擅自把钓鱼岛等岛屿列入"归还区域"。日美之间的"私相授受"是非法的,否定了反法西斯战争的成果,结果引起20世纪70年代包括美国在内的世界各地华人保卫钓鱼岛运动的浪潮,随后美国被迫修正其立场。当时的美国国务院发言人麦克劳斯基解释道:"在归还冲绳时,美国将包括尖阁列岛在内的施政权归还给日本,但美国认为施政权和主权是两回事。如果在主权问题上产生分歧,应由当事国协商解决。"这表明美国当时交给日本的只是钓鱼岛的行政管辖权,而非钓鱼岛主权。

冷战结束以来,美国继续对钓鱼岛问题发出"复杂"的信号。2001年12月1日,美国助理国务卿弗德在华盛顿市发表演讲时暗示,钓鱼岛一旦受到攻击,美国有可能为日本提供支持。2010年中日撞船事件后,美国务卿希拉里在与日本外务大臣前原诚司举行会谈时表示,钓鱼岛属于"日美安保条约"范围之内。2012年以来,日本又数次与美国确认这一"保证"。美国在钓鱼岛问题上同时坚持另一立场,即不支持日中任何一方。早在1996年,时任美国驻日大使蒙代尔就在《纽约时报》上表示:"关于(尖阁)群岛的主权问题,美国不站在任何一边。美军不会因为(日美安保)条约而被迫介入。"2012年在日本进行所谓的"购岛"后,美国负责亚太事务的助理国务卿坎贝尔和国防部长帕内塔都多次强调,美国不在领土争端中采取立场,而希望各方冷静行事。2013年美国国会参院在通过的"2013年国防授权法"修正案中也宣称美对钓鱼岛最终主权不持立场,但承认日方对该岛屿的行政管辖权,任何第三方单方面行为均不会影响美国上述立场。作为日本盟国的美国,对要不要帮助日本协防钓鱼岛,以及以什么样的方式,会介入到什么样的程度,其立场和态度,时而明晰而热切,时而模糊和超然。

作为钓鱼岛问题始作俑者的美国之所以在钓鱼岛问题上采取模糊政策,目的是想在中日之间保留回旋余地,在中日之间充当平衡者和仲裁者的角色,以此掌控中日关系,进而掌控东亚乃至整个亚太地区的战略主导权。

二战结束以来,美国基于全球战略考虑,一直不愿意看到中日两国走近。因为在美国看来,中日两强如果亲密团结起来成为亚洲真正的领导者,美国在亚洲的"存在感"和利益就会受到排挤和削弱,为此,早在1971年美国向日本"归还冲绳"之际就在中日间埋下了钓鱼岛问题这个"地雷",致使中日围绕钓鱼岛主权归属一直摩擦不断。

2011年以来,美国高调"重返亚洲"或"战略东移",这一战略是在近年来亚太地区政治经济发展影响日益增强,而美国在世界上的领导力和影响力有所下降的背景下出笼的,需要包括日本在内的亚洲盟国的鼎力支持方能实现。为此,通过操纵钓鱼岛问题,支持盟友日本,制约和抗衡东亚新兴大国中国,从而继续牢牢掌控亚太地区主导权就成为美国一个重要而精明的战略选项。

美国这种"矛盾"立场背后,实质上隐藏着美国为维护自身国家利益所采取的灵活态度。一方面,美国正在加速实施其"再平衡"战略,需要日本这一重要盟友发挥作用,美日同盟将继续得以强化。另一方面,钓鱼岛问题不断升级,影响区域和平与稳定的程度,就会影响到美国的利益。美国政府在钓鱼岛问题立场的这种模糊反复,自然是基于现实操作层面的需要,其不会因为一个不牵涉到根本利益的钓鱼岛问题,就使得自己在更多国际问题上与中国的对抗全面升级。因此,美国不会支持日本在钓鱼岛问题上偏离太远。可以预料,美国在钓鱼岛问题上的这种"模糊"立场,如非美国自身对中国战略利益发生变化,在短期内将难以发生重大转变。

美国在钓鱼岛问题的模糊政策客观上也收到了一定的奇效。2010年发生的中日"撞船事件"和2012年日本的"购岛"闹剧以及安倍政权上台后对美国的亦步亦趋,均进一步强化了日美同盟,其示范效应还传导到中国南海问题上,刺激了越南、菲律宾等国在此问题上与中国的对抗性,从而使美国的亚太东移战略具有了某种程度上的整合性。从这个意义上说,在钓鱼岛问题上留下一个模糊的空间,显然有利于美国以调停者的身份在亚太地区事务中保持足够的发言权和主导权。

总之,美国利用钓鱼岛问题,大打"鹬蚌相争,渔翁得利"之牌,站在美国国家利益,自然是他们的选择。但作为一个负有更多维护世界和平责任的大国,美国在钓鱼岛问题上,模糊可以理解,但如果玩过了头,不断火上浇油,只能是引火烧身。

针对美国对钓鱼岛问题的干涉,中国适时做出自己的反应,并针对美国政府的实际行动采取对等的反制手段,是让美国各界对中国国家利益有触动时,必须有所顾忌的应有之义。中国有必要设想在钓鱼岛问题上,即便美国全力支持日本,也要有不惜一战的信心和战而胜之的能力。如此,才能以不变应万变,才是正确的态度和立场。

8. 中美之间是否要发生战争才会改变当今国际格局?

李华:国际政治中有一个著名的理论即"修昔底德陷阱",这一说法源自古希腊著名历史学家修昔底德的观点,这位历史学家认为,当一个崛起的大国与既有的统治霸主竞争时,双方面临的危险——正如公元前5世纪希腊人和19世纪末德国人面临的情况一样。这种挑战多数以战争告终。公元前5世纪,雅典的急剧崛起震惊了当时的陆地霸主斯巴达,双方之间的威胁和反威胁引发竞争,长达30年的战争结束后,两大强国均遭毁灭。修昔底德总结说:"使得战争无可避免的原因是雅典日益壮大的力量,还有这种力量在斯巴达造成的恐惧。"①

"修昔底德陷阱"翻译成当代语言就是:一个新崛起的大国必然要挑战现存大国,而现存大国也必然来回应这种威胁,这种情况下战争就变得不可避免。这几乎已经被视为国际关系的"铁律"。最显著的是德国,德国统一之后,取代了英国成为欧洲最大的经济体。在亚洲也有类似的经历,日本崛起之后,就想挑战欧洲殖民地在亚洲建立起来的或者正在建立的秩序,试图确立以日本为中心的亚洲秩序,最终爆发了日本以反对西方列强为名而侵略亚洲其他国家的战争。

进入21世纪,世界秩序正在发生深刻的变化。其中,最引人瞩目的变化是以美国为主导的西方霸权的相对衰落,以及以中国为代表的新兴国家的强势崛起。关于中国崛起对世界秩序的影响,西方学者和政界最为关注如下两个问题:第一,西方是否应该接纳和融合中国崛起和中国对于世界领导权的参与和加入,还是通过对抗和遏制来限制中国崛起以此继续维护西方对于世界的领导权?第二,中国是否有意愿或有能力塑造出一个具有中国特色乃至中国主导的全球秩序形态,还是继续在由西方所塑造、美国所奠定的现有国际格局当中发挥建设性力量?这两个问题涉及中美两国能否跨越"修昔底德陷阱"。

从现实来看,中国崛起深刻地影响到了世界体系和地区秩序,客观上构成美国"重返亚洲"的重要原因。尽管美国人说,其"重返亚洲"的目标是亚洲的秩序及和平,不是要"围堵"中国,而是要"威慑"中国,防止中国破坏亚洲的现存秩序,但实际上很清楚,美国是出于对"中国崛起"的恐惧。亚洲的一些国家为了克服自己对"中国崛起"的恐惧,选择站在美国这一边,另一些国家则在观望。这种情形,又和修昔底德当年所观察到的希腊其他国家的行为何其相似:

---

① 钱乘旦:《"修昔底德陷阱"的历史真相是什么?》,载《北京日报》,2006年9月5日。

双方(指雅典和斯巴达)都竭尽全力来备战;同时看到希腊世界中其余的国家,不是参加了这一边,就是参加了那一边;即使那些目前还没有参战的国家,也正在准备参战。无论承认与否,美国和亚洲一些国家对中国的恐惧已经成为事实,其行为已经陷入了"修昔底德陷阱"。很清楚,中国如何反应,就在很大程度上决定了亚太地区的和平与战争。对美国的"重返亚洲",中国的恐惧正如美国对中国崛起的恐惧一样都是可以理解的,但显然没有必要恐惧到陷入"修昔底德陷阱"。实质上,在亚洲两国之间具有很大的合作空间;而在美国力量急剧衰落的中东、非洲,甚至是美国传统势力范围的欧洲,中国具有更大的发展空间。不仅太平洋两岸能够容得下中美两国,这个地球更是容得下中美两国。既然中国没有意图挑战美国,实在没有必要恐惧,所需要的仅仅是理性。

从一定意义上说,中国针对与美国的关系所发展出来的种种政策话语,就是为了避免陷入这个陷阱。中国的领导层也一直在重复中国并不相信这种陷阱。中美之间的权力转移并不简单意味着中国崛起美国衰落,而是中美和其他主要国家或国家集团一道在国际事务中发挥重要作用。今天中国的崛起在某种程度上正得益于战后美国所开创的这种具有持久生命力且易于扩张的国际秩序。虽然中国实力的增长和美国实力的相对衰退使中美之间出现了权力转移现象,但由于中国始终坚持和平发展道路和对现存国际秩序持基本满意的态度,因此中国绝不希望中美交恶,也不希望世界体系发生剧烈动荡。因此中美之间的权力转移未必引起冲突与战争。

从中美关系发展来看,两国目前正在探索建设新型大国关系。中美新型大国关系的"新"首先体现在行为主体是新的,即中国不是历史意义上的传统崛起国和挑战者,而美国也非传统意义上的霸权国和守成者。中国不寻求挑战当前国际秩序,而是成为国际体系建设与完善的参与者与贡献者;美国不寻求遏制中国的发展,而是创造更具包容性、开放性,更有代表性、合法性,更富公正性、权威性的国际体系。其次体现在当前国际新形势上,经济全球化深入发展,中美之间已形成"你中有我,我中有你"的高度依赖关系。美国一度成为中国最大的出口市场,同时也是中国外资最大的来源地之一;文化多样化、社会信息化持续推进,中美之间深层次、多领域交流明显强化;国际安全面临着复杂的多样性挑战,这使得中美两国既无法独自应对,也不能独善其身。因此,今天的中美两国之间不仅因为紧密的共同利益而捆绑在一起,而且因为不可推卸的共同责任而结合在一起。在此种背景下,妄言中美之间要通过发生战争才会改变当今国际格局的说法显然是不明智的。虽然随着中美关系的深入发展,两国之间存在的老问题、新矛盾也日益凸显。但是,这些问题的存在不应被视为是构建中美新型大国关系的障碍,而应被视为是构建中美新型大国关系的动力。

用"修昔底德陷阱"描述当代中美关系,是一种历史类比法。但是,如今中美两国所处的时代,与伯罗奔尼撒战争时期有着根本性的不同,而且中美两国领导人都在积极促成两国的合作共赢,不冲突、不对抗。所以,再用"修昔底德陷阱"来描述中美关系也是不恰当的。2013年6月,习近平主席同奥巴马总统在安纳伯格庄园会晤,就构建中美新型大国关系达成共识。2014年1月22日,习近平在接受《世界邮报》创刊号的专访中,针对中国迅速崛起后,必将与美国、日本等旧霸权国家发生冲突的担忧,习近平主席强调:"看待中美关系,要看大局,不能只盯着两国之间的分歧,正所谓'得其大者可以兼其小'。"中美在全球治理领域有着广泛共同利益,能够以合作化解冲突,建设性管控分歧,建立新型大国关系,共同推动完善全球治理体系,共同构建人类命运共同体。这不仅有利于双方发挥各自优势、加强合作,也有利于双方合作推动解决人类面临的重大挑战。

9. 南海问题对中越关系有什么影响?

李华:近几年来,随着亚太地区形势的变化,中国与东南亚各国关于南海主权的争端愈演愈烈,成为当今世界最敏感、牵扯国家也最多的国际热点问题。而在这其中,中越之间关于南海的争端历时最久、最为复杂。主权之争既是国家利益之争的直接表现,同时也是两国关系与国内政局演变的历史积累与沉淀的结果。近年来,中越两国在南海问题上争吵、摩擦不断,使已提升到"全面战略合作伙伴"的中越关系面临种种考验。

中越南海之争由来已久,而南海丰富的资源是中越南海问题产生的一大诱因,亚太地区经济的迅速发展刺激了各国能源需求的增长。近年来,越南加大了在南海地区的石油开发力度,力图从南海获得更多资源以促进经济增长。据统计,越南迄今已累计从南海开采了超过1亿吨的石油和大量的天然气,获利达数百亿美元。目前,越南海上石油的年开采量约为3 000万吨,其中800万吨产自南海争议海域。[①] 此外,南海海域丰富的渔业资源,以及拥有巨大潜力的旅游资源,也都能够给越南带来巨额收入。中越南海冲突的另一大诱因是南海是具有重大战略意义的海区。南海是世界上最重要的航道之一,是东盟和东亚各国等海上运输的生命线。全球每年约有四分之一的海上运输要经过南海通往世界各地。在军事战略方面,南海位于越南金兰湾和菲律宾苏比克湾两大海军基地之间,战略位置也非常重要。

20世纪90年代以来,中越南海争议表现出一些新的特点。一方面,苏联解体后,越南出于意识形态上和双边政治经济关系的考虑,在南海争端中保持了适当的克制。另一方面,出于对地区政治、国家利益的考虑,越南在南海问题上的立场又渐趋强硬,全力拉拢美俄以及部分东盟国家牵制中国,实现其利益的最大化。在新的形势之下,越南开始对其所占岛屿积极经营,以达到将占据的南沙岛屿变成"既成事实"的目的。越南在其所占岛礁建立电视接收站、灯塔等设施的同时,还积极鼓励其渔民到南海海域作业,并宣称其海军可支援300艘渔船的护渔工作。最近几年来,越南甚至做出在其占据的南沙岛礁上建立地方行政管辖机构的决定,企图以此种形式宣示对南沙的所谓主权。

为了实现自身在南海的利益,越南采取种种措施,力图使南海问题国际

---

① 邱普燕:《中越南海争端的由来与现状》,载《东南亚研究》,2014年第1期。

化。近年来，越南加快了在南海扩张的步伐，继续加强与他国的合作，伙同别国共同开发南海资源，让更多国家介入南海争端。目前，越南与法国、意大利、日本等国家签订有开发南海资源的协议和合同，并与外国公司一道在南海建设油气井。与此同时，越南还不停地制造一些不利于中国的舆论，甚至还威胁要把南海问题提交联合国组织。另外，越南还是把美国等区域外大国拉入南海争端的主要推手，区域外大国为了自身利益更是愿意与越南一道在南海进行角逐，使南海问题更加复杂化。20 世纪 90 年代以来，美、日等国不遗余力地宣扬中国威胁论，使南海问题陷入国际关系的泥淖之中。其根本目的是遏制中国的发展，同时达到挑拨东盟国家与中国关系的目的，造成越南等东盟国家同中国的不信任，增加东盟国家对我国的防备心理，使南海问题的沟通愈加困难。近年来，美国在"重返东南亚"的外交战略指导下，表现出对南海问题的强烈关注，甚至公然宣称"南海问题关系到美国国家利益"，使南海问题更加国际化和复杂化。美国还多次提出，关于南海问题，中国应把"由来已久的领土要求放在一边"，建立多边联合开发机构。这一无视中国对南海历史主权的提议，其背后意图无非是使各方分割南海成为既成事实，以达到遏制中国和孤立中国的目的，从而保证其亚太战略的实施。

  回顾历史，可以清晰地发现，中越南海争端问题并不是一个天然存在的问题。中越南海争端演变历史的背后，凸显的是国家利益在国际政治交往中的决定性作用。越南政府为了自身的利益需求，可以不顾国际法和历史事实，随时改变自己的对外政策，其政策的调整也是和地区形势的变化息息相关甚至是紧密配合的。近几年来，中越南海争端更因周边各国对中国崛起的担心、军备扩充、区域外大国的介入及各国海洋主权观念的增长等因素而愈加紧张。

  从长远来看，尽管南海问题对中越关系发展具有重要影响，但远不是中越双边关系的全部。事实上，中越关系自新中国成立以来经历了许多波折，但冷战结束后中越两国、两党一直保持着密切合作，高层互动频繁，双方在中国东盟合作框架下的全方位合作也开展得有声有色。南海问题虽一直存在，但并未妨碍中越关系快速发展。其作为中越之间的历史遗留问题，之所以在近年变得越来越突出，主要是由于区域内外因素的综合作用。首先，中国经济的迅速崛起,虽然对周边国家意味着发展机遇,但就越南而言,双边贸易的快速增长伴随着其对华贸易的持续逆差,2010年超过140亿美元。对以出口导向为基础的越南来说,显然感到在与中国的合作中吃亏了,这在一定程度上影响着越南民众的对华认知,反映在南海争端上往往会表现得比较极端。其次,中国实力的增强也使越南对于搁置争议共同开发的态度变得比较消极。因为这种发展造成的力量变化对于越南最终谋求争议地区的主权不利。当然,区外力量,尤其是美国、日本、印度的高调介入则使南海局势变得更加复杂。

然而,这并没有改变中越之间合则两利、斗则俱伤的国际关系规律。因此,中越双方都将会以克制的态度对待南海争端。因为从目前来看,越南对南海的关注更多还是经济利益方面,因为其大规模发展制造业必然要消耗更多的能源,在国际油价持续走高的情况下,无论是为供应国内需求还是适当出口,南海丰富的油气资源都具有巨大的吸引力。但为此采取强硬的单边行动,破坏与重要经济伙伴中国的关系,可能得不偿失。这或许是越南2014年5月发生大规模反华事件之后政府迅速采取措施进行管制的主要原因。

在可以预见的未来,中越之间的南海争端不大可能获得彻底解决,坚信自己"占理"的越南,也会继续推进南中国海问题的国际化与南中国海行为准则的制定。因此,南中国海争端依然会是中越关系进一步改善的主要障碍。对于中越双方来说,如何采取措施有效搁置争议,并在此基础上实现共同开发与双赢,是一个更为紧迫的课题。当然,要从共同开发中获益,首先就要坚定不移地贯彻搁置争议的原则,这在当下的国际背景中对双方的领导人来说都是需要一定的政治勇气的。

10. 蔡英文上台后，两岸关系将来会如何？

孙士庆：此前李登辉、陈水扁当局的本土化和"去中国化"教育使台湾地区80、90后年轻一代的"国家认同"观被异化为对台湾主体意识的过分强调和对中国观念的淡化，出现"中国"为"他者"、"台湾"为"我群"的"国家认同"危机。另外，受岛内利益藩篱、情感疏离、价值分歧、认知结构障碍和外界的影响等多种因素制约，台湾地区年轻一代对中国认同上面临障碍。在此情况下，标榜"台独"的民进党主席蔡英文在大选中高票获胜。蔡英文在大选前以"维持现状"与"中华民国宪政体制"的策略性论述定位两岸关系获得广泛认可，得以赢得"大选"。在竞选演讲中蔡英文一直回避"九二共识"，以及对两岸关系进一步发展的承诺，这些都使未来两岸关系隐藏着很大的隐忧。

大选后，蔡英文提出"'九二共识'事实论"，提出依所谓"中华民国宪法"与"两岸关系人民条例"处理两岸关系。但在实际操作过程中，蔡英文却奉行说一套做一套的伎俩。2016年9月29日，蔡英文在庆祝民进党建党30周年给民进党党员公开信中号召大家要"力抗中国压力"，公开表示民进党的"有些价值，我们一定会坚守"。随着大陆对台湾地区的持续施压，蔡英文在2016年10月10日的"双十"讲话中更提出新"四不一没有"，即在处理两岸关系问题上坚持"承诺不会改变，善意不会改变，也不会在(大陆)压力下屈服，更不会走回对抗的老路"的两岸政策新基调，但始终没有回答是否承认"九二共识"和"一中意涵"两个关键性问题。在此后的实际行动中，蔡英文对"九二共识"始终未予承认。

2018年5月20日,蔡英文上台两周年接受专访时再次对两岸关系表态,声称"维持现状仍为两岸政策主轴"。但"维持现状"本是马英九任内两岸双方形成共识后的结果,蔡英文当局放弃国民党"九二共识"的基础后,两岸的现状早已被民进党片面改变了。因此,从蔡英文大选演讲到"双十"谈话到此后一系列有关两岸关系的表述,都表明民进党始终以所谓"维持现状"为基本立场,以推行"柔性台独"为主要手段,以实现"和平台独"为最终目标,拒绝承认"九二共识"及其"两岸同属一中"的核心意涵,从而破坏了两岸关系和平发展的政治基础,导致八年来两岸关系的和平发展进程陷于停滞。

大陆坚决要求两岸在"九二共识"前提下的对话交流,否则不与蔡英文当局进行互动。因此,两岸关系的发展完全取决于蔡英文对"九二共识"的态度。由于蔡英文为代表的民进党执意不承认"九二共识",坚持"台独"立场,使两岸关系陷入僵局,责任全在民进党一方。蔡英文当局自上台后,无论是对"太阳花学运"参与人士撤告、废除"微调课纲""清算国民党党产",还是冷处理"雄三导弹误射"、禁止大陆学者查阅"国史馆"馆藏史料、区别对待"陆客团火烧车"事故两岸遇难者、提名主张"两国论"的亲绿人士担任"司法院大法官",还是大力推动"新南向政策"、太平岛维权不力、拒绝两岸合作共同捍卫南海"祖产"和主权等事项,都表明蔡英文当局正在岛内全面推行"渐进式台独""柔性台独"路线,根本与其一再承诺的"维持两岸现状",建立"一致性、可预测且可持续"的两岸关系自相矛盾。① 特别是蔡英文当局自执政以来政绩乏善可陈、饱受各方诟病,再加上绿营内部尤其是深绿"独"派势力的施压,使未来蔡英文很可能为拼连任转移注意力而调整两岸政策,重回"全面脱中"的两岸路线,大肆推行为台湾"正名""修宪""入联公投""台湾国家正常化"等形形色色的"台独"分裂活动,为实施"法理台独"制造机会。

随着两岸制度化沟通协商机制的长期停摆和民间交流的不断减少,两岸民意的统独对决面临挑战。囿于此,大陆对蔡英文当局不再抱有希望,转而争取台湾同胞的支持,加大惠台力度。2018年2月28日,国务院台湾事务办公

---

① 刘凌斌:《蔡英文执政后的两岸关系走向》,载《统一论坛》,2017年第1期。

室、国家发展和改革委员会对外发布《关于促进两岸经济文化交流合作的若干措施》(简称"惠台 31 条"),明确指出积极促进在投资和经济合作领域加快给予台资企业和大陆企业同等待遇,逐步为台湾同胞在大陆学习、创业、就业、生活提供与大陆同胞同等的待遇。① 这充分体现大陆贯彻"两岸一家亲"、融合发展的理念,表明两岸已进入"实质统一"的进程。同时,大陆在外交上不断打压蔡英文当局"台独"空间。蔡英文上任两年来已有包括圣多美普林西比、巴拿马、多米尼加和布吉纳法索等 4 个"邦交国"与其断交,另外还有若干个打算与台断交的国家,使其在国际上进一步孤立。对此,蔡英文公开明确叫嚣"统一不能是在压力下的选择,更不能是台湾年轻人对未来的唯一选项"②,再次挑战两岸底线。另一方面,蔡英文当局执政两年来不断挑战民生底线,先是砍了军公教劳警消改的退休金、推动日核灾食品入台、废除核电,继之抄国民党党产、抢了妇联会、硬生生"拔管"等倒行逆施的勾当,导致民生凋敝,游行示威不断。针对这种情况,2018 年 5 月 22 日,在野党国民党主席吴敦义对"统一"清楚表态,指出台湾地区宪制性规定增修条文中写明"最终目的是国家统一为原则",显示出国民党在两岸关系做出更积极的表述方式,一方面向大陆表明立场,另一方面对在岛内遏制"台独"有积极意义。

总之,如果蔡英文再不改变一意孤行的"台独"政策,未来两岸关系的走向,很可能将从陷入僵局走向全面"冷对抗",两岸关系前景更不容乐观。但不容置疑的是,从长远来看,从中华民族伟大复兴的前景来看,这只是暂时的挫折。两岸关系和则两利,斗则两伤,和平发展以致最终统一是大势所趋,符合两岸广大中国人民的意愿,绝不以台湾一部分政党和一部分人的意志为转移。

---

① 《港媒:惠台 31 条在政策上实现国家完全统一》,2018 年 3 月 7 日,http://www.guancha.cn/local/2018_03_07_449206_s.shtml。

② 《蔡英文首次公开谈统一,竟扬言"统一不是唯一选项"》,2018 年 5 月 26 日,http://mil.news.sina.com.cn/2018-05-26/doc-ihcaqueu4496154.shtml。

11. 中国以后会不会有战争，能不能打赢？

李晨：2018年5月27日，美国"安提坦"号、"希金斯"号军舰未经中国政府允许，擅自进入中国西沙群岛领海。中国军队当即行动，派遣舰机依法对美舰进行识别查证，并予以警告驱离。对此，国防部发言人吴谦回应称："西沙群岛是中国固有领土。根据《中华人民共和国领海及毗连区法》，中国政府于1996年公布了西沙群岛的领海基线。美方再次派军舰擅自进入中国西沙群岛领海挑衅，违反中国法律及相关国际法，严重侵犯中国主权，损害中美两军战略互信，破坏有关海域的和平、安全和良好秩序。中方对此坚决反对。中国军队加强海空战备建设，提高防卫水平，捍卫国家主权和安全，维护地区和平稳定的决心意志是坚定不移的。"①

需要看清的事实是，由于中国的军事实力增长很快，完全有能力、有实力在这些冲突中取得胜利，并维护局部地区乃至更大范围的安全局面。

与奥巴马政府不同，特朗普政府对南海没有"维护规则、秩序和价值观"等方面的原教旨主义概念，虽然他在竞选总统期间多次指责中国，但上台以来，美国在南海的言行都趋向低调。例行的演习训练、抵近侦察虽然仍在继续，但曝光度却远不如奥巴马时期。除了同时期的朝鲜半岛的紧张局势，导致特朗普政府不会在南海问题上对中国进行过多的刺激之外，特朗普本人与团队所表现出的精于算计的商人作风，与此类"航行自由行动"的形式主义，也显得格

---

① 吴谦：《国防部新闻发言人吴谦就美舰擅自进入中国西沙群岛领海答问》，2018年5月27日，http://www.mod.gov.cn/info/2018-05/27/content_4815403.htm。

格不人。①

然而,在南海问题上,美国的智库、政府官员、军方、战略界等精英层,仍然将南海博弈标定为中美亚太地缘战略竞争的焦点,频频发声、搞动作。2017年5月9日,美国国际问题与战略研究中心发布了几百页的题为《反击亚洲的海上胁迫》的大部头报告,声称中国正在南海、东海采取模糊、非对称和渐进的所谓"灰色地带"策略,美国需要全力进行反制。所以可以看出,在南海问题上,美国国内实际上存在了两条路线:一条是特朗普代表的务实路线;另一条是传统精英所支持的激进务虚路线②。

自从在南海进行"航行自由行动"以来,美国政府和军方就宣称,要给中国在南海"传递明确信息,释放强硬信号"。但事实上,美国所传递的信息是模糊的——在声称不承认的中方海域12海里内进行所谓"无害通过",不是等于间接承认中国拥有岛礁的主权和12海里领海?因此,所谓的表面强硬,实际上是软弱的。本来想试图给中方划定一条"红线",给外界的感觉却是一条"粉线"。这种略显柔和的行动,既无助于稳定中美关系,同时也不太可能达到测试中方底线的目的。

对此,中国方面所采取的策略则是"好酒与猎枪"都有。

首先,要重视美国国内政治和军政关系的复杂性,合作与斗争的手段要兼备,要有层次。不可否认的是,中美两国总体关系发展趋势一直保持着良好的势头。可是,在南海问题上,美国国内暗流涌动,有很大一部分人正在试图抓住一切风头与苗头,极力阻止南海形势趋向缓和。即便特朗普方面再有合作的诚意,其政策与中方都不可能完全忽视这种暗流,特别特朗普政府绝不可能忽视军方意见。况且,特朗普本人也会考虑将南海问题作为一张立场模糊、可以忽悠的底牌。

其次,中方有必要向特朗普政府表明立场。目前,特朗普的南海政策还未定型,而中国的所有行动与表现,都会对该政策的最终发展与形成有着很重要的影响。

---

① 刘琳:《美国在南海的"航行自由行动"探析》,载《当代美国评论》,2018年第1期。
② 邱越、闫嘉琪:《美国改变南海政策了吗? 专家:延续奥巴马政策》,2017年5月26日,http://military.people.com.cn/n1/2017/0526/c1011-29301913.html。

说到底，美国不能指望中国能一方面与其在经贸、朝核等问题上进行紧密友好的合作，而另一方面却能在南海领土问题上忍受其羞辱。而积极地就中美关系、应对朝鲜半岛问题等议题进行频繁的联系，将是其中一个有效的打压美国气焰的手段。

　　最重要的是，要视情况而加快在南沙岛礁的军事部署与布防。南沙的机场、码头、房屋等基础设施其实早已建设完毕，而据观察，在武器装备上岛问题上，中方都一直保持着相当的克制。

　　应该引起中方注意的是，美国海军不会任由南海的局势走向稳定。美国战略界甚至有观点认为，"要做就要做得更狠一些，当前的对抗烈度依然太低，不足以传递明确信息，也不足以测试彼此的政策底线"。

　　为了避免无端激发局势紧张和误会，中方不妨专门针对美军量体裁衣，特意部署一些先进的针对美国舰机的装备。美军来的次数越多，动作越大，这种必要性和紧迫性就越强。在未遭遇实质性风险之前，这类试探不会偃旗息鼓。阻止的有效方式，是适当升高对抗的等级，加大博弈的砝码，促使美国在风险过高时保持必要审慎。

　　由此事件为例，我们可以看到，中国与他国，尤其是美国、日本，还有东南亚等一些有敏感地区争议的国家之间，在国际关系中看似"亦敌亦友"的模糊关系，自始至终都存在。

　　而对于中国国内的部分指责军方回应无力的声音，在此引用我国军事理论家乔良的话："爱国没错，说硬话狠话也没错，但这对于正走在兴盛之路上的中国，还远远不够，眼下'我的国'需要血性，更需要理性。没有血性，'我的国'将没有崛起的动力和激情；没有理性，'我的国'将迷失目标和路径。只有当血性充盈我们的心脏而理性注满我们的大脑时，我们才会真正看到那一天的到来：厉害了，我的国！"[①]

　　正确判断与看待中国在国际形势中的地位，理性认知国际关系的复杂性与尖锐性，是每一个公民对国家、对社会负责的表现。众所周知，在国际博弈的大局中，没有永远的朋友、永远的对手，只有永远的利益。如果

---

① 乔良：《中国需要什么样的鹰派？》，载《中国青年报》，2017年5月18日，第11版。

仅仅以单边的思维方式去理解世界局势的话，就显得太过于肤浅与无知了。中国无意于对世界上任何国家进行侵略或者干涉，但是中国有权利发展自身实力，有权利运用自身的实力来保护自己国民的人身安全，以及保卫国家的领土安全，这些基本的原则都是不容任何国家以任何借口进行侵犯的。但是，我国保卫领土与回击骚扰侵犯的手段与方式是多样且灵活的，是有力且具有警告性质的，并不是简单粗暴地挑衅而引起局势动荡甚至引发战争。

可以说，在中国国家主权的领土上很难出现大范围的战争，随着中国不断加强自己的实力，有能力保卫主权领土，虽然不可避免会在热点地区发生摩擦与冲突，但是中国不会因为任何原因而在领土问题上进行退让，但是中国也不会选择以任何侵略性质的手段来解决领土争端，中方会决定通过适当的方式与他国进行沟通与谈判，寻求一种更妥当的方式进行解决。而对于一些国家故意的言语挑衅与单方面公开炒作，中方也不会因为这样的言论而动摇或者进行过度反击。

12. 欧洲债务危机的导火索是如何被点燃的？

潘哲初：欧洲债务危机，是指2008年金融危机之后欧洲部分国家因在国际借贷领域中大量负债并超过了其自身清偿的能力，造成无力还债或者必须延期还债的现象。从2009年4月爱尔兰出现了财政危机，到12月希腊债务危机曝光，再到西班牙、葡萄牙、意大利等多个欧元国家遭受债务危机，欧元体系面临着前所未有的巨大挑战;对欧洲经济乃至世界经济都产生了一定的影响。①

欧洲债务危机的起点,无疑是2009年12月份的希腊债务危机。2009年10月初,新一届希腊政府宣布2009年政府财政赤字和公共债务占国内生产总值的比例预计分别达到12.7%和11.3%,远超欧盟《稳定与增长公约》规定的3%和6%的上限,希腊债务危机由此拉开帷幕。随后几个月,全球三大评级公司标普、穆迪和惠誉分别下调希腊的主权债务评级,2010年5月底,惠誉宣布将西班牙的主权评级从"AAA"级下调至"AA+"级。此后,法国和德国两个欧元区的核心国家也受到了危机的影响。2012年初,普尔宣布将法国等9国主权信用评级下调,法国主权信用被踢出"AAA"级。至此,希腊债务危机扩大为欧洲债务危机。

欧洲债务危机的导火索究竟是怎样被点燃的呢?这其中的原因很复杂,制度上的、政策上的、人口上的都有涉及。这些原因将分为以下几条进行阐述:

1. 欧洲债务危机爆发的直接原因

(1) 金融危机冲击欧洲及美元挤兑②。

2008年金融危机后,美国次贷危机引发全球经济衰退,也点燃了欧洲暗藏在风平浪静海面下的巨大债务风险。各国为抵御经济系统性风险的救市开支巨大,财政纪律松弛,控制赤字不当,各国财政赤字过高和债务严重超标直接引发了此次危机。此外,美国经济在此期间复苏乏力,失业率居高不下,债台高筑,为了转嫁危机,美元势力竭力打压欧元;希腊债务危机显现以后,美国金融机构如高盛等极力唱衰希腊,美国三大评级公司的轮番下调希腊和其他陷入债务危机的欧洲国家的主权信用评级或这些国家金融机构的信用评级,致使国际资本市场对欧洲失去信心。

(2) 欧洲公共负债持续攀升。

按照《马斯特里赫特条约》和《稳定增长公约》的具体要求,欧元区国家国债负担率(即国债余额与GDP的比值)必须保持在60%的水平以下,而事实

---

① 张悦:《欧洲债务危机:原因、发展、影响及启示分析》,载《北方经贸》,2011年第7期。
② 禄德安:《欧洲债务危机:原因、症结与出路》,载《特区经济》,2012年第5期。

上完全达到《马斯特里赫特条约》和《稳定增长公约》要求的国家少之又少;特别是在金融危机的背景下,各国国债规模普遍上升,不少国债比例较低的国家也纷纷打破了国债上限约束。以 2011 年为例,只有爱沙尼亚、卢森堡、斯洛伐克等少数国家国债负担率达到《马斯特里赫特条约》的标准,其他欧盟国家国债负担率普遍在 80% 以上,其中希腊最高,达到了 152.55%,远高于《马斯特里赫特条约》规定的红线。公共负债持续攀升的原因则与社会高福利和人口老龄化息息相关。

高福利制度是欧洲发展模式的重要组成部分,曾经是欧洲国家的骄傲、人民的自豪。高福利体制的运转建立在高就业和高劳动流动性基础之上,这意味着社会必须有足够多的纳税人来支持高税收制度,维持福利体制的运作。但是,欧洲人已经养成了躺在高福利的温床上坐享其成的惰性。欧洲国家试图进行改革,但是阻力重重。为了维持现有的高福利制度,国家负债水平持续攀升。并且由于社会福利制度改革进展缓慢,这种情况还将持续较长一段时间。

欧洲同时也是人口老龄化最为严重的区域之一。人口老龄化是工业化与城市化的产物,因为抚养成本越来越高,人们生育孩子的愿望日益降低,使生育率迅速降低。欧洲诸国完成工业化与城市化的时间比较早,出生率一直处在较低的水平,普遍面临人口老化的挑战。尤其是二战以来,欧洲的人口结构变化更加剧烈。二战之后在欧美等国家出现"婴儿潮",在 2010 年后同时进入退休年龄,因此,从 20 世纪末开始,欧洲的大多数国家的人口结构都进入了快速老龄化的进程。人口老龄化的加剧,令公共养老金支出、医疗费用支出、长期照护支出等政府财务支出升高[1],变相加剧了国家负债水平。

(3) 政府支出急剧扩大。

巨额财政赤字说明政府收支倒挂,支出大于收入。发达国家政府收入大部分来源于税收,税率往往通过法律形式被固定下来,因此税收收入在一定时期内会保持一个比较平稳的水平。欧元区 15 国政府收入占 GDP 的比重大致

---

[1] 范玮、王树华、孙克强:《欧洲债务危机的成因、影响与未来走势》,载《江苏纺织》,2010 年第 7 期。

保持在45%左右的水平。之所以造成大量财政赤字,主要还是因为政府支出在危机后急剧扩大。以爱尔兰为例,政府支出占GDP的比重从2007年的36%一路上扬,2009、2010和2011年分别达到42.7%、48.2%、67.0%,在收入没有出现同比例上升的情况下,支出的急剧上升导致赤字规模逐步放大。2010年欧元区政府支出占GDP的平均比重为50.47%,同期OECD国家政府支出占GDP的比重为44.49%,对应的欧元区和OECD国家政府收入占GDP比重分别为44.49%和36.83%。可以发现,欧元区国家政府参与国民经济的程度高于整个发达国家平均水平,欧元区国家福利型社会的经济发展模式即为政府通过积极的转移支付力求实现社会均衡。正是这种经济发展模式导致政府成为市场经济的另一股主要力量,同时也承担了参与经济活动的相应风险。因此,在发生金融危机后,市场风险很容易通过政府活动转移到政府身上,从而更易形成债务危机。

2. 欧洲债务危机的深层次原因

(1) 欧元体系本身弊端。

欧元体系从诞生伊始就带有先天的缺陷:欧元区的成立就有了统一的货币政策,欧洲央行统一决定欧元区的货币政策;但是它的财政政策却由各国政府自己控制。这次欧洲的主权债务危机明显暴露出欧元区在货币政策上统一而在财政政策上不统一的弊端。各国财政政策的制定和实施之间缺乏协调机制。欧元就像一个瘸子,不仅对区内成员国财政状况缺乏有效控制,而且当一成员国出现危机时,又像一盘散沙,导致区内成员成为金融市场上投机者轮流攻击的对象。这次危机爆发后,救助过程中各国政府争吵不休,导致数月才出台希腊救助机制,这也被看作是希腊债务危机不断升级的一个重要原因。

(2) 产业结构不合理。

各个国家产业结构演化的规律是基本一致的,即经济体总是由第一产业向第二产业发展,第二产业发展到一定程度后再向第三产业发展,这一过程也必然伴随着国内经济发展和人均收入水平提高,因而三次产业的结构往往就成为衡量一国经济发展水平的重要指标之一。然而一些欧洲国家过度依赖单一产业,导致产业结构失衡。举例来说,2009年,希腊的经济发展水平不如德国,然而其第三产业的比重却高于德国,达到了86.16%,希腊在产业结构上过度依赖第三产业，尤其是旅游业和运输业，拥有相似状况的还有西班牙和意大利。在国民经济结构上，过度依赖单一产业，不仅导致在遇到危机时难以有效地进行抵御和防范，而且会因危机而陷入更深的危机循环，同时过度依赖单一产业会因对新兴产业重视不够而忽视培育，造成国家经济发展后劲不足，产生所谓"夹层效应"。

欧债危机的爆发不是一个短暂的过程，由于欧元体制的弊端以及欧洲一些国家产业结构失衡等原因，使得一系列经济隐患被积累下来，再加之外部金融危机以及美元势力的冲击，欧洲债务危机的导火索就这样被点燃了，最终给欧洲乃至世界经济带来了不小的打击。

成长成才篇

1. 大学生创业特别需要具备哪些心理素质?

杨秀君：创业是一个很美妙的话题,让许多的人心向神往之。特别是在当前社会,网络媒体上不时发布的创业成功的案例,让"创业"在不少人的心中成了真真切切的诱惑。

不过,正如许多谨慎的人所说,"创业犹如弄潮。弄潮儿不小心也可能湿了脚,甚至被潮水淹没。"创业的风险很大,在经验不足、资金没有着落的情况下,一般不建议轻易踏出创业的脚步。在生活中,我们所看到、听到的多是创业成功的案例,但是还有更多的没有成功的案例不为人所知。创业的艰难只有真正经历过的人才有深切的感悟。可以说,创业是对人的心理素质的考验。在创业的整个过程中,无论是创业的准备、创业的初始,还是创业后的发展等,无一不需要强大的心理素质。所以,我们需要了解创业者需要具备哪些心理素质。

心理素质是素质结构中的重要组成部分,是以个体的生理条件和已有的知识经验为基础,从外在获得的刺激内化成的,稳定的、基本的心理品质。可以说,一个人的心理素质是在先天素质的基础上,经过后天的环境与教育的影响而形成并发展起来的稳定的心理品质。心理素质不仅包括人们通常所认为的情绪稳定、意志坚强,心理素质还包括认识过程和个性等内容。也就是说,心理学的研究对象中的认识过程、情绪情感过程、意志过程和个性等都属于我们的心理素质。如在认识过程方面,有的人感知敏锐,有的人感知迟钝;有的人记忆力好,有的人记忆力差;有的人思维活跃,有的人思维迟滞;有的人想象力丰富,有的人想象力贫乏。在情绪情感方面,有的人情绪稳定,遇事沉着,有的人情绪不稳定,遇事慌张。在意志方面,有的人有自己的目的打算,有的人则盲目从众;有的人很果断,有的人很优柔寡断;有的人在行动中坚韧不拔,有的人则很动摇;有的人有良好的自制力,有的人很冲动。在个性方面,有的人个性开朗乐观,有的人较为悲观;有的人能力很强,有的人能力较弱等等。这些都表现了我们的心理素质。由于创业行为是一种非常独特的社会经济行为,可以说,良好的心理素质是创业的前提和关键。对于想要创业的人来说,我们要特别重视一些非常重要的心理素质。在此仅先提出如下三点:

(1) 优良的性格特征。性格是人在对现实的稳定的态度和习惯化了的行为方式中所表现出来的个性心理特征。不同性格特征的人,差异是很大的:有些人天生就喜欢冒险、闯荡;而有些人则喜欢安稳、没有风险。性格特征是创业的非常重要的条件。我们需要自问:自己的性格特征是否适合于创业?如果你是前者,那么可以尝试,如果你是后者,则没有必要逼迫自己。具体来说,① 从性格的态度特征上看,你对工作和学习,是喜欢创新还是喜欢安于现状?你是较为勤奋的,还是较为懒惰的?如果你的情况并不在两端,你也可以自问自己是较为倾向于哪一端?② 从性格的意志特征上看,你对行为目的明确程度是很有目的性,知道自己的确是想在某个领域做出些成就,还是只是盲目地追随创业的潮流而已?你在以往的工作、学习、生活中,是很有独立性的,还是比较容易受暗示的?在对行为的自觉控制水平方面,你是主动性的还是被动性的?你是较有自制力还是较为缺乏自制力?你在长期工作中是能表现出恒心、坚韧性,还是遇见困难会见异思迁、虎头蛇尾?你在紧急或困难情况下是能勇敢面对困难,还是会显得怯懦;你是能沉着镇定,还是会惊慌失措;你是能果断处理,还是会较为优柔寡断?③ 从性格的情绪特征上看,你是情绪稳定的人,还是情绪不稳定的人?你是遇到不愉快的事情可以很快忘记的人,还是久久走不出情绪低谷的人?因为创业是一个特殊的、需要个体特别的心理素质的事情,所以,自问性格特征是否适合,这是非常重要的一步。很显然,如果你对以上问题的回答大多是倾向于前者,那么,你可以考虑创业的事情;而如果你的回答大多是倾向于后者,则建议你一定要慎重了再慎重。

(2) 优良的抗挫折能力。抗挫折能力是个体抵抗挫折的能力,包括挫折耐受力、挫折排解力和挫折成长力,即个体能耐受挫折、排解挫折,并能从挫折中成长的能力。挫折耐受力是指个体遭遇挫折时能经受住挫折的打击,保持心理和行为正常的能力,即"能忍耐"。挫折排解力是指个体遭遇挫折后,对挫折状态和挫折情境进行有效排解,使自己的情绪和生活等尽快恢复正常的能力,即"能排解"。挫折成长力是个体在遭遇挫折后,能从挫折中吸取经验教训,获得心理上成长的能力,即"能成长"。[①] 在创业的过程中,不可避免会遭遇诸多的挫折。抗挫折能力良好的人,往往能积极应对挫折;抗挫折能力不良的人,则可能在挫折中倒下。所以,在想要投身于创业之前,不妨用些时间回顾一下自己的人生历程。在自己的人生中,面对学习、人际交往,或求职等挫折时,自己是如何处理的?自己所体现出的抗挫折能力如何?自己是否能承受挫折的打击?自己是否能很快地排解挫折带来的痛苦或忧伤?自己是否能从挫折中吸取经验教训,获得人格的成长?如果你在过往的挫折中能良好面对,你的抗挫折能力比较优良,那么,你可以考虑创业的事情;如果你在曾经的挫折中都不能承受、排解及成长,那么,你又如何去应对未来创业中的更多、更大的挫折呢?生活中,的确是有些人的抗挫折能力是比较弱的,即便是很小的挫折也不能承受,他不能承受别人的脸色,不能承受别人的看笑话;而创业很少是一帆风顺的,遭遇挫折在所难免,甚至可以说,创业是机会与风险并存,风险比机会多得多。而且,创业的规模越大,风险越大,可能遭遇的挫折也越大。如果抗挫折能力较为薄弱,又如何去排解挫折,如何从挫折中成长呢?

(3) 优良的人际交往能力。创业不同于其他事情的一个非常重要的方面是资金。资金的重要性无与伦比。有足够的资金就有开始创业的可能,没有足够的资金则创业没有根基。资金如何来,则与人际交往能力息息相关了。创业不可能闭门造车,创业需要走出家门,去认识他人、筹措资金。无论是国家的、社会的、企业的,还是个人的投资,这资金是否充足、是否稳健、是否会有

---

① 杨秀君:《心理素质与人生:哈佛心理手记》,上海:华东师范大学出版社,2016年,第16页。

变故等,是重视得再多也不为过的事情。国家的投资是最为稳定可信的,可是,可能竞争比较激烈,比较难于争取;社会上一些单位、部门的资金也一样一票难求;企业的投资方向比较多样,可是怎么打动这企业的高管就需要动诸多的脑筋;而如果是想要获得个人的投资,则要研究该投资人的个性、成长经历等,思考这投资是否容易变动、是否可信?千万不要创业到一半,犹如楼建造到一半时,缺乏资金像"烂尾楼"那样搁了浅滩。在这个筹集资金的过程中,对创业者的人际交往能力有着非常高的要求。优良的人际交往能力可以为筹措到丰厚的资金提供积极的条件,而不良的人际交往能力则使筹集资金变得较为困难。而且,除了资金,对于创业来说非常重要的信息资源、政策资源等,也对创业者的与人交往能力提出要求。总之,资金、信息、政策等资源都需要创业者积极地去与人沟通,以打开获取资源的方式和渠道。除此之外,在创业过程中,创业者需要与公司合伙人和谐合作,能充分调动他人的积极性、主动性,共同组成有凝聚力的团队;创业者需要与资源供应商联系,双方或多方精诚合作;创业者需要与客户沟通交流,获得客户的信任和认可,创造良好的市场环境;创业者需要与公众媒体沟通交流,为企业打开广告的窗户。这些都需要通过口头语言、书面语言等多种形式,与各色人等进行有效沟通;这些都是人际交往能力的体现,也是对人际交往能力的要求。

  可能有人会说,性格可以改变,抗挫折能力可以锻炼,人际交往能力可以提升。可是,创业过程中的艰苦以及时间的紧张等,可能不会给创业者性格成长、抗挫折能力提高、人际交往能力提升等留下太多的空间和机会。所以,在投身于创业之前,创业者审视自己的性格特征是否适合,审视自己的抗挫折能力是否足够胜任,审视自己的人际交往能力是否足够强大等,这些是非常重要的步骤。当然,除了以上心理素质之外,其他如强烈的创业动机、创新意识、创业思维等也都是非常重要的心理素质,也都需要创业者或想要创业者去思索、判别。

2. 如何解决大学生就业难的问题？

许静仪：大学生就业难主要是结构性就业矛盾突出的表现，也就是大学生的就业愿望与社会需求之间存在一定差距，导致就业难的问题。造成这种状况的原因是综合性的、多方面的，其中既有社会因素，也有大学生的自身因素。从社会因素来说，包括政府的就业机制、就业政策尚不够完善，教育制度尤其是高校人才培养模式存在的问题，用人单位对人才盲目高消费所导致的重学历轻实践的倾向，等等。从自身因素来说，20世纪90年代出生的人群已成为新增就业的主体，"90后"们成长所处的时代是改革开放以来经济社会快速发展、人民生活水平极大提高的时代，因此，他们对职业发展的选择性增大，相当一部分大学生不愿从事苦脏累以及自由度低的工作，他们的就业期望值与人才市场的岗位需求存在错位。同时，近年来，高校毕业生数量不断增加，且不少大学生的专业技术、创新能力都有待于提高。

因此，围绕大学生就业难的问题，必须采取有针对性的措施，多方合作、精准发力，努力破解结构性的就业矛盾。

（1）政府应发挥作用，通过完善政策、机制来不断拓宽就业渠道。

在总体布局上，政府应该更加注重选择有利于解决就业的经济社会发展战略，通过经济增长扩大就业。同时，各级政府应进一步规范和培育大学生就业市场，建立完善的就业信息平台，通过健全政策和机制，为大学生充分就业提供保障。例如，十八届五中全会提出的推进以人为核心的新型城镇化，可以提供大量的工作岗位。此外，政府职能部门通过出台相关政策大力扶持产业升级和技术进步，能够为大学生创造更多的就业岗位。尤其是

"十三五"时期,国家已明确深入实施创新驱动发展战略,使创新成为引领发展的第一动力,这就意味着拥有劳动力比较优势的大学生会有更大的用武之地。

高校毕业生的就业体制要得以完善,牵涉人事、劳动、户籍、社会保障等一系列的制度改革,受制约因素很多。目前,大学生就业工作由教育部门管理,但户籍由公安部门管理,人才市场则归人事、劳动部门管理,这就使大学生就业受到政策性壁垒及体制性障碍的困扰。但事在人为,有的地方政府积极出台措施引进人才,为解决大学生就业问题做出努力。比如,武汉是目前落户政策"最优惠"的大城市之一。2017年5月22日,武汉户籍新政实施,根据落户新政,大学生落户武汉几乎是"零门槛"。鉴于武汉是科教大市,在校大学生人数130多万人。为留住人才,近年来武汉不断降低大学生的落户门槛,并明确提出,未来5年,要留住100万名大学生在武汉创业就业。同样,2017年1月,西安市发布了《关于进一步吸引人才放宽我市部分户籍准入条件的意见》,规定,凡全日制普通高等院校、中等职业学校(含技工学校)国民教育同等学历和留学回国人员,年龄在35周岁(含35周岁)以下,无论是否在就业择业期内,愿意在我市就业、创业并定居生活的,可持相应学历学位证书、身份证、户口簿(或集体户口卡)申请落户。①

就业是民生之本,直接关系社会稳定,直接关系全面建成小康社会的目标能否如期实现。大学生就业难的问题尤其值得重视。各级人民政府应依据相关的方针政策,不断完善就业政策、健全就业机制,为大学生就业提供制度保障和政策保障,帮助大学生更好地充分就业。

(2)高校应优化人才培养模式,合理设置学科专业。

改革开放以来,我国社会经济快速发展,人才市场也随之发生变化。高等教育的人才培养周期较长,相对于社会需要显得滞后,主要表现在教育思想、教育观念没能及时更新,仍然注重于对大学生进行知识的传授,忽略了对其能力的培养;有的教材使用较为陈旧,有的学科专业设置不尽合理,有的教学方

---

① 《为吸引人才全国哪个大城市落户政策最优惠》,2017年5月22日,http://www.sina.com.cn/midpage/mobile/index.d.html? docID = fyfkkme0075469&url = news.sina.cn/gn/2017 - 05 - 22/detail-ifyfkkme0075469.d.html。

法呆板单一,等等。这些问题的存在,使得我国高校尽管随着国家对高等教育投入的逐步增加,在软硬件设施上有了较大改观,但大学生就业难的问题却日益严峻。甚至有些高校在加快改革和发展的过程中,一味注重短期利益,不深入进行调查研究,也不顾自身的实际情况,盲目扩大招生规模,盲目开设所谓的热门专业,最终导致产出与需求无法匹配,出现高校人才培养与社会需求的结构性矛盾。

要改变上述局面,首先必须优化高校的人才培养模式。在进行理论知识传授的同时,一定要重视大学生各方面能力的培养,尤其是动手能力、实践能力、就业能力的培养。要为大学生搭建更多的实践平台、就业平台;把大学生的社会实践特别是各类实习作为必修课,予以政策扶持、精神鼓励;加强大学生就业信息支持,完善就业信息网络系统;等等。在人才培养的过程中,要高度重视就业工作,不能到了毕业前才进行就业指导,也不能把就业指导简单地变成职业介绍,甚至成为脱离实际的空泛之谈。

此外,高等院校应深化教育改革,充分考虑市场需求、师资力量、办学规模等因素,合理进行学科专业设置,建立与经济社会发展协调一致、相互促进的高等教育,努力形成良性循环机制,使大学毕业生走上社会后能人尽其才,适应用人单位的需要。

(3) 大学生应提高综合素质,培养创新能力,积极面向基层就业。

首先,大学生应不断提升自己的综合素质,掌握就业的主动权。用人单位更多需要的是复合型人才,对大学生的要求既要知识广博又要吃苦耐劳、动手能力强。而目前我国的高等教育仍然较为注重理论知识的传授,对大学生的动手能力、实践经验、创业就业意识的教育培养比较缺乏。这一方面需要高校改进、优化人才培养的方式,另一方面也需要大学生努力提高自身综合素质,稳扎稳打学好理论知识、专业技能的同时,积极争取机会参加社会实践,用精彩纷呈的实践成果和经验为求职加分。优胜劣汰永远是市场法则,大学生必须拥有过硬的素质、能力、专长和团队合作精神,才能在就业竞争中把握主动。

其次,大学生应积极培育自身的创新能力,更好地适应社会需求。在目前经济新常态的背景下,我国经济产业结构出现转型升级,创新成为国家发展全局的核心,贯穿党和国家的一切工作。这对就业来说,既是机遇也是挑战。大学生要主动培养科学的学习、思维习惯,注意总结前人的经验教训,以强烈的事业心和责任感强化创新意识,在夯实基础知识的前提下孕育创新成果、提高创新能力,以此来满足用人单位对人才的挑选。

再者,大学生应转变就业观念,自我调整、面向基层、理性就业。不少大学生接受了高等教育之后,"精英意识"强烈,总希望在大城市的"好单位"就业,求职时偏向寻找高薪又轻松的工作。这种不合时宜、市场化意识淡薄的就业理念必须改变。要客观分析就业形势,了解社会对人才的需求,从自身实际出发,摆正、放平心态,找到适合自己的就业目标,不一味从众、不好高骛远、不眼高手低。在树立理性就业观念的同时,也不妨做好创业的准备。此外,大学生应树立基层意识、奋斗意识,志存高远、知行合一,充分利用"十三五"的战略机遇期,投身基层,到祖国最需要的地方去,为国家发展贡献自己的聪明才智。

3. 大学生应如何积极争取加入中国共产党?

聂海岭:加入中国共产党是大学生积极参与国家建设,投身社会发展的重要体现。入党在实质标准上的体现是思想入党,在形式标准上的体现是程序入党,入党过程亦是学习、教育、成长的过程。有志加入中国共产党的大学生,要以党员标准严格要求自己,强化政治意识,带头做好学生意识形态安全,端正入党动机,在学生群体中自觉发挥先锋模范和榜样示范方面的影响力。

(1) 提高政治意识,加强意识形态自我教育。

党的十九大报告指出,旗帜鲜明讲政治是我们党作为马克思主义政党的根本要求。全党要坚定执行党的政治路线,严格遵守政治纪律和政治规矩,在政治立场、政治方向、政治原则、政治道路上同党中央保持高度一致。入党申请人要带头讲政治,客观认识党的历史,保障个人意识形态安全,加强意识形态自我教育。

大学生可以通过"体验式"的政治学习形式,提高意识形态自我教育的实效性。"体验式"的政治学习形式能够让广大党员切身体会党的建设的历程,促使党员自觉维护、自觉践行党的意识形态。政治学习是大学生自我教育的主要形式,"体验式"的政治学习也是"体验式"教育形式之一。余双好教授认为"体验式"教育是遵循学生在学校期间所获得的全部教育性经验的课程理念,以课堂教学活动、日常生活体验、参观考察、社会实践和旅游活动等实践活动为主要形式,以个体主动参与、亲身体验为特征,以直接经验为主要课程内容,所展开的教学活动。① "体验式"政治学习是以党性理论学习为基础,以现场体验、历史回顾、场景再现等实践形式开展的组织生活。"体验式"政治学习加强了大学生党史认识的客观性,强化大学生以唯物辩证观理解认识党的意识形态建设的能力,有效深化大学生的历史认知和自我反思,促进大学生情感认同和理性认知,提升大学生意识形态自我教育的实效性。比如,到党的重要历史纪念地参观学习,就能够加快大学生对党史的认识,有效提升大学生的理解能力和认同程度。开展"体验式"政治学习,形式上不能等同于一般的实践调研,参观考察或者社会实践活动,不能演变为外出观光或者游玩,切忌娱乐化、庸俗化。开展"体验式"政治学习的目的还是在于深化意识形态教育,提高意识形态教育的实效性。

(2) 客观认识并自觉培养正确的入党动机。

所谓入党动机,就是一个人要求入党的内在原因和真实目的,是推动其争

---

① 余双好:《关于思想政治理论课体验式教学的思考》,载《思想教育研究》,2012年第4期。

取入党的精神力量。① 正确的入党动机是指与我们党的性质、纲领、宗旨、任务要求相一致的内在动力和行为目的。我们党是中国工人阶级的先锋队,同时也是中国人民和中华民族的先锋队,党的宗旨是全心全意为人民服务,党的最高理想和最终目标是实现共产主义。所以,只有坚定地树立共产主义理想信念,为了献身共产主义伟大事业,更好地为人民服务而要求入党,才是唯一正确的入党动机。

入党动机根据内在动力和行为目的可以分为"崇高信仰型""追求上进型""盲目从众型""功利实用型"等类型。② 其中,"崇高信仰型""追求上进型"是党组织要求的入党申请人正确的入党动机,"盲目从众型"是可以发展和培养的一种入党动机类型,对于拥有此类入党动机的入党申请人,党组织需要加强教育引导。"功利实用型"入党动机具有明显的实用性,也具有较强的现实合理性,此类型的入党申请人追求现实功用与功效价值,忽视自身的持续与全面发展,党组织需要加强动机矫正。

正确的入党动机是由于大学生对党的先进性的认同,追求崇高的理想信念和人生价值。"功利化"的入党动机使入党申请人以自我为中心,谋求个人利益,缺乏责任担当意识。目前,大学生入党动机功利化的现象时有存在,入党动机各种各样,如有的同学入党是为了毕业后找工作增添个人优势,有的同学是为一时的集体竞争。我们需要杜绝这种现象的发生,保持党的队伍的先进性和纯洁性。

对入党动机的认识是培养正确的入党动机的重要前提。培养正确的入党动机事关党员未来的成长和发展。入党申请人在申请入党初期可以通过调研、参观走访党的红色革命旧址、搜集阅读史料等形式学习了解中国共产党的历史,可以通过学习培训的形式了解中国共产党在新时期取得的辉煌成就;通过全面客观地了解中国共产党,审视个人入党动机,反思纠正自我,自觉培养正确的入党动机。

---

① 郑永廷:《高校学生党员发展质量保障体系研究》,载《学校党建与思想教育》,2013 年第 9 期。
② 张平、杨西锋:《中国大学生入党动机研究述评》,载《吉林省社会主义学院学报》,2009 年第 4 期。

（3）积极发挥先锋模范、榜样示范方面的影响力。

影响力包括权力性影响力和非权力性影响力。权力性影响力即以组织赋予的权力为载体而形成的影响力，非权力性影响力是由自身因素产生，包括组织成员的品德、才华、知识、气场等方面。大学生党员影响力是指大学生党员在校期间与其他同学交往中，影响和改变他人的心理和行为的能力，它属于非权力性影响力，主要建立在崇敬、信服的基础上，是基于学生党员个人的品格、才能、知识、感情、气质和作风等因素而产生示范作用，是一种自然性影响力，[①]通常所说的大学生党员影响力亦指大学生党员在集体中发挥的先锋模范、榜样示范作用。大学生在入党前要以党员标准严格要求自己，做到程序入党前，思想先入党，在大学生群体中积极发挥先锋模范和榜样示范作用。先锋模范和榜样示范作用的发挥体现在日常的校园文化活动中。大学生在校园文化活动中作用的发挥一般是指人格魅力、实践能力、组织能力等的发挥。人格魅力是指一个人在性格、气质、能力、道德品质等方面具有的很能吸引人的力量。在学生组织中，学生党员要有意识地积累广博的知识、锻炼文明的谈吐或优雅的举止、沉淀个人人格品质和厚积薄发的综合能力、恪守道德遵从教化、敦厚品行，建构个人人格魅力。大学生实践能力主要是指社会实践能力，是相对于认知能力而言的，是运用知识、技能解决实际问题的能力。[②] 他是人的智能结构中的重要组成部分，同时也是人的素质形成的基础。大学生可以训练专业知识的实际应用能力和综合知识创新应用能力，来达到实践能力的提高。在校园文化活动中，大学生通过在学生组织间开展沟通协调能不断获得组织能力的提高。大学生通过人格魅力凝聚学生、通过实践能力服务学生、通过组织能力引领学生，不断构建和完善个人先锋模范和榜样示范方面的影响力。

---

① 张红君：《高校学生党员影响力的现状与思考》，载《思想政治教育研究》，2007年第6期。
② 何万国、漆新贵：《大学生实践能力的形成及其培养机制》，载《高等教育研究》，2010年第10期。

4. 怎样提升人们对党和政府的信任和信心?

邱仁富:中国共产党是中国人民和中华民族的先锋队,是中国特色社会主义事业的领导核心,党的执政归根到底就是立党为公、执政为民,坚持以人民为中心,全心全意为人民服务。这些决定了中国共产党是代表最广大人民的根本利益的政党。历史证明,中国共产党始终坚持为人民服务,是能够得到人们信任的,是能够增强他们对党执政为民的信心的。建党90多年的实践表明,人心向背,是否得到人民的拥护,关乎国家大局,民族命运,党的兴衰。因此,始终以人民拥护不拥护、人民支持不支持、人民高兴不高兴、人民答应不答应作为我们的党执政的试金石。

然而,"信任"和"信心"是两个不同的范畴。信任,主要是人民对党和政府相信或不相信的问题。而信心,则是人民群众对党的执政是否有信心的问题。当然,两者之间有着密切的联系,只有值得信任的政府,人民对其才有信心。当然,也只有人民对政府有信心,才能更好地增强信任。这是一个相互作用的过程,也是一个相互影响的过程。

而信任是第一步的,唯有信任才能产生信心。"信任是公共信用的基础。"[①]一个社会是否能够良性运作,与信任有着密切的联系,这里包含着政府信任、社会信任、人与人之间的信任等,其中,政府的信任是关键。没有信任,社会的运行成本也就不断提高。没有信任,也就容易产生各种奇奇怪怪的现

---

① 《马克思恩格斯全集》第43卷,北京:人民出版社,1982年,第16页。

象。因此,就政府而言,信任是政府的生命。一个政府是否有权威,其前提条件是政府是否有信任。"政府的权威,不是建筑在群众的畏惧上,而是建筑在群众的信任上。群众一经信任政府是他们自己政府的时候,政府在当地就有无上的权威。"① 这就是说,政府的权威来源于群众对政府的信任,同样,一旦群众信任政府,政府的权威也就体现出来了。因此,人们对政府的信任关乎国家政局。

信任是中国革命胜利的基础。中国共产党带领中国人民之所以能够取得革命的胜利,关键在于得到人民的信任和支持。毛泽东曾经说过:"中国的革命实质上是农民革命。"② 这就是说,只有得到农民的支持才能取得革命的胜利。而农民信任中国共产党,信任毛主席,在那个年代对革命的胜利也就起到至关重要的作用。可以说,没有信任也就没有农民的支持;没有农民的支持,也就没有革命的胜利。同理,在社会主义建设和改革开放中,之所以能够取得这么大的成就,关键在于群众的支持和拥护,这是一条铁的规律。改革开放以来所取得的辉煌成就,说到底,在于群众的支持和拥护,群众的智慧、勤劳、奋斗、拼搏的结果。

信心是实现中华民族伟大复兴的心理基石,主要包括两个层面:一是人们对党和政府有信心;二是执政党自身要有信心。人们对执政党是否有信心,这是极为关键的。信心有时候比太阳还要有光辉。当前,在全面建成小康社会的攻关阶段,人民对党和政府是否有信心,关乎国家发展的大局。因此,增强老百姓对党和政府的信心,对实现"四个全面"战略布局,进行历史伟大斗争、建设伟大工程、推进伟大事业、实现伟大梦想都具有重大意义。同样,也要增强道路自信、理论自信、制度自信、文化自信,尤其是政党自信,表征着中国共产党有信心带领中国人民走向中华民族伟大复兴,对此,我们要有这个信心。因此,信心还包含政党自信(自己有信心)。习近平总书记在庆祝中国共产党成立 95 周年大会上指出:"全党要坚定道路自信、理论自信、制度自信、文化自信。当今世界,要说哪个政党、哪个国家、哪个民族能够自信的话,那中国共产党、中华人民共和国、中华民族是最有理由自信的。有了'自信人生二百

---

① 《董必武选集》,北京:人民出版社,1985 年,第 56 页。
② 《毛泽东选集》第 2 卷,北京:人民出版社,1991 年,第 692 页。

年,会当水击三千里'的勇气,我们就能毫无畏惧面对一切困难和挑战,就能坚定不移开辟新天地、创造新奇迹。"① 政党自信就是要求执政党要对自己有信心,能够带领中国人民走向民族伟大复兴,让人民安居乐业,国家富强、民族振兴、人民幸福。对此,我们也要有这个信心。

　　当前,要推动群众对政府的信任和信心,最关键的在于政府的权力能够在阳光下进行,国家的一切权力属于人民,政府在行使人民权力的过程中,官员的权力受到制约,遏制以权谋私的土壤,不断推动权为民所用,利为民所谋,权为民所系。必须要推进政务公开,推进政务公开就是要推动各级政府的政府决策、政府行为、政府预算及执行情况等对群众公开;必须要不断解决人民群众关注的重点、热点问题,切实解决群众的利益关切,在实现好、维护好、发展好人民群众利益的过程中不断得到群众的信任和支持,这样群众对政府才有更加坚强的信心;必须要坚定不移地推动党的廉政建设,坚决遏制腐败,坚决铲除腐败滋长的土壤,不断为党和政府树立良好的形象,不断在反腐斗争中赢得群众的信任和信心;必须要继续深化改革开放,不断提高改革开发的质量和水平,继续推动政治体制改革,不断创新活力,让改革的红利惠及群众,从而得到群众的信任和信心。

　　诚然,我们也必须看到,"在现实的国家中,只有'单纯的信任''主观的意见'是不够的"②。还必须建立在法治的基础上,通过制度建设和制度优化,不断增强官员行使权力过程中的监督,以制度保证官员廉洁清正,从而也不断增强民众对政府的信任和信心。

---

① 习近平:《中国共产党、中华人民共和国、中华民族最有理由自信》,2016 年 7 月 1 日,http://cpc.people.com.cn/n1/2016/0701/c405440-28515954.html。
② 《马克思恩格斯全集》第 3 卷,北京:人民出版社,2002 年,第 155 页。

5. 随着大量图片信息的增加,我们似乎进入了一个读图时代,在这种情况下,我们应该如何回归到传统的经典文本阅读?

袁晓晶:20世纪最著名的意大利作家卡尔维诺曾经写过一本书,题目叫《为什么读经典》。他以作家的身份敏锐地指出:"经典作品是产生某种特殊影响的书,它们要么自己以遗忘的方式给我们的想象力打下印记,要么乔装成个人或集体的无意识隐藏在深层记忆中。"[①]我们今天所处的时代,是人类有史以来信息最为高速发展和爆炸的年代,尤其是年轻人,因为善于使用现代科技,几乎每一天都被裹挟在信息的洪流中。在这些洪流的冲击之下,我们可以看到来自全球所发生的所有讯息,也可以接收到无数人在网络中所发表的文章,这些讯息帮助我们更好地认识到自己所处的时代;很多文章,也在第一时间吸引了我们的注意,为我们提供着新的观点或思想。然而,在日复一日的信息冲击之下,我们也在经历着泥沙俱下的冲击。

(1)信息大爆炸的同时,意味着思想的碎片化,一些具有历史性、思辨性、理论性的深刻思想,没有办法通过简单的文字完成它自身的逻辑陈述,往往被片段化地截取,这就造成我们所看到的文字好像是盲人摸象,虽摸到了大象的某一部位,却无法得出完整而全体的认识。信息的碎片化,不仅导致了阅读内容的碎片化,也在一定程度上阻碍了思维的连贯性与系统化。尤其是一些涉

[①] [意]卡尔维诺:《为什么读经典》,黄灿然、李桂蜜译,南京:译林出版社,2006年。

及社会科学的问题,缺乏逻辑性、系统性的阅读,就意味着缺乏逻辑性、系统性的思考。社会科学领域中,涉及社会、经济、法律等重要问题时,特别要求读者能够较为全面地把握事实真相,进而在尊重事实的基础之上,再进行价值判断。也就是说,首先要有对"真"的把握,其次才能有"善"的判断。然而,信息大爆炸时代,应接不暇的信息,往往冲淡了对"真"的追求,而是以"新""奇""特"的方式来博人眼球,这自然会降低人们对事实真相的探究,自然也就谈不上理性而系统的价值判断了。面对这一困境,我们并非要逃离信息,而是要在信息洪流中,有基本的取舍,会归纳、总结与判断,这个基础就是阅读经典所带来的认识能力的提升。"夫欲善其事,必先利其器",阅读经典是对人认知能力的一大培养。通过阅读,形成较为完善的逻辑思考能力和综合判断能力,搭建起系统化的知识平台,这样才能真正地畅游信息的海洋,捕获有效信息。

(2) 信息流的冲击,同时意味着知识的重复性出现和庸俗化倾向。人们通过微信、微博,或者其他社交软件所看到的短小文章,往往因为网络选择,而陷入固定的模式。例如,新入学的大学生,自然会将目光更多地投向与青春话题相关的领域,如专业、恋爱、人际交往。而即将毕业的同学,则更关注就业、升学、出国等相关信息。如果跨越一下年龄段,这种差异更加明显。中年人会更为关注投资、理财、子女教育、保险等文章;老年人则将目光投向了养生、健康、养老等信息。也就是说,我们日常所接触到的信息,并不是信息流的全部,而是经过自身选择的信息,而这种选择往往是在无意识中进行的。当我们看到越多的碎片化的信息或重复知识时,就越会形成某种固定的思维,导致我们缺乏对外部世界的整体认识。对这种现象,也可以称之为"知识的固化"。知识的固化,是人们在不自觉之中为自己戴上的思想的镣铐。知识的固化,意味着我们更愿意相信我们想相信的,更愿意阅读我们想阅读的,更愿意花费更多时间和精力在我们已经比较熟悉的领域。这种习惯使然,很容易令我们丧失对新知识的好奇心,从而放弃对未知世界和真理的探索与追求。要打破这种思想上的僵化,就需要去花一些时间阅读那些并不十分亲切的经典书籍。不同类型、不同时代、不同文明背景下所诞生的那些经典书籍,向我们打开了一个又一个未知的世界,向我们展示着人类精神世界的丰富多彩。多元的文明,是我们这个时代的特色,阅读可以使我们以开放的心态去拥抱世界,去发现不同的自己。这不仅会打破固化的知识,还会带给我们意想不到的惊喜。

(3) 信息时代所带来的连锁反应,还包括对于时间的挤压。"低头族"已经成为信息时代一种普遍的现象,而低头看手机,往往意味着生活中有很多时间被手机或电子设备所占据了。当我们不停地刷朋友圈的时候,实际上放弃了更多对自身的关注,我们越关心别人说了什么,就越忽略了自己想了什么,甚至,放弃了自己的思考。这对于思想正在逐渐成长的大学生而言,是非常浪费的一种现象。同时,时间的有效应用,对于现代人而言,是一门充满着挑战的学问。合理分配自己的时间,将生活、学习、娱乐整合起来,可以令我们更好地避免现代性带给我们的生活苦恼,甚至,会让我们在生存的基础之上,感受到生活的审美乐趣。可是,一旦将大量的时间消耗在对网络信息的追逐上,很可能会导致生活、学习、娱乐一团乱。这时,不消说对生活的审美体验,恐怕连基本的生存都会遭遇到挑战。因此,如何充分利用有效时间进行阅读,而不是刷流量,可能对每一个大学生而言,都是一门需要自学的课程。

因此,在面对信息时代的冲击时,我们更需要有一颗理性的心智,去面对我们所处的时代和所看到的信息,从而培养自身的独立思考能力,形成对外部世界较为完整的认识。在此基础之上,学会分辨、提炼知识。这一切都需要通过阅读经典来实现。首先,经典的诞生本身凝结着更多的思考与批判。在书的海洋之中,只有凤毛麟角的作品才可能成为经典,它们自出现在人类知识的殿堂中起,就不断受到批评、讨论。每一次的批评与讨论,都使作品本身散发出更多的智慧与可能性。因此,每一部成为经典的著作,其本身就凝结着人类智慧的不断传承。其次,经典的阅读或许没有网络小品文那样在第一时间讨人喜爱,但就好像精致的大餐与快捷的速食,虽然两者都能提供饱腹感,但前者所带来的味蕾上的体验自然是后者无法取代的。经典的阅读,需要读者全身心地投入其中,读者不仅是作品的阅读者,也是新的创造者。读者在阅读的过程中,不断地品味,便会产生发自内心的一种体悟,这种体悟是作品带来的启迪,更是对读者内心思考的一种唤醒。最后,经典的阅读无论何时都不应被网络短文所替代,经典是人类文明的物质载体,经典的传承即是人类文明的一种传承。我们在阅读的同时,实际上是吸收着人类文明的精华;而读者的新的理解和体悟,则会凝聚为新的文明,从而不断被传承下去。

所以,在大学学习期间,同学们应该培养出阅读经典的习惯,并花一些时间去踏实、认真地读书。汉代大儒董仲舒读书时,可以做到"三年不窥园",这不仅是一种刻苦读书的精神,更是对自身身心的磨炼。经典的阅读应成为我们认识世界的基石。只有这样,我们才可能在信息洪流中,真正地把握好自身的价值与认识,培养起自身独立思考的自觉与能力。

6. "形势与政策"课对大学生今后的发展有什么重要意义?

"形势与政策"课是理论武装时效性、释疑解惑针对性、教育引导综合性都很强的一门高校思想政治理论课。① "凡益之道,与时偕行。"因此,"形势与政策"课的上述特点对大学生今后的发展有着重要的意义。

(1) 了解国情、认识社会,为大学生今后发展提供方向指引。

教育部发布的《关于加强新时代高校"形势与政策"课建设的若干意见》中指出,"形势与政策"课"是帮助大学生正确认识新时代国内外形势,深刻领会党的十八大以来党和国家事业取得的历史性成就、发生的历史性变革、面临的历史性机遇和挑战的核心课程,是第一时间推动党的理论创新成果进教材进课堂进学生头脑,引导大学生准确理解党的基本理论、基本路线、基本方略的

---

① 教育部:《关于加强新时代高校"形势与政策"课建设的若干意见》,2018 年 4 月 13 日,http://www.moe.gov.cn/srcsite/A13/moe_772/201804/t20180424_334097.html。

重要渠道"。

大学生人生经历单一，一直在学校中学习，缺乏社会生存的历练。对国情与社情对个人发展的重要性，缺乏正解理解与认知。而不充分了解国情，不深刻认识社会，在构想未来个人发展时，就会出现想当然与简单化、机械化的问题，容易心浮气躁与好高骛远。而一旦进入社会，当现实与想象不同，尤其是在工作中、个人发展中遇到困难、矛盾、冲突时，就可能手足无措、应对失当，进而产生沮丧、恐慌，甚至放弃的情绪与心理，影响今后的长期发展。

充分地了解国情，就会了解新时代坚持和发展中国特色社会主义的生动实践，能够正确认识世界和中国发展大势，正确认识中国特色和国际比较，正确认识时代责任和历史使命，正确认识远大抱负和脚踏实地。深刻地认识社会，就会明白我国经济社会发展形势与政策是什么，党中央关于经济建设、政治建设、文化建设、社会建设、生态文明建设的新决策新部署是什么，社会现实是什么，幸福与奋斗的关系是什么，新时代对新青年提出的要求是什么。从而为大学生今后的发展提供方向指引。

也就是说，大学生只有充分地了解国情，深刻地认识社会，才能把"仰望星空"与"脚踏实地"有效地结合起来。

（2）树立理想、坚定信念，为大学生今后发展提供精神动能。

习近平总书记指出："青年一代有理想、有担当，国家就有前途，民族就有希望。今天高校学生的人生黄金期，同'两个一百年'奋斗目标的实现完全吻合。亲自参与这个伟大历史进程，实现几代中国人的夙愿，实乃人生之大幸。当代学生建功立业的舞台空前广阔，梦想成真的前景无限光明。正确认识时代责任和历史使命，用中国梦激扬青春梦，为学生点亮理想的灯、照亮前行的路，激励学生自觉把个人的理想追求融入国家和民族的事业中，勇做走在时代前列的奋进者、开拓者；正确认识远大抱负和脚踏实地，珍惜韶华、脚踏实地，把远大抱负落实到实际行动中，让勤奋学习成为青春飞扬的动力，让增长本领成为青春搏击的能量。"①

理想与信念，是胜利之"钥"与精神之"钙"，既是做人的根本，也是思想的

---

① 《习近平首次点评"95后"大学生》，载《人民日报》，2017年1月3日，第2版。

总开关。现在"00后"已经进入大学。大学生群体朝气蓬勃、好学上进、视野宽广、开放自信,是可爱、可信、可为的一代。有了正确的理想与信念,就会明确自己的历史责任与使命,如虎添翼,具备强大的精神动能,将个人的前途与国家的未来联系在一起,既能够最大化地实现个人奋斗目标与人生价值,又能够为国家做出最大的贡献。

"形势与政策"课既是教学的课堂,又是宣传的阵地,更是育人的苗圃。用习近平新时代中国特色社会主义思想武装大学生的头脑,用中国梦形成强大的精神感召,用"四个自信"激发大学生的奋斗精神,树立远大的理想和坚定的信念,敢于担当,有所作为,锐意进取,不断完善自身品质,提升自身修养,做有理想、有追求、有担当、有作为、有品质、有修养的大学生。

(3) 提高觉悟、训练思维,为大学生今后发展提供扎实本领。

当前大学生面对着一个快速发展与不断变革的新时代。大学生只有具备较高的思想觉悟与较强的思维能力,才能把握时代的脉搏,跟上变革的步伐,才能在今后有好的发展。

"形势与政策"课紧密围绕学习贯彻习近平新时代中国特色社会主义思想,这是对马克思列宁主义、毛泽东思想、邓小平理论、"三个代表"重要思想、科学发展观的继承和发展,是马克思主义中国化最新成果,是党和人民实践经验和集体智慧的结晶,是中国特色社会主义理论体系的重要组成部分,是全党全国人民为实现中华民族伟大复兴而奋斗的行动指南。开辟了马克思主义新境界、中国特色社会主义新境界、党治国理政新境界、管党治党新境界,使马克思主义中国化实现了一次新的飞跃,达到了一个新的起点。深入学习、积极实践这一思想,能够使大学生提高思想觉悟,在今后的发展中明辨是非、站稳立场、把握主动。

当前大学生又普遍受网络世界影响,存在着接受外部信息的"碎片化"与"浅阅读"问题。而"形势与政策"课的专题讲授方式正好可以有效解决这些问题。开设有四大专题,包括全面从严治党形势与政策专题、我国经济社会发展形势与政策专题、港澳台工作形势与政策专题,及国际形势与政策专题。每个专题都有深入、全面、系统的理论、观点、分析,以及数据的支撑。可以给大学生提供有深度、有广度、有力度的思维训练,大大提高学生的思考能力、分析能力与判断能力,并具备敏锐的洞察力与深刻的理解力,而这些,都是大学生今后发展所必需的能力。

可以说,"形势与政策"课是对大学生今后发展具有重要意义与深远影响的一门课。

后 记

2015年12月,由上海大学陶倩教授领衔的"形势与政策"课教研团队获得教育部2015年全国高校思想政治理论课教学科研团队择优支持计划——《高校"形势与政策"课创新建设研究》项目立项。

根据"形势与政策"课的课程特点,项目组总体构建了七大版块和三大系列互相交织对应的立体研究框架。按照《习近平总书记系列重要讲话读本》(2016年版)的篇章设计,项目组重点围绕中国特色社会主义事业"五位一体"总体布局,即经济、政治、文化、社会、生态五大版块,再增加党的建设以及国际关系与外交主题,合计七大版块作为项目研究的主要内容框架。此外,项目组又设计了教案、课件、问答集三大系列研究载体,每一系列的研究过程均贯穿七大版块研究主题。

目前呈现的系列丛书,包含两本《"形势与政策"教学教案集》和一本《"形势与政策"教学问答集》。前者,将七大版块主题分解为两部分:一是围绕经济、文化、社会、生态主题形成一本教案集;二是围绕政治、党建、国际关系与外交主题形成另一本教案集。七大版块主题框架下均包括三个模块:"常规模块",主要梳理和分析围绕本主题的国家政策和核心理论;"重点模块",主要围绕党的十八大以来改革开放重点领域的政策沿革进行讨论和研究;"动态模块",着重阐述和分析相关领域实践推进的动态情况。后者,主要围绕七大版块主题展开师生问答。该书的问题既有源于学生课内外提出的问题,也有来自任课教师在课程教学中发现、搜集和整理的问题。促进学生提问与教师提问相互补充,共同发挥作用,是上海大学思政课"问题解析式"教学方法的特色所在。

上海大学马克思主义学院的众多师生积极参与了本系列丛书的编写。在《"形势与政策"教学教案集——经济、文化、社会、生态篇》中，参与经济篇写作的人员有：焦成焕、薛军民、林敏华、艾慧、田杨、金汶漶，由艾慧负责统稿；参与文化篇写作的人员有：袁晓晶、王慧、陆丹凌、胡梦莉、赵荣锋、凌思慧，由袁晓晶负责统稿；参与社会篇写作的人员有：高立伟、孙会岩、高敏、崔玲玲、盛红、张晨蕊、王慧，由孙会岩负责统稿；参与生态篇写作的人员有：彭学农、盛宁、黄丽娜、殷飞龙、司赛赛、胡梦莉、陈沙沙、高霏、赵喆超、王娇、崔悦、薛青、陈鑫、黄延芳、吴洁，由盛宁负责统稿。在《"形势与政策"教学教案集——政治、党建、国际关系与外交篇》中，参与政治篇写作的人员有：申小翠、邱仁富、范铁中、梁艳、朱志勇、王珂，由申小翠负责统稿；参与党建篇写作的人员有：许静仪、申小翠、王有英、谢婧怡、聂海岭、邱仁富、邹汉阳，由许静仪负责统稿；参与国际关系与外交篇写作的人员有：李华、何英、孙士庆、邱海燕、吉征艺、刘子杰，由刘子杰负责统稿。在《"形势与政策"教学问答集》中，参与写作的人员有：薛军民、丁晓峰、艾慧、焦成焕、林敏华、刘铮、郭得恩、王菲瑶、邹汉阳、申小翠、范铁中、王有英、梁艳、王珂、宋津明、宁莉娜、袁晓晶、白一汐、潘哲初、韩晓春、李晨、孙会岩、戴益斌、盛宁、彭学农、邱仁富、许静仪、杨秀君、聂海岭、刘子杰、吉征艺、李华、孙士庆等，由杨秀君负责统稿。本系列丛书从策划到定稿由陶倩总体负责。本系列丛书在编作过程中，由于时间和能力所限，存在的不足之处敬请读者指正，书中的内容观点由作者自负。

本系列丛书的顺利出版要感谢上海大学社会科学学部和马克思主义学院，感谢上海大学出版社，也感谢所有对本书的出版给予帮助的人！

陶 倩

2019 年 7 月